Gerald Messadié

MOSES

Gerald Messadié

MOSES
HERRSCHER OHNE KRONE

Roman

Aus dem Französischen übersetzt
von Gabriele Krüger-Wirrer

Weltbild

Titel der Originalausgabe:
»Moïse. Un prince sans couronne«
Originalverlag:
Éditions Jean-Claude Lattès, Paris

Genehmigte Lizenzausgabe
für Weltbild Verlag GmbH, Augsburg 2000
Copyright der deutschen Ausgabe © 1999 Droemer Knaur Verlag, München
Copyright © 1998 by Éditions Jean-Claude Lattès, Paris
Reihenkonzeption: Michael Keller, München
Umschlaggestaltung: Jan Michel, Augsburg
Umschlagfoto: Premium Stock Photography, Düsseldorf: Bruce Dale
Autorenfoto: Jerry Bauer, Rom

Gesamtherstellung: Clausen & Bosse, Leck

Gedruckt auf chlor- und säurefreiem Papier

Printed in Germany

ISBN 3-89604-545-8

Alle Geschichte ist modern.
Benedetto Croce

Inhalt

Ein Wort zuvor 11

I
Eine ägyptische Jugend

1 Der Mann, der wie aus Bronze schien . 19
2 Prinz Ptahmose 27
3 Nächtliches Gespräch
   in einem Palasthof 36
4 Die Erziehung des Ptahmose 45
5 Die Wirklichkeit des Scheins 56
6 Die Macht und das Gesetz 68
7 Eine Stunde –
   und ein Prinz lernt sich durchzusetzen . 76
8 Das Pferd und der Stier 94
9 Verschwommene Worte
   von Boten des Azurblau 100
10 Ein Wort und ein Name 110
11 Der gesegnete Prinz 119

12 Gerüchte und flüchtig gestreifte
Probleme bei einem kurzen
Besuch in Auaris 124
13 Die Gans 132
14 Die Worte des blinden Priesters 139
15 Der Regen 154
16 Falsche Vorzeichen 160
17 Das Meer 169

II
Der Zorn

1 Miriam 177
2 Und wieder das Meer 183
3 Vertreter eines Volkes 193
4 Das *Große Schwarze* 201
5 Fliehen 212
6 Die Kanopen 220
7 Die Schrift der Götter 226
8 Der Anführer 230
9 Der Schatten auf dem Sand 234
10 Kein Mann ist ein Sklave 252
11 Die Hand der Götter 259
12 Die Flamme 267
13 »Der König der Dämonen« 275
14 Zippora 288
15 Durst 300
16 Das Feuer 303
17 Das Öl der Lampe 312

III
Eine Stimme in der Wüste

1 »Der König Ägyptens ist tot!« 319
2 Das Grauen 327
3 Gerschom 331
4 Der brennende Dornbusch 334
5 Der Besucher 341
6 Verrückt genug, um zu gelingen 347
7 Briefe 355
8 Wahre Vorzeichen 366
9 Jenseits aller Worte 378

Anmerkungen

I, Kapitel 1–17 385
II, Kapitel 1–17 416
III, Kapitel 1–9 433

Ein Wort zuvor

Moses ist einer der Giganten der Geschichte. Der von ihm vor dreitausenddreihundert Jahren begründete Monotheismus hat die drei Religionen der Heiligen Schrift hervorgebracht. Die Geschicke des Okzidents und des Orients wurden dadurch für immer verändert.
Diese außergewöhnliche Gestalt hat, wie so häufig, zur Entstehung einer Legende geführt, die in den ersten fünf Büchern des Alten Testaments nachzulesen ist. Aufgrund dieser Legende schlossen manche Historiker, alles sei Mythos, und zogen sogar die historische Existenz Mose in Zweifel. Sicher hat die Legende den Menschen überdeckt, aber ebenso wie einen Genius hat es einen Menschen dieses Namens gegeben – der beste Beweis dafür ist das Judentum; ohne ihn würde es nicht existieren.
In Romanform versuche ich zu rekonstruieren, was für ein Mensch dieser Moses in seinem Alltagsleben gewesen sein könnte. Dabei lasse ich mich von einer spekulativen Analyse, einer Methode der historischen Kritik, leiten, die man so zusammenfassen könnte: Ein Element der Legende ist abgesichert, ein anderes ist glaubhaft oder aber fraglich, wieder ein anderes ist unmöglich. Man bezieht sich, wann immer möglich, auf verifizierte historische Ereignisse. Beispiels-

weise ist erwiesen, daß die Einnahme Jerichos durch Josua um 1250 vor unserer Zeit stattgefunden hat, nach dem Tod Mose. Daraus ergibt sich, daß Moses einige Jahre oder Jahrzehnte zuvor – was noch genauer zu bestimmen ist – gestorben ist.
Diese Methode ermöglicht es, die Epoche, in der Moses lebte, zu bestimmen, die Umstände seiner Geburt und die ersten Jahrzehnte seines Lebens, die von der Legende besonders verschleiert wurden. So lassen sich auch die Antriebskräfte seines Handelns erkennen, die ansonsten rätselhaft oder einfach unwahrscheinlich bleiben würden.
»Wozu einen Roman darüber schreiben?« werden manche einwenden. »Ist die Legende nicht genug? Was soll ein Roman über einen einzigen Menschen bringen? Besteht nicht die Gefahr, daß er die Legende angreift, eine der schönsten, die überliefert ist?«
Ich verstehe diese Einwände gut, aber ich stelle einen anderen dagegen: Die Legende zerstört sich selbst. Das ist nämlich der Grund, warum manche Historiker meinen, die reale Existenz Mose in Zweifel ziehen zu können. Das ist die eigentliche Motivation jeglicher Geschichtsschreibung: die Suche nach der sinnlichen und materiellen Wahrheit der Menschen und der Ereignisse. Das ist auch das Ziel der enorm umfangreichen Forschungen, denen sich seit einem Jahrhundert ganze Scharen von Exegeten, Übersetzern, Kommentatoren, Paläographen und Archäologen über Jesus widmen, über die Schriftrollen vom Toten Meer, vielleicht Keimzelle seiner Lehre; über den ursprünglichen Anteil der Evangelien und über die spätere Hagiographie ebenso wie über zahlreiche weitere Aspekte einer wunderbaren Geschichte.
Die Kulturen verändern sich, und mit ihnen die Art des Empfindens. Dreitausendfünfhundert Jahre später fällt es uns heute schwer, wortwörtlich an den Pentateuch zu glauben. So erscheinen uns die beiden Säulen, Wolkensäule bei Tag und Feuersäule bei Nacht, die die Israeliten vierzig Jahre

lang durch die Wüste geführt haben sollen, eher dem poetischen Talent der Autoren des Pentateuch zu entspringen als der Realität. Und jeder, der Israel oder Jordanien besucht hat, weiß, daß Manna nicht vom Himmel fällt, sondern ein harziger Auswuchs der Tamariske ist, den man Touristen in kleinen Schächtelchen als Leckerei verkauft. Und der Zauberstab, den Moses während seiner Streitgespräche mit dem Pharao immer wieder zu Hilfe nimmt, wirkt unserer Ehrfurcht gegenüber den Menschen entgegen. Nein, Moses war kein Magier. Er war weit mehr als das, ein beharrlicher, glühender Mensch, angetrieben von einer ungeheuren Bestimmung.

Der Roman – der historische Roman – erscheint mir in seiner Unsicherheit und gerade in seiner Bescheidenheit als Möglichkeit, einen solchen Helden in seiner alltäglichen Realität zu rekonstruieren und somit gegen die Unglaubwürdigkeit zu schützen, die von den Legenden letztendlich erzeugt wird.

Das gewohnte Bild, das die Legende dem Leser eingeprägt hat, wird von diesem Buch vermutlich oft erschüttert werden. So wird Moses etwa traditionell als alter Mann dargestellt. Dabei vergißt man jedoch, daß vor dreitausenddreihundert Jahren die durchschnittliche Lebenserwartung der Menschen weitaus geringer war als in unserer Zeit; das aktive Leben der Menschen begann viel früher. Ein hohes Alter wurde zu jener Zeit weit mehr als heute als außergewöhnlich, fast als Wunder angesehen, »vierzig Jahre« in der Sprache des Alten Testaments bedeuten nicht wie in der zeitgenössischen Sprache vier Jahrzehnte, sondern »eine lange Zeit«. Moses ist daher in dieser Rekonstruktion ein junger Mann. Den Historiker wird es auch nicht erstaunen, daß die rührende, aber höchst unwahrscheinliche Geschichte des im Nil schwimmenden Weidenkörbchens in diesem Buch nicht vorkommt, mancher Leser wird sich vielleicht darüber wundern.

Die Schreibweise verschiedener Namen variierte im Lauf der Jahrtausende. Ich habe mich für die alte Form entschieden. So werden die Hebräer, damals Hapiru oder Apiru genannt, mit letzterem Namen bezeichnet. Manche Behauptungen des Romans mögen kühn erscheinen, sind es aber nicht, wie etwa jene, die die ägyptische Herkunft Mose betreffen. Der Konsens der Historiker in diesem Punkt wurde im Laufe unseres Jahrhunderts immer deutlicher. Ausgangspunkt war der Name des Helden, ein rein ägyptisches Wort, das »Sohn« bedeutet. Das führte manchmal zu gewagten Spekulationen über die Inspiration Mose (die, wie teilweise ganz bedenkenlos erklärt wird, aus der ägyptischen Religion gekommen sein soll). Hier hält meine Rekonstruktion inne: Moses war sicher zur Hälfte Ägypter, er wurde am Hof des Pharao erzogen, und erst später kam er den unterdrückten Hebräern näher, wie es im Buch Exodus steht, aber sein eigenständiges Werk ist deutlich dem Erbe Abrahams und nur diesem verpflichtet.

Dieses Buch ist also ein Roman, gewiß, aber – abgesehen von der offenkundigen Bewunderung für Moses – berücksichtigt er eines der Gebote der obengenannten Methode: zu wissen, wo die Spekulation enden muß. Sigmund Freud hatte einmal einen Roman über Moses angefangen; wie man weiß, konnte er ihn nicht vollenden, doch er griff manche Themen in dem Essay *Der Mann Moses und die monotheistische Religion* auf. Meiner Vermutung nach ist dieser Roman gescheitert, weil darin die Ideen einen zu großen Raum einnahmen.

Ich hoffe, ich habe dies vermieden. Der Leser wird darüber urteilen.

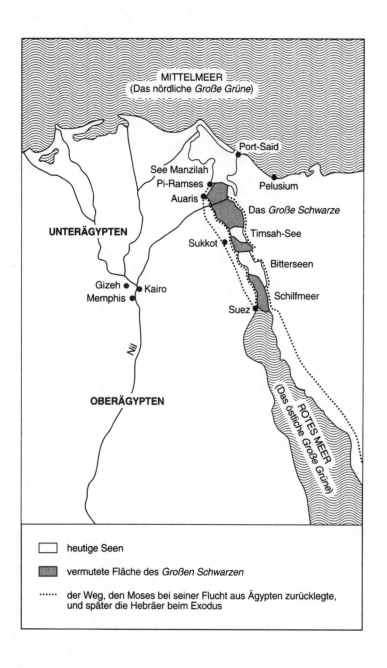

I

Eine ägyptische Jugend

1

Der Mann, der wie aus Bronze schien

Die Abendbrise erhob sich und erweckte das Wispern der Dattelpalmen und der haarigen Papyrusstaudenbüschel am Ufer des Nils. Der Himmel, bisher silbrig, nahm nun endlich sein zartes Blau an, und die Resedabüsche auf den Terrassen verströmten ihren Duft intensiver. Mückenschwärme stiegen aus dem Erdboden auf, und die Fliegenscheucherinnen machten sich vor den Fenstern des Prinzessinnenpalastes eifrig an ihre Aufgabe: Die einen wedelten mit großen Fächern aus geflochtenen Palmenblättern, um die stechenden Scharen in Schach zu halten, die anderen warfen duftende Zweige aus dem Lande Punt in Glutbecken, von denen die fliegenden Plagen vertrieben wurden.
Nezmet-Tefnut[1], dritte der elf Töchter des ägyptischen Königs Sethos, erster dieses erlauchten Namens, erwachte aus ihrer Mittagsruhe mit dem Gefühl, ihr Körper sei besonders üppig entfaltet. Das Blut schien ihn kraftvoller zu durchströmen als gewöhnlich; ihre Brust war in Schweiß gebadet. Ihr Bett bestand aus einem Rahmen aus Sykomorenholz, in den eine feingeflochtene Binsenmatratze eingespannt war, mit Füßen, die wie die Hufe einer Kuh geformt waren. Wie sie so fast nackt dalag, empfand sie das Baumeln des Amuletts zwischen ihren glänzenden Brüsten, ein Goldfigürchen,

das die Göttin Toeris, Beschützerin der Frauen, darstellte, als zudringliche Berührung. Ihre Brustwarzen richteten sich auf. Schon im Laufe des vergangenen Jahres, dem fünfzehnten ihres Lebens, hatte sie dieses Gefühl empfunden, doch sie kannte seine Bedeutung nicht. Sie streckte die goldbraunen Beine, reckte die hennarot gefärbten Fußsohlen nach oben, gähnte und langte nach einer Schale mit blutroten Datteln – Datteln aus Nubien. Sie knabberte eine davon, ohne ihre Gedanken auf irgend etwas zu konzentrieren. Ein herzförmiges Gesicht, eine kleine Nase mit bebenden Flügeln, schön gezeichnete Augen, die sie mit schwarzem Antimon größer zu schminken versuchte – alles nur ein Spiegel der Leere. Sie seufzte.

Die oberste der Dienerinnen, die aus dem Zimmer ihrer Herrin Geräusche gehört hatte, trat vorsichtig mit nackten Füßen ein.

»Herrin, deine Schwestern haben gewünscht, daß wegen des Festes die Badestunde heute abend vorgezogen wird«, erklärte sie.

Nezmet-Tefnut – von ihren Geschwistern nur Nezmet genannt – nickte: »Das Fest.« Was sollte ihr das schon bringen! Tänzerinnen und Musiker, die Gesellschaft ihrer Schwestern und der Dienerinnen, ein wenig mehr Geschwätz als sonst, vertrauliche Mitteilungen über die Monatsregel. Beamte mit ihren Söhnen, die der Pharao zu den Festlichkeiten zugelassen hatte und die zumeist ziemlich häßlich waren. Nezmet hatte keinen unter ihnen entdeckt, der ihr gefallen hätte, was erklärte, daß sie mit fünfzehn Jahren ein Jahr über das Heiratsalter hinaus war, doch sie war königlichen Geblüts, daher konnte man ihr das nicht zu offen übelnehmen. Ihre Brüder, die Prinzen, kamen von Zeit zu Zeit zu diesen Zerstreuungen, jedoch auch nicht mit besonderer Begeisterung. Jede Woche veranstaltete der Palast eine solche Tanzerei. Sethos wollte, daß die Prinzessinnen sich nicht langweilten. Doch der einzige wahre Reiz dieser Abende bestand in der Anwesenheit zweier oder dreier Kurtisanen aus Memphis, die deftige Geschichten erzählten.

»Ist das Wasser diesmal gefiltert?« fragte die Prinzessin in verdrossenem Tonfall.

»Heute morgen hat man den Filtriersand ausgewechselt«, antwortete die Dienerin. »Das Wasser ist so sauber, daß man es trinken könnte.«

»Gestern lagen kleine Steinchen am Boden des Beckens«, murrte Nezmet, als sie die Füße auf den Boden schwang. Sie schüttelte das gekräuselte, rötlich schimmernde Haar, um es aufzulockern, steckte ein paar widerspenstige Locken hoch und wickelte Oberkörper und Schenkel in einen Schurz aus grauem Leinen, mehr um sich vor den Insekten als vor der immer noch heißen Luft zu schützen. Barfüßig trat sie auf die Terrasse. Dort nahm sie einen der geschwungenen porösen Tonkrüge, in denen man das Trinkwasser kühlte, von der Balustrade und trank direkt daraus. Zerstreut blickte sie über die Landschaft.

Blaue Lichtreflexe glitzerten auf dem Fluß vor ihr. Der hellere Himmel im Westen nahm eine blasse Aprikosenfarbe an. Weit links erkannte man, wenn man sich nach vorne beugte, ein gutes Stück hinter dem Palastbezirk Wohngebäude von Dienern, Speicher, Stallungen und Waffenarsenale, die Vorstädte von Memphis, die im Nachmittagslicht rosig schimmerten.

Nezmets Aufmerksamkeit wurde von kehligen Schreien und einer besonderen Betriebsamkeit am Fuße der Terrassen angezogen, etwa zwanzig Ellen tiefer.[2] Drei flache Kähne waren an dem kleinen Anlegeponton vertäut, an dem man gewöhnlich die Lebensmittel aus den königlichen Ländereien auslud. Doch heute waren es Steine. Große, behauene Steine, ganz neu, jeder zwei Ellen lang und eine Elle breit. Zwei Dutzend Männer knoteten Stricke um jeden Stein und zogen ihn dann jeweils zu dritt oder zu viert zum Palasttor.

Eine monotone, anstrengende Arbeit, befehligt von einem Vorarbeiter.

Nezmet beugte sich vor, um den Mann zu beobachten. Er war etwa dreißig Jahre alt, vielleicht auch jünger. Mit seinem nackten, kräftigen Oberkörper ähnelte er einer lebendigen Bronzestatue. Die Arbeit an der frischen Luft hatte seine Haut gebräunt, die vom Schweiß glänzte, denn er war sich nicht zu schade, selbst Hand anzulegen. Doch es war ein goldbrauner Farbton, nicht das matte Dunkelbraun der Untertanen des Königs. Nezmet beugte sich noch weiter nach unten, bis ihre Brüste aus dem Schurz hervorquollen und sie ihn neu knoten mußte. Ihr Blick verweilte auf den mächtigen Schultern und den kupferfarbenen Locken seines Haares. Ein verrückter Impuls überkam sie. Sie trat zurück in ihr Zimmer, schlüpfte in Sandalen, schlang das mit Türkisen besetzte Goldband, das ihren Rang anzeigte, um ihre Stirn und schritt zur Überraschung ihrer Dienerinnen zur Treppe.

»Ich komme sofort wieder!« rief sie ihnen zu, um deutlich zu machen, daß sie kein Gefolge wünschte.

Flink klapperten ihre Sandalen über die Treppe. Auf dem Hof angelangt, richtete sie ihre Schritte zu dem Tor, an dem die Steine abgeladen wurden. Die weiträumige Fläche, die den Bereich der Prinzessinnen von dem der Prinzen trennte, war bereits voller Steinquader. Die erschöpften Arbeiter schenkten Nezmet kaum Beachtung. Am Tor erblickte sie den Vorarbeiter, der sich vorbeugte, um einen Knoten der Zugstricke zu überprüfen, und ihr dabei den Rücken zukehrte.

»Was machst du?« fragte sie in gebieterischem Ton.

Der Mann richtete sich auf und drehte sich um. Nicht nur sein Körper war schön, sondern auch sein volles, straffes Gesicht, in dem sich ein wild wuchernder hellkupfriger Bart um einen fleischigen Mund kräuselte. Die Farbe dieses Mundes! Ein schamloses Rot, wie das Geschlecht einer Frau.

»Wir bringen Steine für den Bau eines neuen Palastes für Sethmes, den Sohn des Königs, der bald heiraten wird.«
»Wer bist du?« fragte sie hochmütig.
Er antwortete mit einer kaum wahrnehmbaren Verzögerung. Kaum wahrnehmbar war auch sein Lächeln. Ein unverschämter Mensch. Diese Fremden waren unverschämt.
»Ich bin Amram, ein Vorarbeiter des Palastes«, antwortete er langsam, den Blick auf das Goldband gerichtet, dessen Bedeutung er kannte.
»Amram«, wiederholte sie.
Diesmal kam die Antwort noch deutlicher verzögert.
»Ich bin ein Apiru.«[3]
Sie hatte es bereits erraten; fast alle Arbeiter des Palastes waren Apiru.
»Seid ihr fertig?« fragte sie, als sei sie für diese Arbeiten zuständig.
»Nein, wir werden morgen noch mehr Steine bringen. Für heute abend sind wir fertig, sobald wir diese Quader abgeladen haben«, erwiderte er und deutete mit dem Kinn darauf. »Man braucht Steinquader für ein ganzes Haus«, fügte er in leicht herablassendem Ton hinzu. »Und später müssen Ziegel herbeigeschafft werden.«
Sie fühlte sich verlegen unter dem eindringlichen Blick des Mannes und nickte mit dem Kopf, dann drehte sie sich um und ging verstimmt zu ihren Räumen zurück. Ihr Ungestüm hatte zu nichts geführt. Wohin hätte es auch führen können? Sie nahm wieder ihren Posten auf der Terrasse ein, um den Apiru zu beobachten. Spürte er, daß sie ihn ansah? Sie erglühte auf jeden Fall unter dem Blick des Mannes, denn fast sofort hob er den Kopf. Sie öffnete den Mund, sagte aber nichts. Er lächelte, und um ihre Verwirrung zu verbergen, verließ sie die Balustrade.
Die Aprikosenfarbe des Himmels ging in Rotgold über.
Nezmet fühlte sich im Bad ihrer Schwestern, der Prinzessin-

nen, sehr aufgeregt. Sie bestand darauf, daß die Dienerin ihr das Haar mit noch mehr Duftöl glänzend machte als gewöhnlich. Sie wollte keine Perücke aufsetzen, da ihr bereits zu heiß war.

Beim Fest zeigten die Musikerinnen die Geschicklichkeit ihrer Finger, die Tänzerinnen die Geschicklichkeit ihrer Beine, doch die Gespräche erschienen Nezmet noch inhaltsloser als die letzten Male.

Beim Abendessen begnügte sie sich mit einer weizengefüllten Wachtel, einer Gurke, einigen Datteln und einem Becher Palmwein. Zerstreut antwortete sie auf die Bemerkungen ihrer Schwestern und gestattete sich ein- oder zweimal ein Lächeln über Scherze, über die die anderen vor Lachen gluckßten. Ihr war heiß, obwohl sie unter ihrem plissierten, mit winzigen Perlen aus Gold und blauem Glas bestickten Leinenkleid nichts trug. Sie ging auf die große Terrasse hinaus, die sich um den Festsaal zog. Die Flammen der Fackeln, die sie beleuchteten, tanzten im Abendwind. Nezmet stützte sich auf die Balustrade und blickte auf den dunklen Fluß. Ein Ruf, dann ein zweiter, ließ sie nach unten blicken, wo ein Mann stand. Er trug eine Tunika, und im flackernden Fackellicht erkannte sie das Lächeln auf seinen Lippen. Ihr Herz schlug, als wolle es ihre Brust sprengen. Sie richtete sich wieder auf und versuchte vergebens, wieder zu Atem zu kommen.

Das hatte sie doch herausgefordert, oder nicht? Der Mann hatte sofort erkannt, warum diese Prinzessin seine Arbeit unterbrach, das hatte sein Gesicht von Anfang an verraten. Er war wiedergekommen. Wollte sie ihn oder nicht? Sie befeuchtete sich die Lippen und dachte an die Schultern, an die helle Bronzehaut ...

Mit langsamem Schritt, fast wie zu einer Totenfeier, ging sie die äußere Treppe hinunter, die zu den Gärten am Flußufer führte. Auf der letzten Stufe blieb sie regungslos in der Dunkelheit stehen, die Waden verkrampft, mit angestrengtem

Blick und angehaltenem Atem. Er wartete, aus Respekt oder aus Selbstsicherheit. Wieder spürte sie, wie schon am Nachmittag, aber noch intensiver, die gebieterische Existenz ihres Körpers. Die Gegenwart des anderen erfüllte sie mit Kraft und Tollheit. Sie hatte noch keinen Mann gehabt, hatte Männer nur angesehen; dieser war der erste, der eine solche Macht über sie ausübte. Er hob ein wenig den Kopf, mit einer herrischen Geste, und sie schritt die letzte Stufe hinab und auf ihn zu, bereit, doch noch zu fliehen. Aber als sie vor ihm stand und seinen Atem und den Ambraduft seiner frisch gewaschenen Haut roch, als sie deutlich das Lächeln auf seinen Lippen sehen konnte, war sie gelähmt.
Er legte Nezmet die Hand auf die Schulter, und sie öffnete den Mund. Mit der anderen Hand berührte er ihr Gesicht, und sie seufzte. Er steckte ihr den Zeigefinger zwischen die Lippen, Geste des Atems, des Lebens. Nezmet schluckte. Die Hand auf ihrer Schulter glitt hinab auf ihre Brust und ließ ihre Brustwarzen unerträglich hart werden. Mit einer Kopfbewegung lenkte er sie zum Fuß der Terrasse, ins völlige Dunkel. Mit einer Handbewegung schob er das Kleid nach oben und liebkoste den erstarrten jungen Körper, die Brüste, die Achselhöhlen, den Bauch, den Hintern. Eine Hand glitt ihren Bauch hinunter, ein Finger streichelte die Spalte und ahmte den Geschlechtsakt nach. Sie wölbte ihren Körper. Ohne Mühe streifte er ihr das Kleid ab und legte Nezmet, eine Hand unter ihren Hüften, auf einen der frisch zugeschnittenen Steine, den er vielleicht absichtlich hierher gezogen hatte. Der kühle Stein fühlte sich für ihren Rücken erlesener an als ihr Bett. Sie ergriff die Hand, die sie erforschte, und er glaubte, sie wolle ihn zurückweisen, doch sie wollte ihn festhalten. Dann führte er ihre Hand zu seinem eigenen Körper, sie streichelte ihn ungeschickt, dann umschloß sie sein Glied. Sie begriff, und er drang bereits in sie ein. Sie stieß einen Schmerzensschrei aus, den die Verblüffung, dann die Trunkenheit des Körpers erstickten.

Das Weitere gehörte nicht mehr ihnen, ritueller Mord, Zuckungen, Spasmen, sie klammerte sich an Amrams Schultern wie eine Ertrinkende. Mit einem Arm richtete sie sich auf dem Stein auf und zog mit dem anderen den Kopf des Mannes zu ihrem, drückte ihre Lippen auf seinen Mund. Er war überrascht. Es war genau der Augenblick, in dem er sich in ihr verströmte. Er hatte sie mit beiden Gegensätzen erobert, mit dem Immateriellen und dem Materiellen, mit dem Atem durch den Mund, mit dem Samen durch das Geschlecht.

Sie hatten sich voneinander gelöst, aber sie hielt immer noch seinen Arm. Das Fest oben neigte sich dem Ende zu. Man hörte Gelächter, ein wenig zu schrill, erhitzt vom Palmwein. Nezmet blickte auf ihren Bauch und sah, daß er mit Blut befleckt war. Mit dem Eimer, der immer am Brunnenrand hing, holte Amram Wasser aus dem nächstgelegenen Brunnen im Hof und goß ihr langsam das Wasser auf den Bauch. Sie stieß einen Schrei aus, der in ein ersticktes Lachen überging.

Wochenlang ging es so jeden Abend. Es war im Jahre 4 des Pharaos Sethos I.[4] Dreimal während dieser brennenden, fast stummen Leidenschaft durchlief die silbrige Scheibe der Göttin Hathor ihren Weg in Form eines Bogens über den klaren Himmel Ägyptens. In ihr Licht tauchte sie die Kapitelle der kolossalen Tempel, die auf Geheiß der Könige vom Nildelta bis an die Grenze des sengend heißen Nubien errichtet worden waren, und in ihr Licht tauchte sie auch die fruchttragenden Dattelpalmen. Unendlich weit verstreute sie Silberkrumen über dem Fluß und ihren flimmernden Staub über das uralte Land. Nezmet-Tefnut war das gleichgültig. Wie Lotosblüten verlangt es fünfzehnjährige Prinzessinnen nur danach, sich zu öffnen. Sie wußte nicht, daß Ägypten in seiner unermeßlich großen Fruchtbarkeit einen großen Wegbereiter gezeugt hatte, der eines Tages den Himmel entzweireißen würde, um einen Gott erscheinen zu lassen, der noch größer war als Re, der größte aller Götter.

2

Prinz Ptahmose

Unvorsichtigkeit setzte ihrer Liaison ein Ende.
Der Sinnentaumel war nun schon vertraut; die Prinzessin legte ihren Gefühlen kaum mehr Zwang an, und so gestattete sie sich eines Abends einen Schrei der Ekstase. Amram hatte sich an unerhörter Männlichkeit selbst überboten. Nezmets Schreie alarmierten ihre erste Dienerin, die halb dösend auf der Terrasse Lupinenkerne knabberte und nun plötzlich auffuhr, die Stimme ihrer Herrin erkannte und dachte, sie sei von einem Skorpion oder einer Schlange gebissen oder gar von einem Krokodil angegriffen worden. Die Dienerin stürzte mit einer Fackel in der Hand die Treppe hinunter. Beim Anblick ihrer Herrin, die von einem Mann stürmisch begattet wurde, verging ihr jedoch alle Freude daran, daß etwas Aufregendes geschah. Sie stieß einen langen Seufzer aus und richtete die Fackel auf das Gesicht des nackten, immer noch seine Kraft zeigenden Mannes.
»Ein Apiru!« rief sie. Deutliche Entrüstung lag in ihrer Stimme. Die beiden Frauen gingen zurück, während der Mann sich ankleidete.
»Der König bringt mich um!« stöhnte die Dienerin.
»Ich werde dich umbringen, wenn du nicht den Mund hältst!« entgegnete Nezmet.

Verängstigte Rufe ertönten aus den anderen Zimmern der Prinzessinnen, die dieser Auftritt aufgeschreckt hatte.

»Was ist hier los?« fragte Mirrit-Anuket, eine Halbschwester Nezmets von einer anderen Mutter, wie übrigens die meisten ihrer Geschwister.

»Bier und Mondschein haben das Gehirn dieser Alten erhitzt!« erwiderte die Prinzessin. »Verzeih mir, daß ich dich beunruhigt habe.« Sie lächelte ihrer Schwester liebenswürdig zu. »Nichts von Bedeutung.«

»Das ist also das Geheimnis dieser nächtlichen Eskapaden!« fuhr die Dienerin fort, als Mirrit-Anuket gegangen war.

»Noch ein Wort, und ich lasse dir eine Aspisviper an den Busen legen!«

»Ein Apiru!«

»Hättest du ihn selbst haben wollen?«

»Unheil! Ein Kind wird kommen, das steht fest.«

Diese Prophezeiung traf Nezmet ins Mark. Ein Kind, das stand tatsächlich fest. Seit zwei Monaten hatte sie ihre Blutung nicht mehr gehabt. Der Gedanke war ihr nicht besonders verdrießlich, wohl aber die mögliche Reaktion ihres Vaters. Man wußte nie, was seinen Ärger anstacheln würde. Als eine ihrer jüngeren Schwestern vor ein paar Monaten von einem mit einer anderen Frau verheirateten Sohn eines Kammerherrn einen Jungen geboren hatte, war er entzückt gewesen. Doch als einer ihrer Brüder die Tochter eines Beamten am Waffenspeicher geschwängert hatte, hatte er eine Riesenaffäre daraus gemacht, obwohl bekannt war, daß die Prinzen um die Wette herumhurten.

»Man muß dich schnellstens verheiraten«, meinte die Dienerin, als sie sah, daß ihre letzte Bemerkung ihre Wirkung nicht verfehlt hatte. »Dein Vater wird es nicht hinnehmen, daß du von einem Apiru geschwängert worden bist.«

Das war möglich und sogar wahrscheinlich.

»Was ist bloß mit diesen Apiru?« murrte Nezmet.

»Was ist wohl mit diesen Apiru!« wiederholte die Dienerin

entrüstet. »Spielst du die Unwissende? Das sind Nomaden! Die Verbündeten unserer Feinde!«
»Aber sie leben hier, in Memphis.«
»Heute hier, morgen anderswo, das hängt davon ab, wer sie bezahlt. Es ist jedenfalls nicht der Mühe wert, über das Offensichtliche zu streiten. Dein Vater wird keinen Schwiegersohn wollen, der ein Apiru ist«, fuhr die Dienerin fort und erhob sich, um Holz aus dem Lande Punt in das Feuerbecken zu legen, das die Fliegen vertreiben sollte. Der scharfe Kampfergeruch der exotischen Essenz stieg in einer blauen Rauchwolke auf, und die Fliegen flohen tatsächlich durch die Fenster hinaus. »Er wird das Kind umbringen lassen.«
Auch das war möglich. Nezmet runzelte die Brauen und zog die Beine an.
»Es ist mein Kind«, murmelte sie. »Und wen soll ich heiraten?«
»Nakht«, antwortete die Dienerin sofort.
»Den Sohn des Vorlesepriesters?« rief Nezmet indigniert. »Aber er sieht wie ein Mädchen aus!« Und sie dachte an die kräftigen Arme des verlorenen Geliebten.
»Genau der richtige Zeitpunkt, um die Wählerische zu spielen«, konterte die Dienerin. »Er hat nur Augen für dich. Und er ist der einzige, der eine schwangere Frau akzeptieren wird. Außerdem erwartet man schon seit einem Jahr deine Entscheidung, Prinzessin. Man wird dich noch für krank oder kalt halten.«
Kalt. Die schlimmste Beleidigung für ein heiratsfähiges Mädchen, Prinzessin oder nicht. Der Schluß drängte sich auf. Oder lag zumindest für einige Zeit nahe.
Die Heirat wurde rasch beschlossen und gefeiert. Ebenso wie sein Vater strebte Nakht danach, Eingang in den königlichen Kreis zu finden. Alle dreizehn Prinzessinnen kamen, mit einer Lotusknospe in den geglätteten schwarzen Perücken. Auch alle Prinzen erschienen, ein wenig spöttisch,

da Nezmets überstürzte Entscheidung sie vermuten ließ, daß etwas an der Sache faul sei. Ramses, Hauptmann der Armee und, wie es hieß, künftiger Herrscher des Königreichs, kam ebenfalls, ein triumphierender Jüngling, noch schöner als gewöhnlich, die Augen mit Antimon, die Lippen mit Karmesin geschminkt, Brust und Arme überladen mit Juwelen, die Schultern glänzend in der Kraft seiner Jugend.
»Du bist wie ein Gott«, sagte Nezmet zu ihm. »Du bist wirklich der Sohn des Re.«
Er wußte, daß sie selten mit ihren Brüdern sprach. Erfreut lächelte er und umarmte sie.
»Schöner als dein Liebhaber vom Stamm der Apiru?« fragte er leise und ließ den Mund offen, die Augen zugleich forschend und spöttisch.
»Ramses!« rief sie. Natürlich wußte man alles, der Palast war ein riesiges Klatschhaus. Und obwohl Ramses mit seinen kaum dreizehn Jahren jünger als Nezmet war, erlaubte er sich diese Unverschämtheit. Als Favorit seines Vaters hatte er ein wachsames Auge auf seine Welt. »Er ist ... er war schön, ja.«
Er stieß ein kurzes Lachen aus, wie ein ersticktes Wiehern, das er sicher bei den Soldaten gelernt hatte. »Du hast Glück, daß Nakht entgegenkommend ist. Immerhin wird das Kind geboren werden.«
Das bedeutete, daß Ramses es in die Familie aufnahm. Sie stieß einen erleichterten Seufzer aus. Als Nakht sich zu der Unterhaltung gesellte, nahm Ramses wieder seine gewohnte Maske an und präsentierte Nezmet den nubischen Sklaven, sein Hochzeitsgeschenk, der der Prinzessin seinerseits eine mit Gold verzierte Lotusblüte aus Holz überreichte.
Die anderen Prinzen registrierten mit neidischem Blick das gewandte Auftreten ihres Bruders Ramses und hielten mit ihrem Geschwätz inne. Der junge Nakht, fast bartlos und tatsächlich zart wie ein junges Mädchen, aber klug wie eine Schlange, gab vor, nichts zu bemerken. Das gut gestärkte

weiße Festkleid, das Nezmet trug, verhüllte vollkommen ihren noch kaum hervortretenden Bauch. Der Sohn des Vorlesepriesters heiratete offiziell eine Jungfrau. Und falls Sethos, der in großem Pomp und zweifachem Prunkgewand kam, um seiner Tochter ein Halsband aus Gold und Elektron, besetzt mit Granaten und Lapislazuli, drei asiatische Sklaven und zwei Papageien zu schenken, von den Torheiten seiner Tochter Wind bekommen hatte, so ließ er sich davon nichts anmerken. Nachdem er gemäß dem Brauch dem jungen Nakht die Hand seiner Tochter gegeben hatte, stimmte er als erster eine Hymne für die Brautleute an:

Gefeiert an einem glücklichen Tag,
zufrieden der Geist und das Herz voller Freude!

Nakhts Vater, zweiter Vorlesepriester des Königs, auch *Cheriheb* genannt, füllte persönlich den Becher Wein, aus dem das junge Ehepaar trinken sollte, und ließ sie die Hochzeitshymne rezitieren. Niemand, der die Jungverheirateten sah, wie sie glänzend von Gold und Schweiß im Schein der Lampen auf vergoldeten, mit Lotusblüten und bunten Vögeln geschmückten Stühlen saßen, ahnte etwas. Und als die Diener, Jungen und Mädchen mit nacktem Oberkörper, die Getränke servierten und das Fest mit der Musik von Lauten, Flöten, dreisaitigen Leiern, Tamburinen und Sistren begann, hätte man geschworen, es sei eine Hochzeit wie jede andere. Noch am selben Abend bezogen die Eheleute eines der einzelnen Gebäude, die den Prinzenpaaren vorbehalten waren, ganz ähnlich dem, das die fruchtbare Begegnung der Prinzessin mit dem Apiru ausgelöst hatte.

Sechseinhalb Monate später begann Nezmet, Klagelaute auszustoßen. Sofort schickten die Dienerinnen nach einer der drei Hebammen des Palastes und dem Ehemann, der zwischenzeitlich zum dritten Vorsteher des Vorratsspeichers ernannt worden war.

Das Kind und der vermeintliche Vater kamen zugleich;

Nakht hörte es schreien, als er die Treppe hinaufstieg. Man hatte die Nabelschnur abgeschnitten und abgebunden.
»Es ist ein Knabe«, erklärte die Hebamme triumphierend, als habe sie daran irgendeinen Anteil, während die Dienerinnen und Sklavinnen das Ereignis mit Gesang und Händeklatschen feierten. Nakht beugte sich über das runzlige und noch faltige Ding, das man gerade wusch, und kniff die Augen zusammen. Die Haare waren hell. Die Haut war heller als die eines Kindes des Nilschlamms. Mit rätselhafter Miene trat Nakht in das Zimmer seiner Gattin.
»Geht es dir gut?« fragte er gleichgültig.
»Das Kind ...«, sagte sie erschöpft. »Ist es ein Knabe?«
»Es ist ein Knabe«, erwiderte er ebenso unbewegt.
»Wird man ihn Nakhtmose nennen?« fragte die Vorsteherin der Dienerinnen unbesonnen.[1]
»Das ist kein Name für einen Apiru«, antwortete Nakht ruhig, ohne seine Gleichmütigkeit zu verlieren. Nachdem er sich über seine Gattin gebeugt hatte, um ihr zu gratulieren und ihr baldige Erholung zu wünschen, verließ er das Zimmer.
»Dann werde ich ihn Nezmetmose nennen«, sagte die Mutter schwach. »Es ist mein Sohn. Mein erster Sohn.«
»Vielleicht Ptahmose«, schlug eine der Dienerinnen vor.
»Ptahmose«, wiederholte die Mutter und dachte über die Bedeutung des Namens nach. Sohn des Ptah, des Gottes, der in Memphis verehrt wurde. Der Gott, der die Welt durch das Wort erschaffen hatte. »Ja, Ptahmose«, meinte sie.
Sie war zu schwach, um ihn zu stillen, daher suchte man nach einer Amme. Nakht schien das ein gewisses Mißfallen zu bereiten, obwohl er aus Rücksicht auf seine Frau kaum darüber sprach. Es sind die alten Frauen unter sich, die das Los der Welt stricken. Sie sind wie die Parzen, und manchmal verleiht ihnen das Schicksal wirklich die Macht, den Faden eines Lebens abzuschneiden. Doch im Falle des Kindes hatten sie das Gefühl, es gehöre ihnen mehr als seiner

Mutter. Eine der Dienerinnen holte Amram, der immer noch im Palast arbeitete. Sie hatte bereits bemerkt, daß er sich um den Prinzessinnenpalast herumtrieb, den Blick nach oben auf die Terrassen gerichtet, zweifellos in der Hoffnung, seine junge Geliebte zu sehen oder Neuigkeiten von dem Kind zu erfahren.

Als die Dienerin ihn rief, überwachte er das Abladen getrockneter Ziegel, die für den Bau des Dienerquartiers im neuen Prinzenpalast bestimmt waren.

»Gibt es in deiner Familie eine Frau, die gerade stillt?« fragte sie.

Das Gesicht des Mannes belebte sich plötzlich; er riß die Augen auf, runzelte die Stirn, öffnete den Mund.

»Mein Kind ist geboren!« rief er halblaut.

Die Dienerin warf ihm einen eisigen Blick zu.

»Prinzessin Nezmet-Tefnut hat tatsächlich ein Kind geboren. Aber wenn du das so auffaßt, suche ich eine andere Amme.«

Die Kinder gehörten den Müttern. Es war nicht wie bei den Apiru, wo sie den Vätern gehörten. In diesem Land hatte der Vater keinerlei Bedeutung. Die Abstammung wurde von der Frau übertragen, daher mußte der Königssohn, wenn er den Thron bestieg, zuerst seine Schwester heiraten, damit er der rechtmäßige König war.

»Ist es ein Knabe?« fragte Amram.

»Das macht für die Amme keinen Unterschied«, entgegnete die Dienerin schroff. Doch der Blick des Mannes schien ihr so unglücklich, daß sie ein wenig weicher wurde. Immerhin war er der Vater des Kindes. »Ja, es ist ein Knabe.«

Er nickte.

»Meine Frau stillt gerade«, sagte er.

»Die Prinzessin wird sie bezahlen«, erwiderte die Dienerin.

»Es ist keine Frage des Geldes.«

»Sie muß herkommen und im Palast wohnen«, erklärte die Dienerin fest.

»Ich werde sie fragen.«
»Ich erwarte heute abend deine Antwort.«
Und wirklich kam am selben Abend eine Frau mit einem Kind im Arm. Langsam stieg sie die Treppen von Nezmets Palast hinauf. Ihre hebräische Abstammung erkannte man an ihrem hellen Teint und an demselben kupfrigen, manchmal sogar goldenen Schimmer im Haar, den sie alle hatten. Mit erstauntem Blick betrachtete sie die Scharen von Dienern und Sklaven. Sie hatte sich nicht vorgestellt, daß man so viele Leute in seinen Diensten haben könnte. Zehn Sklaven, fast ebenso viele Diener ... Eine Dienerin bemerkte sie; es war jene, die den Handel mit Amram geschlossen hatte.
»Ich bin die Frau von Amram dem Hebräer ...«, begann sie.
»Ich weiß«, schnitt ihr die Dienerin das Wort ab und musterte sie von Kopf bis Fuß, um zu sehen, ob sie gesund war.
»Wie heißt du? Was ist das für ein Kind?«
»Ich heiße Jochebed. Das ist meine Tochter, ich kann sie nicht zu Hause lassen. Ich habe niemanden, der sie stillt.«
Die Dienerin nickte.
»Hast du eine Krankheit?«
»Nein. Warum kann ich das Kind nicht mit zu mir nach Hause nehmen?«
»Dieses Kind ist der Sohn der Prinzessin. Es darf den Palast nicht verlassen.« Der Ton duldete keine Widerrede, und die andere begriff das. Beide Frauen standen einander gegenüber, während die übrigen Dienerinnen sie beobachteten. Schließlich senkte Amrams Frau den Blick.
»Wo ist das Kind?« fragte sie.
Die Dienerin verschwand und kam mit einem Säugling wieder, der sich mit zorniger Miene sträubte.
Jochebed betrachtete ihn eine Weile voll Entzücken, und ihre Augen füllten sich mit Tränen.
»Er ist schön«, sagte sie.
»Er ist sehr schön«, erwiderte die Dienerin. »Er ist ein Prinz.«

»Ein Prinz«, wiederholte Jochebed, ohne das Wort wirklich zu verstehen. »Wo ist mein Zimmer?«
Das Zimmer war im selben Stockwerk.
»Ein Zimmer für mich allein?« fragte sie.
»Ein Zimmer für Ptahmose«, korrigierte die Dienerin.
»Ptahmose?«
»So heißt der Prinz.«
»Ich habe geträumt«, vertraute Nezmet der ersten Dienerin am nächsten Morgen an.
»Soll ich dir den Seher schicken?«
»Nein, es war ein schöner Traum. Mut[2] nahm einen Stern von ihrem Busen und reichte ihn mir«, erklärte Nezmet, während sie Büffelmilch trank.
»Das ist ein sehr schöner Traum«, bestätigte die Dienerin.
»Ein gutes Vorzeichen.«
Nezmet öffnete die Hand und war fast erstaunt, darin nicht den Stern zu sehen.

3

Nächtliches Gespräch in einem Palasthof

Das Kind hatte alles gesehen mit seinen goldenen Augen.
Die Aufrichtung des Ded-Pfeilers war an diesem Tag für die Priester des Osiris-Heiligtums gefährlich gewesen. Bei dieser Zeremonie, dem Abschluß der großen Feierlichkeiten für den dreifachen Gott Ptah-Sokaris-Osiris im Monat Choiak, richtete man mit Hilfe eines Seils eine auf dem Boden liegende Mumie auf, aus deren Kopf dieser Pfeiler, etwa eine Elle lang, emporstrebte. Die Mumie stellte den Gott Osiris dar; die Aufrichtung der Mumie und des Pfeilers symbolisierten die Auferstehung des Gottes, des Herrschers über die Ewigkeit. Alles spielte sich im Osiris-Tempel in Memphis ab.
Die Mumie war nicht schwer. Eigentlich hätte ein normal gebautes Kind sie allein heben können. Doch man gab vor, sie wiege unendlich viel. Der König, unterstützt von seinen Söhnen, allen voran Ramses, und von einem Priester, richtete die Mumie auf. Gewöhnlich überließ man ihm das fast allein. Doch an diesem Morgen hatte Schemes, der Wêb oder reine Priester, der damit betraut war, dem König bei der Zeremonie der heiligen Auferstehung zur Seite zu stehen, in einem bestimmten Augenblick bemerkt, daß Sethos das Seil entgleiten ließ, als die Mumie fast völlig aufgerichtet war.

Rasch hatte er nach dem Seil gegriffen, und Prinz Ramses, der die Schwäche des Königs fast gleichzeitig bemerkt hatte, hatte ihm dabei geholfen. Von den Zuschauern hatte niemand etwas bemerkt, und die Mumie war wie gewöhnlich feierlich aufgestellt worden. Niemand hatte etwas gesehen, oder alle hatten vorgegeben, nichts zu sehen. Man war knapp einer Katastrophe entronnen. Wären Schemes und Ramses nicht so wachsam und flink gewesen, wäre die Mumie zurück auf den Boden gefallen, der Pfeiler wäre vielleicht zerbrochen, und es hätte einen furchtbaren Skandal gegeben. Ein sehr schlechtes Vorzeichen.
Das Kind war sechs Jahre alt. Es hatte den erstickten Schrei seiner Mutter gehört, als dem König das Seil entglitt. Es hatte aufgeschaut und den durchdringenden Blick des Ramses aufgefangen. Es war das erste Jahr, in dem man dem Knaben erlaubt hatte, der Zeremonie beizuwohnen, und er kannte das Ritual noch nicht. Er hatte den König angesehen und ihn bleich gefunden, aschfahl, mit einem seltsamen Lächeln auf seinem Gesicht. Es war ein sarkastisches Lächeln, das Ptahmose noch nie bei jemandem gesehen hatte, das Lächeln von einem, der ein unermeßlich großes Geheimnis kennt. Der König hatte sich wieder gefaßt. Ptahmose fand ihn plötzlich sterblich.
Aber seine Aufmerksamkeit wurde von der darauffolgenden seltsamen Zeremonie abgelenkt, bei der man sah, wie sich vier Priester mit erhobenen Fäusten auf vier andere Priester stürzten, die zurückwichen. Die Szene wäre alarmierend gewesen, wenn nicht alle Welt, die ganze königliche Familie, in deren Reihen er sich befand, gelassen geblieben wäre und sie ganz normal zu finden schien. Es ist ein Spiel, sagte er sich. Dabei schlugen die Priester einander mit den Fäusten. Dann rief einer: »Ich bin Horus, der in Wahrheit Glänzende!«
Das war bereits seltsam genug, doch bald artete die Prügelei aus: Nun waren es fünfzehn Personen, die sich nicht nur

mit Fäusten, sondern mit Stöcken schlugen, die sie wer weiß wo gefunden hatten. Ptahmose blickte zu seiner Mutter auf; auch dieser Szene schien sie Reiz abzugewinnen; sie lächelte, ebenso wie der Gatte seiner Mutter, dieser ein wenig süßliche Mann namens Nakht, und auch Ramses und alle anderen. Die beiden Priester an der Seite des Königs hatten keinerlei Eile, die Rauferei zu unterbrechen, und auch der König schien davon ungerührt; sie zeigten sogar recht zufriedene Mienen.
»Was ist das für ein Kampf?« fragte er seine Mutter.
»Es sind die Leute aus Pe und aus Dep, die miteinander kämpfen. Die einen sind für die Auferstehung des Osiris, die anderen sind dagegen«, flüsterte Nezmet.
»Wer wird gewinnen?«
Die Frage brachte den jungen Ramses zum Lächeln. Er beugte sich zu dem Kind und ließ es an seinem Wissen teilhaben. »Wie immer gewinnen die Verfechter der Auferstehung des Osiris.«
Ptahmose nahm die Erklärung dankbar auf. Er bewunderte Ramses. Oft sagte er sich: »Bald werde ich ebenso großartig sein wie Ramses. Ich werde in ebenso vornehmer Haltung gehen wie er.«
Schließlich ging die Zeremonie zu Ende. Als die Sonnenuhr die dritte Stunde des Nachmittags anzeigte, gab man ein Fest im Palasthof, nachdem man die Mumie des Gottes mit großem Pomp in ihrer himmlischen Bleibe aufgestellt hatte. Hundert Ellen Tische – einfache Bretter auf Böcken –, die sich unter der Last der Eßwaren und Getränke bogen. Der König eröffnete das Fest, indem er einen goldverzierten Becher aus blauem Glas in Form einer Lotusblüte, den ihm sein erster Kammerherr mit dem leichtesten Bier des Königreichs gefüllt hatte, an die Lippen hob. Hochrufe wurden laut, unter denen man die Wünsche vernahm, alle Kinder und Verwandten des Königs mögen lange leben, eine ganze Schar von Brüdern, Schwestern, Knaben, Mädchen und Enkeln, ganz zu schwei-

gen von den Bediensteten des Königshauses, den Priestern, Generälen und Provinzgouverneuren ...
Nachdem der König in eine gebratene Taubenbrust gebissen und umständlich zwei kandierte Datteln gekaut hatte, hob er mit demselben rätselhaften Lächeln den Arm und zog sich zur Ruhe in seine Gemächer zurück.
Nun wurde Ramses zum Mittelpunkt des Festes. Er war der erste der Erben des Sethos und nach dem Willen seines Vaters seit neun Jahren Hauptmann der Armee. Er begleitete seinen Vater bei seinen Feldzügen nach Palästina und Syrien. Man sah das an seiner herrischen Miene und an den Beinschienen der Soldatenuniform. Mit seinem vollen Gesicht, den mit Antimon betonten geschlitzten Augen und seinem feingeschnittenen fleischigen Mund, der für diese Gelegenheit mit Karmesin geschminkt und von einem ständigen Lächeln belebt wurde, zog der Neunzehnjährige alle Blicke auf sich. Auch den Blick von Ptahmose.
Warum war dieser Mann, sein Onkel, worauf alles hindeutete, dazu bestimmt, der nächste König zu werden, fragte Ptahmose seine Mutter. Weil er der älteste Sohn des gegenwärtigen Königs war und der König es so beschlossen hatte. Dann würde er auch der Diener der Götter werden.
Auch die Priester bezeigten Prinz Ramses deutliche Hochachtung. Sicherlich maßvoll und vorsichtig, denn der König, sein Vater, war noch am Leben, aber dennoch deutlich. Der Wêb trank dem Prinzen und seiner Gattin zu, was ihm sowohl der erste Vorlesepriester des Königs als auch die Diener Gottes, die Stundenpriester und alle anderen sofort nachtaten.
»Trinken wir auf die Gesundheit des großen Königs Sethos und seine erlauchte Nachkommenschaft«, erklärte der Wêb. »Trinken wir auf die Gesundheit des Hauptmanns Ramses.« Diesem Trinkspruch folgte eine Bitte um die Segnungen zahlloser Gottheiten, auf deren Ende jedermann wartete, um sich von den Speisen zu bedienen.

Das Fest endete eine ganze Weile nach dem Sonnenuntergang mit seinem Reichtum an Gold- und Kupfertönen, die einer Fanfare glichen. Der Wêb blieb mit dem ersten Vorlesepriester und dem dritten Kammerherrn allein zurück, während die Diener unter Aufsicht des zweiten Lebensmittelverwalters die Tische abräumten. Gänse und Enten, die kaum angebissen waren, Hühner, Tauben, Wachteln, Teile von Ziege und Lamm, Fischreste, Salate, Schalen mit Datteln und Feigen, alles wurde rasch davongetragen, da es für die Dienerquartiere bestimmt war. Bei den Getränken zeigte sich der Verwalter weniger entgegenkommend. Die vollen Krüge wurden in die königlichen Speicher zurückgebracht oder zu den Prinzen geschickt.
»Sie werden feiern«, bemerkte der Wêb ironisch.
Der Kammerherr blickte düster.
»Besorgt?« fragte der Wêb.
Der Kammerherr nickte zögernd.
»Niemand hat etwas gesehen«, meinte der erste Vorlesepriester.
»Die ganze Familie hat es gesehen«, berichtigte der Kammerherr. »Er ist in seine Gemächer zurückgekehrt und hat sich sofort niedergelegt. Ich fürchte, die große Barke wird bald die Segel setzen.« Die große Sonnenbarke, auf der die Seele des Königs reisen würde und die schon gebaut war. Natürlich auf königlichen Befehl.
Der Tod eines Königs bereitete allen Priestern des Königreichs Sorge, von Ober- bis Unterägypten. Man wußte nie, ob der Nachfolger nicht wieder einmal die Religion reformieren würde, und demnach also die Geistlichkeit, die Verwaltung der Tempel und die königlichen Stiftungen, die für diese Tempel reserviert waren, bis hin zu den Funktionen der Tempel selbst. So hatte Sethos beschlossen, daß die Tempel nicht nur Heiligtümer, sondern auch Annahmestellen für die Lebensmittel des Königreichs sein sollten, was die Macht der Priester beträchtlich vergrößerte. Würde

Ramses das beibehalten? Alles veränderte sich beim Tod eines Königs, und manchmal mußte man Schritt für Schritt mit Reden und Intrigen alles neu aufbauen, etwa wenn ein König beschloß, zwei oder drei Gottheiten zu einer zu verschmelzen. Dann sah sich die Priesterschaft dreier Tempel gezwungen, sich zu einer einzigen zu vereinigen. Viele wandten sich dann dem Handel zu. Ganz zu schweigen von dem Greuel, den man vor nicht einmal einem halben Jahrhundert erlebt hatte, als der verrückte König Amenophis IV. das gesamte Pantheon hinwegfegen und nur noch die Sonnenscheibe verehren wollte! Einen einzigen Gott!
»Aber Prinz Ramses scheint sehr vernünftig zu sein«, meinte der Wêb.
Der Kammerherr schüttelte den Kopf, nicht überzeugt: »Er hat seine Höflinge. Und man weiß, daß jeder neue König die Bediensteten seines Hauses auswechselt.« Er hätte nicht deutlicher ausdrücken können, daß er den Tod des Königs fürchtete, weil er das Ende seines Amtes mit sich bringen würde. Die betreffenden Höflinge würden die Stellung der alten Diener des gegenwärtigen Königs einnehmen. Letztere waren dann nur noch ehemalige Favoriten, nur noch dazu bestimmt, sich nach der verlorenen Macht zurückzusehnen. Die königlichen Diener schrien Befehle, und die Sklaven steckten oben auf den Terrassen des Palastes – in der Mitte die des Königs, rechts die der Prinzen und links die der Prinzessinnen – Fackeln in die Eisenringe. Der gefliese Hof wurde von rötlichem Licht erfüllt, und das Flackern der Flammen verlieh ihm ein Eigenleben. Die Schatten der drei Gestalten, die am Fuße des Prinzessinnenpalastes stehengeblieben waren, belebten sich wie schwarze Flammen. Da die Nacht den Palast in Schweigen gehüllt hatte, hallten die Stimmen von den Steinplatten wider.
»Diese Schwäche des Königs kam so plötzlich ...«, bemerkte der erste Vorlesepriester.
»Wünschen wir König Sethos noch ein langes Leben«, fuhr

der Wêb fort, um diese verdrossenen Grübeleien zu unterbrechen. »Sicherlich eine vorübergehende Unpäßlichkeit. Hoffen wir, daß er sich rasch wieder erholt.«
»Es gibt noch soviel zu tun ...«, begann der erste Vorlesepriester von neuem. »Zum Beispiel diese ganzen Apiru ... Kaum dreht man sich um, so sind an der Stelle, wo vorher einer war, schon drei. Und sie werden immer aufsässiger. Man wird Maßnahmen ergreifen müssen.«
»Ja«, stimmte der Wêb zu. »Diese Leute beginnen Unruhe im Land zu schüren! Sie verbreiten fremde Glaubenslehren. Sie haben wieder angefangen, von einem einzigen Gott zu reden ...«
»Eine unerfreuliche Erinnerung«, knurrte der Kammerherr. »Jedenfalls beobachte ich seit einiger Zeit, daß Amulette unbekannter Kulte in Umlauf sind, die günstig für das Gedeihen sein sollen, für die Kraft des männlichen Gliedes oder für die Fruchtbarkeit der Frauen ...«
»Das ist unerklärlich«, meinte der Wêb, »denn sie haben weder Priester noch eine Religion, die diesen Namen verdienen. Aber am ärgerlichsten ist ihre Einstellung. Sie leben seit über dreihundert Jahren in unserem Königreich und halten sich für rechtmäßige Einwohner[1]. Dennoch weigern sie sich, sich an unser Volk anzugleichen, dem sie sich anscheinend überlegen fühlen. Sie heiraten unsere Frauen nicht, und auch ihre Frauen heiraten nicht unsere Männer.«
»Sie mögen uns nicht. Einst haben sie gemeinsame Sache mit den Hyksos gemacht, als diese bei uns eingedrungen sind«, stellte der Kammerherr fest. »Von diesen Völkerschaften des Südens und Syriens haben sie übrigens die Götter ihrer Amulette übernommen.«
»Gleichwohl scheinen diese Amulette wirksam zu sein«, flüsterte der erste Vorlesepriester, »da der Reiz eines Apiru eine Prinzessin erobern konnte ...«
»... und der königlichen Familie einen Prinzen gegeben hat, der von den Apiru abstammt«, fügte der Wêb bissig hinzu.

Er blickte sich um. Die Silhouetten der Wachen zeichneten sich auf den Befestigungsmauern ab, vergoldet vom Licht der Fackeln. Ernst fügte der Wêb hinzu: »Der Knabe ist sechs Jahre alt. Er ist erst der neunundzwanzigste in der Thronfolge, und wenn seine Zeit kommt, wird er zweifellos nur der hundertste sein. Ich glaube daher nicht, daß wir je einen Apiru-König haben werden. Und die Erziehung, die ihm der dritte Vorleser Amsetse angedeihen läßt, wird ihn vom schlechten Einfluß reinigen, den das Blut seines Vaters ihm womöglich vererbt hat.« Der Wêb senkte die Stimme. »Dennoch muß man ins Auge fassen, ihre Geburten gewaltsam einzudämmen.«
Seine beiden Gesprächspartner nickten.
»Jedenfalls ist es kaum wahrscheinlich, daß sich das wiederholt.« Der Kammerherr rieb sich die nackten Arme, denn die Abendbrise brachte kühle Luft. »Prinz Ramses hat seinen Schwestern zu verstehen gegeben, daß es nicht ratsam ist, mit Hilfe der Apiru das königliche Geschlecht fortzusetzen.« Woraufhin sich die drei Würdenträger eine gute Nacht wünschten und zu ihren Gemächern gingen.
Keineswegs ahnten sie, daß das Kind, über das sie gesprochen hatten, zusammengekauert im Dunkeln gerade über ihnen, ihr Gespräch belauscht hatte. Es hatte gelauscht, aber nicht alles verstanden. Es erriet, daß in den Worten des Priesters die Erklärung dafür lag, warum es sich durch seine hellere Haut von den anderen Prinzen unterschied, und warum ihm das königliche Haus, vor allem sein Vater Nakht und Ramses zwar respektvoll, aber auch ein wenig mißtrauisch begegneten. Was waren bloß die Apiru?
Die Emotionen und Schauspiele des Tages, der Fingerbreit Bier, den man ihm zu trinken gegeben hatte, die ganz entschieden späte Stunde und die Brise, in der die Flammen der Fackeln flackerten, hinderten ihn daran, diese Frage tiefer zu ergründen. Seine Lider waren schwer, und er ging hinein, um sich schlafen zu legen. Die Ammen und Dienerinnen

schwatzten nicht mehr, sondern schnarchten. Ptahmose kehrte zurück in seine Kammer im ersten Stock, zog sein Prunkgewand und die Sandalen aus und behielt für die Nacht nur eine weite Hose an. Dann blies er die irdene Lampe aus, die von Fliegen umschwirrt wurde. Kaum hatte er sich auf der Matte ausgestreckt, die auf einen einfachen erhöhten Holzrahmen gespannt war, und das Leintuch über sich gezogen, da glitt er schon in einen tiefen Schlummer.

4

Die Erziehung des Ptahmose

Doch Sethos starb nicht. Eine strenge Kur rettete ihn: Wasser gekochter Bohnen, vermischt mit weißer Tonerde. Er hatte an einer akuten Attacke der Ruhr gelitten. Acht Tage nach dem unseligen Schwächeanfall, der ihn bei der großen Zeremonie für Osiris überkommen hatte, sah man ihn wieder im großen Ratssaal, abgemagert, aber mit frischem Teint und lebhaftem Blick.
Das Geraune im Königshaus hörte auf. Die einzigen Gerüchte bezogen sich auf die Pflanze, deren Extrakt der Arzt des Königs seinem Herrn zusätzlich verschrieben hatte. Kammerherren und Priesterschaft fanden ihr Lächeln wieder. Man sprach über den Tempel, den der Monarch dem Gott Seth, der ihm seinen Namen gegeben hatte und der sein höchster Vater war, als Dank für seine Rettung erbauen wollte. Wo sollte man ihn errichten? In Auaris, im Delta, entschied der König.
»Wer war Seth?« fragte Ptahmose seinen Lehrer in einem der Zimmer im Erdgeschoß des Prinzenpalastes, wo die Kinder der königlichen Familie allein oder in Gruppen, je nach Wunsch der Eltern und auch der Knaben selbst, ihre Unterweisung erhielten. Die Mädchen scherten sich wenig ums Lernen, sie waren selten in den Klassen. Die Fenster gingen

zum Nil hinaus und ließen das Rauschen der Binsen, die vom Wind bewegt wurden, hereindringen. Man brachte den Schülern bei, die Hieroglyphen zu lesen, sie in weiche Tontafeln einzuritzen, die auf einem kleinen Brett lagen, das man auf den Knien hielt, und sie zu kombinieren, je nachdem, was man sagen wollte. Man lehrte sie auch die logischen Verbindungen zwischen den Zeichen, was die Gelegenheit bot, zahlreiche andere Ideen in die jungen Köpfe einzupflanzen. Wie etwa die Natur des Seth.
»Seth ist der Gott der Wüste«, antwortete der Lehrer.
»Aber wie kann er ein Gott sein? Ist er nicht derjenige, der Osiris umgebracht hat?«
Der Lehrer schüttelte den Kopf. »Das war in alter Zeit. Er ist ein Gott. Nur ein Gott kann einen anderen Gott töten.«
»Die Götter streiten also untereinander?« fragte Ptahmose weiter.
»Sie streiten sich nicht mehr. Das Gleichgewicht ist wiederhergestellt worden. Die höchste Intelligenz, die ihnen innewohnt, bewirkt, daß jeder seine Rolle in der universellen Harmonie kennt. Seth beschützt die Welt vor der großen Schlange Apophis, die das Chaos wiederzubringen droht.«
Unverständliche Erklärungen für das Kind. Die Erwachsenen sagten *die Götter*, als sei das selbstverständlich. Aber wer waren denn diese Gestalten? Eine riesige Frage! Der Lehrer, den Nakht auf Beharren von Nezmet persönlich ausgesucht und dem jungen Ptahmose zugewiesen hatte, lächelte zunächst, dann setzte er eine ernste Miene auf und antwortete, sie seien die unsichtbaren Herren der Welt, allmächtig und ewig.
»Haben sie denn keinen König?« fragte Ptahmose weiter.
»Aber ja! Sie haben einen sehr großen Gott über sich, den größten, Amun-Re. Und die Götter sind die Emanation seiner Macht. Daher können die Götter sich nicht streiten.«
Emanation seiner Macht. Wieder ein schwieriger Begriff für

das Kind. Es dachte über die Antwort nach, verzichtete jedoch auf weitere Fragen, um nicht als schwer von Begriff zu gelten. »Wie ist dieser Amun-Re?« erkundigte er sich.
»Niemand hat ihn je gesehen, aber sein Gesicht ist glänzend, denn er ist auch die Sonne«, antwortete der Lehrer ernst.
Das Kind versuchte offensichtlich, sich dieses sagenhafte Wesen vorzustellen. Dann sah es den Lehrer an.
Amsetse war ein guter Mann, ein Priester niederen Ranges; klein, rundlich, kahlköpfig, mit haarloser Brust, fleischigen Händen und dicken Beinen. Er war damit betraut, dem Kind die Grundzüge staatsbürgerlichen Bewußtseins und der Schrift beizubringen. Nakht, der trotz seiner ersten Zurückhaltung anfing, Zuneigung zu Ptahmose zu entwickeln, hatte für den Fall, daß das Kind sich widerspenstig zeigte, sogar den Gebrauch des Rohrstocks empfohlen.
»Die Ohren eines Kindes sitzen auf seinem Rücken!« erklärte er schulmeisterlich.
»Mein Herr hat es ganz richtig gesagt: Die Ohren eines Kindes sitzen auf seinem Rücken«, wiederholte Amsetse.
Doch der Rohrstock streifte den Rücken des Ptahmose nie; er sog das Wissen in sich auf wie der Sand das Wasser, und Amsetse gratulierte sich bei Nakht und Nezmet dazu. »Ein fruchtbarer Boden wie unser Lehm! Und habt ihr seine Schönschrift gesehen?« Und er zog einige Beispiele der schönen hieratischen Schrift des Kindes hervor, und jeder war darüber entzückt.[1]
Am zufriedensten war Amsetse über ein Diktat aus den Weisheitslehren des großen Wesirs Ptahhotep:

Sei tätig in der Zeit deines Lebens,
Indem du mehr tust, als dir gesagt wird.
Tu bei deiner Tätigkeit der Zeit kein Unrecht an,
Denn wer seine Augenblicke schlecht nutzt,
verdient getadelt zu werden.

Ein Text, den der junge Ptahmose auswendig rezitierte und auch zu kommentieren wußte.
Nakht und Nezmet betrachteten das Kind mit neuen Augen. Nakht mit Bedauern und Nezmet mit Stolz. Sie hatte zwei weitere Kinder bekommen, aber Ptahmose war ihre heimliche Genugtuung. Er bewies, daß sie sich nicht geirrt hatte, wie ihr Bruder Ramses ihr eines Tages auf seine barsche Art gesagt hatte. Die Leidenschaft war scharfsichtig gewesen. Verrückt, aber wissend um die Zukunft. Denn Ptahmose war nicht nur schön, er war intelligent.
»Amsetse, von nun an gibst du meinem Sohn jeden Tag eine Stunde lang zusätzlichen Unterricht«, sagte sie.
Voll Überzeugung nickte Nakht.
Diese überaus günstige Erziehung hatte dennoch ihre Schattenseiten. Eines Tages überraschte Ptahmose Nakht, Nezmet und Amsetse bei einem Gespräch und tat etwas Schmähliches: Er lauschte heimlich.
»Es wäre gut, wenn ein so begabter Knabe sich eine Weile in einem Tempel aufhält, damit er herangebildet wird«, meinte Nakht.
Amsetse schwieg lange. »Du scheinst nicht dieser Meinung?« hakte Nakht nach.
»Im Gegenteil, im Gegenteil! Ich glaube auch, daß ein Knabe wie Ptahmose bei einem Aufenthalt in einem Tempel viel lernen könnte.«
Aber sein Tonfall war zögernd, ohne Überzeugung.
»Du befürchtest, daß die Priester Vorbehalte gegen seine Einschreibung vorbringen, ist es das?« schaltete Nezmet sich ein.
»Der Scharfsinn der Prinzessin ist bewundernswert«, antwortete Amsetse.
»Nun gut«, schloß Nezmet. »Es genügt mir, wenn mein Sohn gebildet ist. Er wird in die königliche Verwaltung eintreten.«[2]
Bei diesen Worten entfloh Ptahmose bestürzt. Er hatte also

einen Makel an sich, der es ihm verbot, Priester zu werden, und seit dem Gespräch, das er eines Abends im Palasthof mitangehört hatte, wußte er, welchen: Er hatte Apiru-Blut in sich. Und die Apiru, das konnte sogar er feststellen, wurden als minderwertig betrachtet.
Der Verdruß, den er darüber empfand, verdarb ihm mehrere Tage lang die Laune. Er spielte nicht mehr mit seinen Geschwistern, und sein seltenes Lächeln war gezwungen. Der Wunsch nach Rache überkam ihn, und seine Entschlossenheit bewirkte, daß er im Unterricht noch mehr glänzte.
Doch Kinder vergessen schnell, und Ptahmoses Stimmung wurde wie früher, doch sein geheimer Wunsch nach Rache blieb.
Im Laufe der Jahre wuchs der Ruf des Ptahmose im Palast. Ramses hörte zuerst davon, dann kam er sogar dem König zu Ohren. Er rief den jungen Mann, der nun fünfzehn Jahre alt war, zu sich.
Groß, breitschultrig, stolz, das Gesicht ebenfalls breit, eingerahmt von dunklen Locken, mit kräftiger Nase und mandelförmigen Augen, zog er die Aufmerksamkeit auf sich. Mit fünfzehn Jahren war Ptahmose körperlich fast so entwickelt wie ein Mann. Wettrennen und die Jagd auf wilde Stiere zusammen mit seinen Brüdern hatten seine Beinmuskulatur entwickelt, doch seine Fesseln waren schlank geblieben. Es war jedoch vor allem sein Gesicht, breit und voll, das die Blicke auf sich zog. Die Verbindung der leicht gebogenen Nase mit den großen, gebieterischen Augen, die wie Bronze leuchteten, unter der geraden glatten Stirn drückte Autorität aus, was noch durch seine Neigung, die Brauen zu runzeln, verstärkt wurde. Der Mund machte sein Gesicht weicher; die vollen roten Lippen, feingeschnitten wie mit dem Meißel, deuteten auf ein wechselhaftes Gemüt; man erwartete eine sarkastische Bemerkung ebenso wie ein Kompliment. Sein Teint war von heller Kupferfarbe. Ein vorspringendes, willensstarkes Kinn vollendete das Por-

trät: Prinz Ptahmose hatte einen Charakter, dem man besser schmeichelte.
Die Schwestern, die ihn am meisten bewunderten, verglichen ihn gerne mit Ramses, und man sagte, der Onkel und der Neffe gehörten sicher zu den schönsten Männern in Memphis. Ptahmose, wie er heute morgen gekleidet war – mit nacktem Oberkörper, einem festlichen Lendenschurz, den Kopf bedeckt mit einem gestreiften Prunkschal, der hinter die Ohren gesteckt war –, besaß in der Tat eine Gestalt, die der königlichen Bildhauer würdig war.
Am Beginn der Sphinxallee, die zum Hof des Großen Hauses führte, wurde er von einem würdevollen Kammerherrn erwartet. Im Hof empfingen ihn feierlich zwei Palastbeamte, die ihn ins königliche Kabinett weitergeleiteten, ihn an das Protokoll erinnerten, seine Kleidung überprüften und seinen Schal in Ordnung brachten, der verrutscht war. Erst dann begleiteten sie ihn in den goldenen Saal, in dem Ptahmose erst einmal gewesen war, bei einer Neujahrsfeier, zusammen mit seiner Mutter und seinem Stiefvater. Am Ende dieses Saales erhob sich das Podest, auf dem der Thron stand.
Mit jedem Schritt wurde der Kontrast zwischen der Pracht dieses von Gold glänzenden Sitzes und der darauf sitzenden oder vielmehr darauf zusammengesunkenen Gestalt offensichtlicher. Der Monarch war nur noch eine vertrocknete Figur mit faltigen Armen und skelettartigem Oberkörper. Das Protokoll verlangte, daß Ptahmose den Boden, dann die Füße des Königs küßte, doch eine Geste des Pharaos unterbrach die erste Ehrerbietung. Ptahmose beugte sich daher über die Füße, die bereits jenen der künftigen Mumie ähnelten, die sein Großvater bald sein würde. Eine weitere Geste ließ die meisten der anwesenden Beamten den Saal verlassen. Eine Unterredung in kleinem Kreis. Statt zehn Kammerherren nur vier, und natürlich Ramses, achtundzwanzig Jahre alt, Regent des Königreichs und designierter Thron-

erbe. Ohne den jungen Mann zu zählen, der rechts neben dem König stand, mit einer goldenen Axt am Gürtel, und den riesigen Fächer hielt. Er war ein Halbbruder, der große Bedeutung erlangt hatte; Ptahmose hatte ihn manchmal im Palasthof gesehen. Der Monarch reichte Ptahmose seine runzlige Hand, eine ganz besondere Gunst, und dieser beeilte sich, sie zu küssen.

»Setz dich«, sagte Sethos und deutete auf einen Schemel zu seinen Füßen. »Du hast vieles gelernt, sagt man mir, und sogar mehr als die anderen jungen Männer deines Alters. Aber ich will wissen, ob du nur eine Bibliothek bist oder ein scharfblickender Mann, und ob du über das, was du gelernt hast, auch nachgedacht hast. Was ist Gerechtigkeit?«

»Der Zement eines Königreichs«, erwiderte Ptahmose.

Der König nickte.

»Und worin besteht sie?«

»Jedem das Seine zu geben.«

»Wie bestimmt man, was einem jeden gebührt?«

»Nach seinen Verdiensten«, antwortete Ptahmose.

»Sehr gut«, meinte der König. »Deinen Worten nach ist es also gerecht, wenn ein Mann, der gut gearbeitet hat, sein Brot ißt, und der Mann neben ihm, der sich nur betrunken hat, Hungers stirbt?«

Ptahmose war verwirrt.

»Es ist gerecht«, sagte er langsam, »aber es ist nicht wünschenswert.«

»Warum?«

»Weil das ein hartes Herz zur Folge hat, und ein hartes Herz macht ungerecht.«

»Was würdest du tun, wenn du dich satt ißt, weil du gut gearbeitet hast, und dein Nachbar verhungert, weil er müßig war?«

»Ich würde ihm Brot geben und ihm sagen, daß er zur Arbeit gehen soll, denn am nächsten Tag würde ich ihm kein Brot mehr geben.«

»Und wenn er am nächsten Tag nicht arbeiten geht?«
»Dann würde ich ihn dazu zwingen!« rief Ptahmose. Er sah auf und gewahrte den funkelnden Blick des Ramses. Der Regent nickte belustigt.
»Welches Prinzip wendest du auf diese Weise an, das also noch höher steht als die Gerechtigkeit?« fragte der König weiter.
»Das Prinzip der Autorität.«
»Vollkommen! Das ist es!« rief der König zufrieden.
Er wandte sich an einen der Kammerherren und befahl, man solle einen Krug Bier und zwei Gläser bringen.
»Dir ist also bewußt, daß noch vor der Gerechtigkeit das Prinzip der Autorität kommt«, wandte er sich wieder an seinen Enkel. »Aber wie erklärst du das?«
»Es kann keine Gerechtigkeit geben, wenn man sie nicht anwenden kann. Gerechtigkeit ist ein Zwang.«
Der König begann zu lachen und nickte abermals. Er hatte keine Zähne mehr, so daß sein Lachen ein wenig unheimlich wirkte, aber dennoch erwärmte es Ptahmose das Herz. Ein Diener brachte den Krug und die beiden Gläser, und der König befahl, sie auf den Boden zu stellen. »Bediene mich«, forderte er Ptahmose auf. Dieser gehorchte und stand auf, um dem König sein Glas zu reichen, dann goß er sich selbst ein und kostete das Bier, das köstlich und rein war, weil man es zweimal durch ein Leinentuch abgeseiht hatte, bevor man es noch einmal gären ließ. Selbst in den Gemächern der Prinzen wurde ein solches Bier nicht oft serviert.
»Sag mir«, fuhr der König fort, »du denkst also, um gerecht zu sein, muß man auch stark sein. Aber was würdest du tun, wenn sechs Nichtstuer kämen und dein Brot, das deiner Frau und das deiner Kinder verlangten?«
Ptahmose dachte einen Augenblick nach.
»Ich bräuchte eine noch größere Autorität und Diener an meiner Seite.«
»Und wenn es zehntausend Männer wären?«

»Dann ginge ich zum König und würde ihn um sein Eingreifen bitten.«
Die Kammerherren hörten aufmerksam und sichtlich fasziniert zu. Ramses verschränkte die Arme über der Brust und schien interessiert.
»Du bist also der Meinung, je größer die Ungerechtigkeit ist, desto größer muß die Macht sein?«
»Ja«, erwiderte Ptahmose.
»Und wer ist deiner Meinung nach der Mann im Königreich, der höchster Wahrer der Gerechtigkeit ist?«
»Das bist du«, sagte Ptahmose, »weil du die höchste Autorität besitzt.«
»Und wenn ich ungerecht wäre?« fragte der alte König und neigte sich zu dem jungen Mann.
Ptahmose sah zu ihm auf.
»Seth würde dich bestrafen«, sagte er langsam.
»Ja«, erwiderte der König ernst. »Seth würde mich bestrafen. Es gibt keine Gerechtigkeit, die nicht von den Göttern kommt, weil sie die stärksten sind. Die Gerechtigkeit, Ptahmose, ist das Gesetz, und das Gesetz kommt von den Göttern, vergiß das nie.«
Er rief einen Kammerherrn und flüsterte ihm ein paar Worte ins Ohr; der Beamte verschwand.
»Ptahmose«, sagte der König, »du hast einen guten Kopf. Ich möchte, daß er an Erfahrung hinzugewinnt. Ich ernenne dich zum ersten Helfer des Untervorstehers der Schreiber der Königsurkunden in Auaris.«
Das war eines der höchsten Ämter im Reich. Ptahmose hob sein Gesicht, das erstaunt und zugleich vor Verwirrung errötet war, zum König.
»Du wirst lernen, wovon du noch gar nicht weißt, daß du es lernen mußt«, fuhr der König fort, »und danach wirst du wissen, daß nichts, was man einmal lernt, einem guten Kopf unnütz ist.«
Er schien einen Augenblick lang nachzudenken, dann fuhr

er fort: »Man sagt mir, Ptahmose, daß du hitziges Blut hast.«

Ptahmose errötete, und beinahe hätte ihn Ärger übermannt. Im Palast wurde also immer noch ständig getratscht! Es stimmte, daß er vor ein paar Tagen drei seiner Brüder schonungslos ausgescholten hatte. Aber der König schien ihm wohlwollend zu sein.

»Manchmal, mein König«, antwortete Ptahmose.

»Manchmal«, wiederholte Sethos ironisch. »Je temperamentvoller das Pferd, desto stärker muß der Reiter sein. Dein Naturell ist das Pferd. Der Reiter ist dein Kopf. Denk daran.«

Er leerte sein Glas, und der vorhin entschwundene Kammerherr kehrte zurück, gefolgt von einem Schreiber, und reichte dem König zwei kleine Säckchen, die der König für Ptahmose bestimmt hatte. Er öffnete das erste mit zitternden Händen und zog eine kleine Goldfigur heraus.

»Das ist der Gott Seth, der uns alle vor dem Chaos schützt, das die Schlange Apophis über die Welt bringen will. Behalte die Figur immer bei dir und rufe sie in Augenblicken der Bedrängnis an. Und das«, fuhr der König fort und öffnete ungeschickt das zweite Säckchen, »ist ein Binsenrohr aus Gold für deinen Lehrer Amsetse, der dich so gut unterwiesen hat. Gib es ihm von mir mit meinen Glückwünschen.«

Dann setzte der Schreiber unter dem Diktat des Königs die Ernennungsurkunde des Prinzen Ptahmose zum ersten Helfer des Untervorstehers der Schreiber der Königsurkunden auf.[3] Der junge Mann hörte den Worten von Sethos ernst zu. Endlich würde er an dieser Macht teilhaben, die ihn seit seiner Kindheit umgab. Die königliche Urkunde bestätigte, daß er das Alter der Reife erreicht hatte. Und noch mehr, es bestimmte ihn zur Macht.[4]

Für Ptahmose wurde eine Kopie erstellt. Beide Exemplare wurden vom König unterzeichnet. Der junge Mann küßte die Hand, die der Greis ihm reichte, der ihm mit einer wei-

teren Geste erließ, ihm die Füße und den Boden zu küssen. Ptahmose blickte auf Ramses, und der Regent tat etwas Unerwartetes: Er beugte sich vor und legte Ptahmose die Hand auf die Wange. Diese Geste der Zuneigung verwirrte den jungen Mann; er küßte seinem Onkel die Hand.
Zwei Kammerherren begleiteten ihn zurück ins Kabinett, zwei andere durch den Hof und die Sphinxallee. Als Ptahmose, immer noch die Papyrusrolle in der Hand, sich wieder in der Sonne befand, blendete ihn das Licht. Das Licht seines beginnenden Ruhms.

5

Die Wirklichkeit des Scheins

Hitziges Blut läßt nicht viel Sinn für Konventionen zu, zweifellos der Grund dafür, daß jene Menschen, die es haben, den Anteil an Herren und Verbrechern in der Welt stellen, der sich nicht um den Schein schert.

Ptahmose erinnerte sich plötzlich, daß er keinen Vater hatte, dem er seine Ernennung mitteilen könnte. Und auch in seiner Verwandtschaft gab es keinen Mann von Autorität, dem er die gute Nachricht hätte überbringen und mit dem er seinen Stolz darüber hätte teilen können. Er blieb im Hof einen Augenblick lang stehen, in Gedanken an eine verschüttete Erinnerung. Drei Jahre zuvor hatte er Nezmet gefragt: »Wer ist mein Vater?«

Die Frage hatte Nezmet überrascht, als sie gerade einen Stoff befühlte, aus dem sie sich ein Kleid machen lassen wollte. Als sie aufsah, war ihr Blick ein wenig glanzlos gewesen, ein wenig verstimmt. Mit einem Anflug schlechter Laune und Melancholie hatte sie erwidert: »Ein Apiru.«

Ptahmose waren die unfreundlichen Konnotationen des Wortes bekannt.

»Und ich bin ein Apiru?« hatte er weitergefragt.

»Du bist kein Apiru, weil du mein Sohn bist«, hatte Nezmet geantwortet und so getan, als betrachte sie intensiv den

Stoff. »Dein Vater ist nicht von Bedeutung. Du wärst nicht in diesem Palast, wenn du nicht mein Sohn wärst. Denk nicht mehr daran.«
Aber er hatte daran gedacht, oft, und mit einer gewissen Scham, als habe Nezmet ihm eröffnet, daß er einen Makel zu verbergen habe. Jetzt, inmitten des Hofes unter der Sonne, seufzte er ratlos. Doch seine erregte Begeisterung fegte diese Verwirrung hinweg. Er mußte seiner Mutter Bescheid sagen. In großen Sprüngen rannte er die Treppe hinauf, die zu Nezmets Gemächern führte.
Zuerst war sie verblüfft, dann erschrak sie, wie er in ihre Wohnung stürmte und die Diener beiseite stieß, um in ihr Zimmer zu kommen. Ptahmoses Gesichtsausdruck war in diesem Augenblick kaum entzifferbar – so ernst mit dem maskenhaften Mund, so intensiv mit den großen, fast starren Augen, daß er ihr sowohl die beste wie die schlechteste Nachricht mitteilen könnte.
»Mein Sohn!« rief sie. »Was ist geschehen?«
»Der König ...«, begann er. Dann faßte er sich: »Ich bin zum Helfer des Untervorstehers der Schreiber der Königsurkunden in Unterägypten ernannt worden!«
Sie begriff sofort: Gehilfe eines der Herren im Königreich. Mit fünfzehn Jahren. Von Unterägypten! Der König machte Ptahmose zum zweiten Herrn über die Apiru. Sie sagte sich, daß sie später Zeit haben würde, um die ein wenig bittere Ironie dieser außergewöhnlichen Beförderung auszukosten. Das paßte zu Sethos; selbst seine Komplimente hatten immer einen Stachel an sich. Sie breitete die Arme aus, und Ptahmose stürzte sich hinein, immer noch die Papyrusrolle in der Hand.
»Das müssen wir feiern ...«, sagte sie, noch verwirrter als ihr Sohn. »Wir müssen deinen... wir müssen Nakht benachrichtigen, er wird sich sehr freuen. Und deine Schwestern... und auch Sese...«
Sese war der Kurzname für Ramses.

»Sese natürlich auch. Und wir müssen Amsetse einladen«, meinte Ptahmose. »Der König hat mir ein Geschenk für ihn gegeben ...«
Unfähig, ein zusammenhängendes Gespräch weiterzuführen, stürzte er hinaus auf die Terrasse; sein Blick umfing die riesige Weite des Flusses, ein braunes, schweres Meer, das der Himmel mit Silber bedeckte. Sein Herz schwoll an vor Glück, und das Glück, wie der Körper, der vom Palmwein trunken ist, sackte schließlich unter seinem Übermaß zusammen.
Zuerst wurde das Fest gleich für denselben Abend beschlossen, doch nach einigem Nachdenken auf den nächsten Tag verschoben. Man brauchte ein wenig Zeit, um sich zu vergewissern, daß alle Eingeladenen dasein würden. Nakhts Freude beim abendlichen Familienmahl war nicht gespielt, wenn auch ein wenig gefärbt von einer Melancholie, die nicht frei von Eifersucht war. Nicht oft genug konnte er sich das Gespräch zwischen dem König und Ptahmose wiederholen lassen. Er kostete jedes kleinste Wort aus, nickte und lächelte, wenn Ptahmose die Stimme des Königs nachahmte.
In dieser Nacht schlief Ptahmose schlecht. Er stand auf, betrachtete den mondlosen Himmel, hörte die Kröten quaken und verfolgte den Flug der Fledermäuse. Erst kurz vor dem Morgengrauen schlief er ein.
»Die Schneider des Palastes erwarten den Prinzen«, verkündete ihm ein Diener, als er noch nackt auf seiner Bettstatt lag. Die Fliegen surrten und brummten bereits vor dem geflochtenen Laden, der das Fenster verschloß.
Die Schneider des Palastes. Was für eine rätselhafte Ankündigung.
»Nakht hat sie für dich herbeigerufen«, fügte der Diener hinzu.
»Bring mir Wasser und Honig«, sagte Ptahmose und verhüllte sich provisorisch, um ins Badezimmer nebenan zur Toilette zu gehen. »Und auch Datteln!« rief er.

Die Schneider, drei an der Zahl, ein weißhaariger Mann in den Fünfzigern, sein Gehilfe und sein Lehrling, traten ein. Alle drei lächelten und verbeugten sich mehrmals vor dem jungen Mann, dann begannen sie ihre Lobsprüche aufzusagen. Ptahmose hörte mit zurückhaltendem Erstaunen zu. Auch das gehörte zu seiner neuen Stellung. Schließlich unterbrach er sie mit einer Geste. Der Schneidermeister nickte und musterte seinen jungen Kunden von Kopf bis Fuß.
Die prüfende Betrachtung des Schneidermeisters, zweifellos begründet in der Neugierde der Palastbewohner auf den neuen Günstling des Königs, dauerte kaum drei Lidschläge, dann unterbrach Ptahmose sie mit einer Bewegung des Kinns.
»Sechs Prunkschurze, sechs innere Schurze als Unterkleider«, begann der Schneidermeister zu leiern, bewaffnet mit einem beweglich gegliederten Holzmaß von drei Ellen Länge. »Für den Anfang.«
Er nahm Ptahmoses Maße, zuerst vom Knöchel bis zur Taille. »Zweieinviertel Ellen«, verkündete er mit pfeifender, freudiger Stimme.
Der Lehrling tauchte eilig seine Binsenfeder in ein tragbares Tintenfaß und notierte das Maß.
»Wenn der Prinz sich die Mühe machen möchte, einen Schritt nach vorn zu tun und dann einen Augenblick unbeweglich zu bleiben ...« Der Schneider maß den Abstand zwischen den Knöcheln und rief: »Eineindrittel Ellen!«
Der Lehrling schrieb.
»Ich bin nur der Helfer des Untervorstehers ...«, begann Ptahmose.
Der Schneidermeister warf ihm einen erfahrenen Blick zu, begleitet von einem fein abgestimmten Lächeln. »Der Untervorsteher kann dem König und den Göttern danken, einen Prinzen als Helfer zu haben«, murmelte er. Und mit offizieller Stimme fuhr er fort: »Die Mäntel! Die Zeremonienmäntel! Der Prinz braucht Mäntel für offizielle Gelegen-

heiten. Die Schneider Unterägyptens sind kaum an unsere Pracht gewöhnt, mein Prinz. Glaub mir, die schönsten Mäntel des Königreichs kommen aus Memphis.«
Der Diener brachte einen Krug Wasser und einen Topf Honig. »Soll ich beides für meinen Herrn mischen?« fragte er.
Ptahmose nickte und verlangte eine Dattel, während er über die Worte des Schneidermeisters nachsann. So also interpretierte der Palast seine Ernennung. In der Verwaltungshierarchie war er nur Helfer des Untervorstehers der Königsurkunden, aber in der Realität wußte man, was es damit auf sich hatte; die faktische Autorität war ihm als Prinzen verliehen. Nachdenklich kaute er die Dattel. Der Schneidermeister erhob sich und legte ihm den Daumen auf den Rücken, gerade auf den Punkt, wo der Nacken anfing. Dann bückte er sich und maß die gewünschte Länge des Mantels.
»Dreieinhalb Ellen!«
Wieder schrieb der Lehrling.
»Der Mantel«, fuhr der Schneidermeister fort, »ist ein kniffliges Kleidungsstück. Er muß am Rücken anliegen und vorne weit sein.« Er betrachtete Ptahmose maliziös. »Hinten antailliert, mein Herr, vorne locker. Breit an der Schulter, schmal in der Taille. Und mein Herr hat eine bewundernswerte Taille.«
Ptahmose tat so, als habe er das Kompliment nicht gehört, trank einen Becher honiggesüßtes Wasser und nickte. Der Schneidermeister maß die Schulterbreite.
»Einvierfünftel Ellen!«
Dann schlang er eine Schnur um Ptahmoses Taille, nahm Maß und rief: »Zweieinviertel Ellen!«
Fieberhaft kritzelte der Lehrling auf seinem Papyrus.
Ein Diener kam herein mit einem an einem Stock befestigten Pferdeschwanz, den er eifrig mit lautem »Pshhh!« durch das Zimmer schwenkte, um die Fliegen aufzuscheuchen. Sie schwirrten in der Tat hoch und entflohen nach einigen Kreisen durch das Fenster.

»Ein oder zwei Schärpen vielleicht?« fragte der Schneidermeister.
»Sind sie nicht den Vorlesepriestern vorbehalten?« fragte Ptahmose und dachte an dieses schmückende Kleidungsstück, das diese hohen Beamten lässig und ungezwungen, ja sogar ein wenig angeberisch um den Hals trugen.[1]
»Sie sind Personen von höchstem Stande vorbehalten, so wie meinem Herrn«, antwortete der Schneidermeister.
»Dann also zwei Schärpen«, stimmte Ptahmose zu.
»Zwei Schärpen!«
Der Lehrling tauchte seine Binse in die Tinte.
»Sandalen, mein Prinz?« fragte der Schneidermeister weiter. »Soll ich meinen Kollegen, den Lederzurichter, schicken?«
Ptahmose wußte nicht, was er antworten sollte. Er hatte bereits drei Paar Sandalen.
»Festliche Sandalen scheinen mir für meinen Prinzen nützlich zu sein«, meinte der Schneidermeister. »Mein Kollege, der Sandalenmacher, fertigt vorzüglich weiche an, aus sehr feinem, mit Lammleder verstärktem Kuhleder, mit Goldpuder eingerieben und einem Türkisedelstein geschmückt. Der bewundernswerte Fuß meines Herrn würde zu geringerem nicht passen.«
Ptahmose lächelte aus Höflichkeit, vielleicht auch, um seine Erheiterung zu verbergen: Der Gedanke, sein Fuß sei bewundernswert, schien ihm komisch.
»Den Lederzurichter für drei Paar Prunksandalen mit Türkisedelsteinen bestellen!« rief der Schneidermeister.
Der Lehrling schrieb eifrig.
»Wünscht mein Herr noch etwas anderes?«
Ptahmose fiel nichts ein, was er sich sonst noch wünschen könnte. Bisher hatte er seiner Erscheinung und seiner Kleidung nur flüchtige Aufmerksamkeit gewidmet. Er trug denselben Lendenschurz und dieselben Sandalen, bis sie abgenutzt waren, und wechselte seine Kleidung nur aus Sauberkeitsgründen. Er konnte sich kaum des Gedankens er-

wehren, daß die Erwägungen des Schneidermeisters und demnach auch Nakhts lächerlich waren. Der Wert eines Mannes, hatte Amsetse ihm beigebracht, lag in seinem Mut, seiner Ausdauer, seiner Rechtschaffenheit und seinem Respekt vor den Gesetzen. Für Ptahmose waren seine Geschicklichkeit, bei der Vogeljagd das Wurfholz zu werfen[2], und die Kraft seiner Arme bei der Krokodiljagd weitaus wichtiger als der Aufputz, den die anderen Prinzen trugen.
»Nein, sonst brauche ich nichts«, antwortete er.
Der Schneidermeister, sein Gehilfe und der Lehrling gingen nach vielen Verneigungen.
Ptahmose rief seinen Diener, damit er ihm beim Waschen helfe; doch es erschien seine Mutter Nezmet.
»Ist der Schneidermeister deinen Wünschen nachgekommen?« fragte sie.
»Ich glaube eher, ich bin den seinen nachgekommen«, antwortete er.
Beide begannen zu lachen. Ptahmose betrachtete seine Mutter, gerührt von ihrem kaum verwelkten hübschen Aussehen und ihrer Zerbrechlichkeit.
»Brauche ich wirklich so viele und so luxuriöse Kleider?«
Sie nahm sich einen Augenblick Zeit für ihre Antwort.
»Du repräsentierst den König«, sagte sie schließlich. »Die anderen müssen das fühlen.«
Daran hatte er nicht gedacht; er gehörte nicht mehr sich selbst. Er würde später über diesen Zwang nachdenken.
»Ein Kammerherr hat mir mitgeteilt, daß dein Onkel Sese dem Fest heute abend vorstehen wird«, fügte sie hinzu. »Er organisiert es in seinem Palast.«
»Warum bei Ramses?« fragte er mit einem Anflug von Mißmut. »Können wir es nicht hier geben?«
Seine Reaktion schien sie aus der Fassung zu bringen.
»Er ist der Regent, er ist der Erbe«, erwiderte sie langsam. »Und sein Palast ist viel größer.«
Das stimmte: Der König hatte seinem Erben in der Königs-

stadt einen großartigen Palast geschenkt, mitsamt Dienerschaft und Wachen. Und einer Unterkunft für mehrere Frauen.
Einen Augenblick standen sie einander schweigend gegenüber. Natürlich hing Ptahmoses Zukunft nicht nur vom König, sondern auch von Ramses ab.[3]
»Er hat seinem Kammerherrn auch aufgetragen, Nakht zu sagen, daß er große Zuneigung für dich hegt«, fuhr Nezmet schließlich fort. »Und daß er glücklich ist über die Ehre, die der König dir erweist.«
Ptahmose senkte den Kopf. Zum erstenmal wurde ihm wirklich bewußt, was für eine gigantische Maschinerie von Interessen und Machenschaften der Palast war. Rivalitäten, Intrigen, Lügen und zweifellos auch Eifersucht und Verrat.
Sie drehte sich auf der Schwelle noch einmal um. »Vergiß nicht, Nakht zu danken«, sagte sie. »Er ist stolz auf dich.«
Den nachdrücklichen Blick, den sie ihm zuwarf, interpretierte Ptahmose falsch.
»Du bist schwanger«, bemerkte er.
»Vierter Monat«, erwiderte sie lachend.
Er hatte bereits zwei Schwestern. In einem plötzlichen Anflug von Inbrunst hoffte er für sie, daß es diesmal ein Knabe sein würde.
Der Diener trat ein, einen Prunkschurz in der Hand.
»Schon wieder Kleider!« rief Ptahmose.
»Prinz Ramses schickt dir diesen für das Fest heute abend«, erklärte der Diener. »Er sagt, von nun an bist du einer der Repräsentanten des Königs.«
Das Kleidungsstück war aus feinem Leinen, plissiert und am Saum mit einem Goldfaden bestickt. Ptahmose musterte es nachdenklich, dann zog er sich aus, um ins Badezimmer zu gehen.
Das Fest war pompös.
Und Ptahmose empfand schnell den Wunsch, Memphis zu verlassen.

Das Fest schien zum Ruhme des Ramses gegeben; er strahlte in seinem Glanz, sprach mit Donnerstimme, verschenkte sein Lächeln mit dünkelhafter Miene, empfing hoheitsvoll seine Brüder, mehr als ein Dutzend Prinzen, schmeichelte seinen Schwestern, die gut zwei Dutzend zählten, den Kammerherren und königlichen Ratgebern, dem sanftmütigen Amsetse ... Darauf erteilte er den Dienern schallende Befehle, ließ diesen Wein, jenes Bier, jenen Met servieren. Manchmal schien es fast, als sei er Ptahmoses Vater und bereits Herr des Königreichs.
Bald stellten Diener und Sklaven eine Unzahl von Stühlen und Tischen in einem großen Saal des Palastes auf, dessen Decke von vier Säulen aus rosa Granit mit lotusförmigen Kapitellen getragen wurde. Auch der Fußboden bestand aus Granit, den man poliert hatte, bis er spiegelte. Die Tische waren in einem Halbkreis aufgestellt, in dessen Mitte Ramses thronte, gegenüber den großen Fenstern, die auf die Terrasse und den Nil zeigten. Ptahmose saß zu seiner Linken; zu seiner Rechten saß Sitrê, seine erste Frau.
Zwei Affen aus dem Lande Punt, die man in gebührender Entfernung hielt, und verschiedene Papageien, die auf den Handgelenken behandschuhter Sklaven saßen, schrien um die Wette. Zwei Geparden ließen ihren gelangweilten Blick über die etwa hundert Gäste schweifen. Eine Prinzessin machte sich einen Spaß daraus, der kreischenden Äffin Palmwein einzuflößen, was die Versammlung zum Lachen brachte.
Nezmet und Nakht, die ganz nahe saßen, betrachteten Ramses voller Entzücken und, wie es Ptahmose schien, mit großer Unterwürfigkeit. Der Erbe zwang auch wirklich alle Blicke auf sich. Mit der großen Nase über dem wollüstigen Mund, der einer offenen Dattel glich, den schmalen Augen, dem nackten Oberkörper, den ein Brustschmuck aus Gold mit Granaten, Lapislazuli und Türkisen schmückte, und der gelackten Perücke strahlte er Jugend, Macht und Ruhm

aus. Zu seiner Linken sitzend, gekleidet in den goldbestickten Prunkschurz, den Ramses ihm geschenkt hatte, Wein trinkend und die gebratenen Gänse, Enten und Wachteln von Ramses, seine Weizen-, Gersten-, Roggenbrötchen essend, seine Komplimente ertragend – wie sollte man es anders sagen? –, unterdrückte Ptahmose so gut wie möglich eine gewisse Gereiztheit, später Überdruß und schließlich Melancholie. Am Ende schien ihm die Äffin die einzige Eingeladene zu sein, die ein Bemühen um ein Gespräch wert war.

Dennoch raffte er genügend Stimmkraft, Höflichkeit und Stärke zusammen, um die erwartete Huldigung an Amsetse vorzubringen und ihm das goldene Schilfrohr zu überreichen, das ihm der König für ihn gegeben hatte.

»Ich bin glücklich«, sagte er, »Überbringer der Ehrung zu sein, die unser aller göttlicher Herr dem großen Lehrer, meinem Meister Amsetse, erweist. In seiner göttlichen Voraussicht hat der König ein Schilfrohr ausgewählt. Ich bin stolz, der Papyrus zu sein, der von diesem Binsenrohr beschrieben wurde.« Er nahm das Geschenk aus einem Etui und erhob sich, um es Amsetse zu geben. Zeremonielle Umarmungen folgten.

Ptahmose spürte den Blick seines Gastgebers Ramses durchdringend auf sich ruhen. Das Kompliment war wohlformuliert gewesen. »Eine Huldigung auf den Regenten«, flüsterte Amsetse hastig, während weitere Komplimente laut wurden.

»Ich bin auch glücklich«, fuhr Ptahmose an Ramses gewandt fort, »über die glanzvolle Gastfreundschaft unseres Regenten. Glücklich ist der Mann, der den Schatten zweier großer Bäume genießt.«

Man applaudierte und rief Glückwünsche. Die beschwipsten Prinzessinnen machten mit ihrem Geplapper den Papageien Konkurrenz. Mit der Miene eines Triumphators reichte Ramses Ptahmose ein Glas. Ptahmose suchte Amsetses

Blick, fand ihn und wurde von einem nachdrücklichen Kopfnicken belohnt.

Wie habe ich mich also beherrscht! War ich nicht ein guter Schüler! dachte er, als er sein Glas leerte. Er hatte noch nie soviel getrunken. Ramses füllte sein Glas unablässig und animierte ihn immer wieder, sein Glas zu heben. Später erinnerte er sich daran, gegen Ende des Festes, als der Lärm der Musiker und die Glanzstücke der Akrobaten beendet waren, auf die Terrasse gegangen zu sein, um Luft zu schöpfen, und sich dann schläfrig gefühlt zu haben. Eine Terrassentür führte in ein kleines Schlafzimmer, in dem ein breites niedriges Bett stand. Er hatte sich darauf ausgestreckt.

Zu einer unbestimmten Stunde, aber es war noch Nacht und die Kröten quakten, erwachte er, als ein Körper sich an den seinen schmiegte. Eine einzige Lampe brannte, tauchte das Zimmer in ihr rötliches Licht, und er sah, daß es der Körper eines Mädchens war, eine der Tänzerinnen wohl, da ihr Gesicht geschminkt war. Sie war etwa in seinem Alter, vielleicht ein wenig jünger, zumindest ihr Körper wirkte so.[4] Er war nackt, sein Schurz war offen, und die Handbewegungen des Mädchens lösten eine heftige Erektion bei ihm aus. Alles übrige war von entwaffnender Einfachheit, wenn auch für ihn noch unbekannt. Er legte die Hände auf die glatten Hüften des Mädchens, glatter als polierte Bronze, das ihn bestieg. Er wölbte seinen Körper ihr entgegen, sie wölbte den ihren. Die kleinen spitzen Brüste wurden hart. Sie fiel in einen keuchenden Galopp, den er gleich erwiderte. Erst ein wenig später, nach einer Reihe kurzer Schreie, die an die der Äffin vom Vorabend erinnerten, und plötzlicher Ermattung stieg sie von ihrem Reittier, die Brust auf der Ptahmoses ruhen lassend. Er streichelte ihre Brüste, ihren Hintern und schließlich ihr Gesicht.

Auf dem Bett kniend, eine Hand auf dem Geschlecht, begann sie zu lachen und machte ihm ein deutliches Kompli-

ment. Schließlich nahm sie ein Stück Stoff, tauchte es in eine Schale mit warmem Wasser, die sie wohl mitgebracht hatte, und wusch ihm das Glied. Er war bereits eingeschlafen, als sie sich mit einem Aroma von Nelkenöl und Sandelholz über ihn beugte. »Du bist schön«, flüsterte sie ihm zu.
Er erwachte vor dem Morgengrauen; der Palast von Ramses war noch in Dämmerung getaucht. Ptahmose erhob sich, den Kopf ein wenig schwer, knotete seinen Schurz, suchte seine Sandalen und wunderte sich über den Nelkenduft, der an seinem Körper haftete. Immer noch verschlafen ging er durch die verlassenen Säle zu den Treppen. Eine der Äffinnen, festgebunden an ihrer Kette, sah ihn vorbeikommen und begann zu schreien, mit den dünnen Ärmchen rudernd. Er lachte leise und kehrte in sein Zimmer zurück.
Er war also auch Untertan des Regenten, sagte er sich, als er sich wieder auf seinem eigenen Bett ausstreckte. Auch die Tänzerin war ohne Zweifel eine Gunstbezeigung des Regenten.
Aber er, Ptahmose, wer war er?

6

Die Macht und das Gesetz

Am Tag vor der Abreise nach Unterägypten ließ Ramses Ptahmose durch einen Boten zu sich rufen. Der Bote, ein energischer hagerer Mann in den Vierzigern mit sonnenverbranntem, faltigem Gesicht, war ein Oberst der Armee. Sein Ton und sein Blick waren ebenso höflich wie beredt: Ptahmose wurde herbeizitiert; der erste Befehl dieser Art, und sicher nicht der letzte. Von nun an stand der junge Mann im Dienst des Königreichs und unter der Autorität des Regenten, seines Onkels.
Der Bote eskortierte ihn bis zum Palasthof und führte ihn an den Wachen und Kammerherren vorbei, die den Zugang zum stellvertretenden Monarchen kontrollierten. Das Protokoll war fast dasselbe wie im königlichen Palast, nur mit dem Unterschied, daß Ramses, der seinen eigenen Thron hatte, nicht forderte, daß man ihm die Füße küßte. Er war noch nicht die göttliche Inkarnation, die er nach dem Tod seines Vaters sein würde, wenn die Seele des Königs in der Gestalt eines Ibis mit Menschenkopf davongeflogen war, um sich dem Totenrichter, dem Gott Osiris, zu stellen, unterstützt bei dieser Bewährungsprüfung durch sein *Ka*, durch die unsterbliche, strahlende und kindliche Wesenheit des Menschen.

Ptahmose bog in einen breiten Gang zwischen zwei weitläufigen Sälen ein, in denen etwa zwanzig Schreiber Berge von Papyrusrollen durchsahen, die sich auf Tischen häuften. Im folgenden Saal, der fast ganz in Rot gehalten war, saßen vor einigen Tischen mit nur wenigen Papyrusrollen vier hochrangige Persönlichkeiten und debattierten mit ernster Stimme. Ptahmose vermutete, daß es Minister waren, und schnappte im Vorbeigehen ein paar Sätze auf: »... Man muß unsere Schmiede lehren, keine Bauernkarren aus Metall herzustellen, sondern eherne Streitwagen, die so leicht sind, daß zwei Pferde sie im Galopp ziehen können ...«
Einen Augenblick später betrat er den Saal, in dem Ramses saß. Der Regent, der im Gespräch mit einer kleinen Gruppe von Offizieren war, zeigte ihm durch ein kurzes Nicken, daß er ihn erkannt hatte, setzte jedoch die Diskussion fort. Im Unterschied zu den Ministern trugen die Männer vom Heer keinerlei Schmuck, und ihre Sandalen wurden verlängert durch lederne, eisenbeschlagene Beinschienen.
»Wir werden mit den Libyern nicht fertigwerden, solange sie nicht begreifen, daß unsere Militärmacht beständig ist«, erklärte ein Offizier und schwenkte seinen Fliegenwedel. »Momentan sind sie wie die Fliegen. Man verjagt sie für einen Augenblick, und mit dem Wind kommen sie zurück.«
»Das einzige Mittel, sie zur Vernunft zu bringen«, erwiderte Ramses, »ist die Errichtung je einer Garnison in jedem der beiden Länder der Oase. Mein Ziel ist es, drei weitere Garnisonen in Unterägypten aufzubauen, damit alle Eindringlinge von Westen oder Osten abgeschreckt werden.«
»Ich meine, Herr«, schaltete sich nachdenklich ein anderer Offizier ein, ein Mann von glattem, glänzendem Aussehen, »daß wir die Libyer für unser Heer anwerben sollten.«
Schweigen folgte diesem Vorschlag. »Sie stoßen wie Heuschrecken auf die fruchtbaren Ebenen herab, weil sie auf ihrem Gebiet nichts oder nicht viel haben. Geben wir ihnen einen regelmäßigen Sold, zwei Mahlzeiten am Tag und Was-

ser, und ich glaube, wir machen sie zu Dienern des Königs. Zudem kennen sie die Schwachstellen der Angreifer. Das macht sie für uns noch wichtiger.«[1]
Ramses dachte einen Augenblick lang lächelnd nach.
»Der Gedanke ist interessant, Neferseti. Sehr interessant. Ich beauftrage dich, einen Versuch zu machen; für den Anfang mit hundert Männern.«
»Und die Arbeitskräfte, Herr?« fragte der erste Offizier. »Mit welchen Arbeitskräften sollen wir die Befestigungen der Garnisonen bauen?«
»Wir haben die Apiru«, erwiderte Ramses.[2]
Ptahmose spitzte die Ohren aufmerksamer.
»Sie sind bereits bei den Arbeiten in Auaris eingesetzt. Und wir können unsere Bauern nicht von der Feldarbeit abziehen.«
»Im Delta leben fast dreißigtausend Apiru«, entgegnete Ramses. »Ich habe kürzlich die letzte Zählung von dort erhalten. Das bedeutet, wenn man die Frauen, die zur Hälfte, und die Kinder und Greise, die zu einem Drittel der anderen Hälfte zählen, ausschließt, zehntausend Arbeiter.«
»Das sind für die Arbeiten in Auaris nicht zuviel.«
»Ptahmose!« rief Ramses, und sein Neffe trat näher.
Die Offiziere wandten sich ihm zu und schätzten ihn mit Blicken ab.
»Prinz Ptahmose ist vom König zum ersten Helfer des Untervorstehers der Schreiber der Königsurkunden in Auaris ernannt worden.«
Ptahmose sah sich nicht nur den Führern des Heeres, sondern erstmalig einer Welt gegenüber, die anders war als der Palast, als alles, was er bisher gekannt hatte – blumenbestandene Terrassen und fleißige Vormittage mit Amsetse, kindliche Wettläufe und Vogeljagd, Feste und Spazierfahrten auf den Barken. Abrupt trat er in eine Welt von Erwachsenen ein, denen die Verteidigung des Königreichs oblag.
»Ich beauftrage hiermit Ptahmose«, fuhr Ramses fort,

»zweitausend Männer von den für Auaris bestimmten Arbeitskräften abzuziehen und weitere zweitausend für die Errichtung von Festungen in den beiden Ländern der Oase zu bestimmen. Die Pläne für diese Festungen werden von den Architekten in Memphis erstellt und nach Auaris geschickt zu Prinz Ptahmose, der sie dem Leiter der königlichen Bauten vorlegen wird.«[3]
Ptahmose war überrascht von dem autoritären Klang, den Ramses anschlug; weit entfernt von dem liebenswürdigen Tonfall des Festes am Vorabend. Ramses erweiterte Ptahmoses Aufgabe, was dieser gut begriff. Die Apiru in Auaris befanden sich nun gewissermaßen unter seiner Befehlsgewalt.
Die Unterredung mit den Offizieren wurde vertagt, und Ramses wandte sich zu Ptahmose, der stehen blieb, was ihm plötzlich bewußt wurde. Auch die Offiziere waren stehengeblieben, obwohl es mehrere Stühle gab.
»Du stehst im Dienst des Königs und des Königreichs, Ptahmose. Ich denke, daß du stolz darauf bist. Und du hast recht. Das Königreich ist groß. Von Norden nach Süden erstreckt es sich vom Meer bis zum Lande Punt, von Osten nach Westen vom Meer bis zur Wüste. Es ist fruchtbar, reich und mächtig, und zählt daher viele Feinde. Feinde von außen, gegen die es von den Armeen verteidigt wird. Aber auch Feinde im Innern, die man weniger sieht, weil sie keine Waffen tragen. Es sind diejenigen, die sich weigern, sich der Gerechtigkeit des Königs, das heißt, dem Gesetz der Götter zu unterwerfen, wie es dir unser König gesagt hat.«
Ramses sprach ruhig und klar, ohne das geringste Zögern in der Wahl seiner Worte. Man hätte meinen können, er meißle seine Worte in Stein. Ptahmose war beeindruckt.
»Wie kann man die Feinde im Innern denn erkennen?«
Ramses lächelte, neigte den Kopf, legte die linke Hand auf seinen Schenkel und richtete einen ernsten Blick auf den jungen Mann.

»Im wesentlichen sind es die einzelnen Gebietsherren, die ihre eigene Gerichtsbarkeit anwenden wollen, und nicht die des Königs. Werden sie geschlagen oder fürchten sie, geschlagen zu werden, verkriechen sie sich mit ihrer Machtgier manchmal in ihren Schlupflöchern, aber diese Machtgier gibt nie auf. Und dann gibt es jene, die im Königreich leben, aber andere Götter haben und sich daher unabhängig von der Gerichtsbarkeit des Königs fühlen. Das sind vor allem die Apiru.«

»Welche Götter haben die Apiru?«

»Ich weiß es nicht genau«, erwiderte Ramses mit kaum merklichem Sarkasmus im Blick. »Manche Vorlesepriester wissen es vielleicht, weil sie Zeit zum Studium haben. Zweifellos sind es Götter aus dem Osten, die diesen Völkern angehören, die unablässig in den Wüsten umherstreifen. Für dich zählt nur eines, Ptahmose: Wer das Brot des Königreichs ißt, muß dessen Götter achten.«

Ptahmose schluckte. Seine Aufgabe bedeutete, Militärdienst in Zivil zu leisten. Und noch mehr, er erkannte mit einem Male die ungeheure Maschinerie des Königreichs. Bisher hatte er nur einen Fluß gesehen, Häuser, Menschen und Bäume, und nun enthüllte sich ihm eine unsichtbare, organisierte und ebenso eng verbundene Macht wie die der großen Tempel. Eine Macht, die auch erdrückend war.

»Es ziemt sich«, fuhr Ramses abschließend fort, »daß du mit einem deines Ranges und deiner Aufgabe würdigen Gefolge in Auaris ankommst und deine Dienerschaft nicht dort erwirbst. Ich gebe dir zwei Lanzenreiter, zwei Diener und vier Sklaven als Begleitung mit.«

Er rief einen Kammerherrn:

»Laßt das Gefolge des Prinzen Ptahmose kommen.«

Einen Augenblick später waren sie schon da, lauter kräftige junge Männer, von denen noch keiner dreißig Jahre zählte.

»Prinz Ptahmose ist von nun an euer Herr«, erklärte Ramses.

Sie nickten, und er entließ sie mit einer Geste.
»Neben den Pferden der Lanzenträger weise ich dir zwei weitere Pferde, zwei Maultiere und vier Esel zu«, fuhr Ramses fort. »Du mußt zu Pferde ankommen, ein Lanzenträger muß dir vorausreiten. Der Untervorsteher wird dir Unterkunft und weitere Diener bieten. Zögere nicht, von ihm und den anderen zu fordern, was du brauchst. Du vertrittst den König. Ich wünsche, daß du einmal im Monat hierherkommst. Schriftliche Berichte sind notwendig, doch das gesprochene Wort ist geschmeidiger als das Schilfrohr. Nun komm näher.«
Ramses gewährte ihm die offizielle Umarmung; das war die Verabschiedung. Ptahmose verbeugte sich, und der Kammerherr begleitete ihn zur Tür. Ramses' Stimme veranlaßte ihn, sich noch einmal umzuwenden.
»Du bist fünfzehn Jahre alt, mein Neffe«, sagte der Regent mit einem leichten Lächeln. »Du wirst bald ein Haus gründen müssen.«
Ptahmose nickte. Das hieß, eine Frau zu nehmen und Kinder zu haben. Manchmal dachte er daran, dann gab er den Gedanken wieder auf. Die Welt schien ihm größer als ein Haus, auch wenn es das seine war.
»Mit einer Frau deines Ranges. Einige deiner Schwestern und Cousinen wären glücklich, deine Gattin zu sein«, fügte der Regent hinzu.
Auch hierin mischte sich Ramses also ein. »Aber ich werde morgen aufbrechen«, erwiderte Ptahmose. Eine hinhaltende Antwort. Vielleicht hörte Ramses sie nicht. Vielleicht sprach man nicht zum Regenten, wenn man ihm nicht nahe war. Vielleicht kümmerte er sich nicht um Antworten.
Wieder einmal schlief Ptahmose schlecht. Ein seltsamer Traum bewegte ihn. Er befand sich in einer Wüste. Überwältigendes Licht hüllte ihn ein. Das war alles. Er erwachte schweißgebadet.
Im Morgengrauen war er auf, wusch sich allein. Die Diener

packten seine Besitztümer in zwei Holztruhen, die auf eines der Maultiere gebunden wurden. Nezmet, noch verschlafen, erschien auf der Schwelle seines Zimmers. Sie umarmten sich. Sie überreichte ihm einen kleinen Honigtopf. »Damit du dich morgens an mich erinnerst.«
Auch Nakht kam, ergriffen von einer unverständlichen Verwirrung, die ihm die Sprache lähmte. Dem Ehepaar folgten die beiden Töchter, die alles mit der kalten Neugier der Kinder beobachteten. Ptahmose umarmte sie.
»In einem Monat komme ich jedenfalls«, sagte er, um alle Gefühlsausbrüche abzuschneiden.
Die Diener warteten im Hof. Es war besser, zeitig aufzubrechen, sagte er, um die Mittagshitze zu vermeiden. Ein wenig schneller als nötig lief er die Treppe hinunter, ohne zu wissen, warum, wahrscheinlich, um einer Lage zu entfliehen, der er sich nicht gewachsen fühlte. Einer seiner beiden Diener erwartete ihn, um ihm in den Sattel zu helfen, und Ptahmose war überrascht, hinter dem Reittier eine eher zierliche Gestalt zu sehen, die von Kopf bis Fuß in einen Staubumhang gehüllt war. Die Zehen, die heraussahen, gehörten zu einem Mädchen. Ptahmose blickte ihr in die Augen, und ein Lächeln teilte das eingehüllte Gesicht. Es war die Tänzerin vom Vorabend. Auch er mußte lächeln über dieses schalkhafte Geschenk, das Ramses ihm gemacht hatte. Sie sollte hinter dem ersten Diener aufsitzen, beschloß er. Gerade stieg er auf den kleinen Schemel zur Linken des Pferdes, als eine hastige Auseinandersetzung hinter ihm seine Aufmerksamkeit auf sich zog. Er wandte sich um. Ein Mädchen wehrte sich gegen den zweiten Diener, der es grob zurückstieß.
»Was geht hier vor?« fragte Ptahmose.
Er sah das Mädchen an, ein zerlumptes junges Ding mit rötlichem Haarschopf, dessen Gesicht ihm vage vertraut vorkam. In fast wildem Tonfall rief sie ihn an.
»Du bist Ptahmose?«

»Ja.«

Trotz lag in ihrer weinerlichen Miene.

»Dein Vater ist tot.«

»Mein Vater?«

»Amram«, sagte sie.

»Amram, der Apiru«, fügte sie aggressiv hinzu, mit vom Weinen heiserer Stimme.

Die Welt begann sich zu schnell zu drehen, ein irrsinniger Kreisel.

»Und wer bist du?« fragte Ptahmose.

»Ich bin deine Schwester, Miriam.«

Er konnte sie zu niemandem schicken. Die Lanzenträger und Diener warteten. Unterägypten wartete. Seine Stellung als Vertreter des Königs wartete auf ihn. Er senkte den Kopf und bestieg sein Pferd, den Mund plötzlich voll Staub. Sie sah von unten zu ihm auf.

»Ich komme nächsten Monat wieder«, sagte er verwirrt.

Sie sah ihm nach. Im Galopp ritt er aus der Umfriedung des Palastes.

7

Eine Stunde –
und ein Prinz lernt sich durchzusetzen

Während des ganzen Weges nach Auaris grübelte Ptahmose vor sich hin, verwirrt und zornig. Zornig zunächst: Wie hatte es dieses schmutzige Ding wagen können, sich ihm, dem Prinzen Ptahmose, auf diese Weise zu nähern? Und zu behaupten, sie sei seine Schwester? Was bewies denn, daß dieser besagte Amram sein Vater war? Aber immer wieder mengte sich Verwirrung in seinen Zorn. Ptahmose hatte sich einige Male in einem der Spiegel seiner Mutter betrachtet; er kannte sein Gesicht. Und er hatte es im Gesicht der dreisten Person wiedererkannt. Gut, nur verschwommen, aber sofort. Er würde der Sache nachgehen, wenn er Zeit dazu hatte. Wenn er zurückkam, würde er einen Diener mit einem Geschenk zu ihr schicken, einem halben *Deben*[1] Linsen oder Getreide, vielleicht auch Geflügel, und dem Rat, ihre Zunge im Zaum zu halten.
Es gelang ihm schließlich, seine Gedanken auf andere Dinge zu richten, da er, abgesehen von Jagdpartien mit seinen Brüdern, Memphis noch nie verlassen hatte. Der Weg führte den Nil entlang, und obwohl Ptahmose demselben Fluß folgte, der ihm in Memphis fast so vertraut geworden war wie der Himmel, kam er in ein anderes Land. Er hatte sich

das Delta nicht so grün vorgestellt. In knapp einem Monat begann der Sommer, und ein Meer von zartestem Frühlingsgetreide wogte im Wind, langsam vom Grün ins Goldene übergehend und begehrliche Raben anlockend. Etwas weiter schienen Flachsfelder den Himmel widerzuspiegeln. Entlang der Bewässerungskanäle war die fette Erde voller Blumen; überall an den Uferböschungen sprossen Papyrusbüschel. Es folgten schattige Palmenhaine, in denen die Vögel herumschwirrten.

Auch immer mehr Dörfer lagen hier, das sah man an den vielen halbnackten Kindern, die winkend, mit Händen, die rosigen Blütenblättern glichen, vor der kleinen Karawane herliefen, sobald sie sie sahen. Buto-met, die kleine Tänzerin, lachte bei ihrem Anblick auf, freute sich mit ihnen wie ein Kind. Sie war eine ausgelassene Reisebegleiterin, die immer wieder für Abwechslung sorgte. Zehnmal mußte man anhalten, damit sie ihr Bedürfnis verrichten oder sich die Beine vertreten konnte.

Dann kamen sie in einem ganz anderen Dorf an.

»Apiru«, erklärte der Lanzenreiter an der Spitze.

Ptahmose hatte bereits in Memphis einige dieses Volksstamms bemerkt, aber in kleinen Gruppen; das hier war das erste Apiru-Dorf, das er sah. Er gab Befehl, langsamer zu reiten. Hier kamen ihnen kaum Kinder entgegen, es gab wenige Häuser, oft bestanden sie nur aus einer Mauer und aus Zelten, die mit Pflöcken befestigt waren. Man sah keinen einzigen Mann mittleren Alters, nur einige Greise, die vor der Tür saßen und die Reisenden stirnrunzelnd betrachteten; und vor allem Frauen, die Geflügel ausnahmen, Getreide zerstampften oder Wäsche aufhängten.

»Sie sind traurig!« rief Buto-met.

Den ganzen Weg entlang bis Auaris sahen sie mehrere dieser Dörfer. Man erkannte sie daran, daß nicht das kleinste erkennbare Heiligtum in der Nähe war. Wenn diese Menschen Götter hatten, dann nur im geheimen.

Endlich kamen sie einigermaßen zerschlagen in den Randvierteln der großen Stadt an. Auaris war vierhundert Jahre lang die Hauptstadt der Könige der Hyksos gewesen, wie Ptahmose von Amsetse erfahren hatte, jedoch nur zufällig, da man im Ägypten des Pharaos Sethos nicht gerne von den Hyksos sprach. Als sie einen Mann, der mit einer Axt die unteren Äste einer Sykomore abhackte, nach der Adresse des Untervorstehers der Königsurkunden fragten, drängten sich, aufgeregt über dieses Gefolge, fünf oder sechs Männer danach sie hinzuführen. Offensichtlich war es eine bedeutende Persönlichkeit, die hier ankam; besser, man schmeichelte ihr. Jeder hatte irgendein Anliegen, wollte etwas herausschinden, einen Sack Bohnen erbetteln, ein Stückchen Land ergattern. Bald waren es zwanzig, die sich der Eskorte des Prinzen angeschlossen hatten. Ein Mann, der eine gewisse Autorität darzustellen schien, teilte ihnen mit, daß sich die stellvertretende Leitung der Königsurkunden etwa eine Drittelstunde entfernt befand.[2] Nicht ohne Mühe passierten sie zunächst die Gassen der Marktviertel, wo sich Fischhändler, Juweliere, Töpfer, Bildhauer und Amulettverkäufer nebeneinander drängten, dann ritten sie breite Straßen entlang, die entweder von alten Denkmälern oder von Baustellen gesäumt waren, von denen dichter Staub aufstieg. Schließlich hielten sie in einem luxuriös wirkenden Viertel vor einem weitläufigen Anwesen an, vor dem ein Garten mit Mandelbäumen lag. Mehrere Männer eilten hastig zur Tür des Hauses. »Herr, Herr«, hörte Ptahmose sie rufen, »der Prinz aus Memphis verlangt dich zu sprechen!«
Der Prinz aus Memphis! sagte sich Ptahmose. Mangelnde Übertreibung konnte man ihnen nicht vorwerfen! In Wirklichkeit hatten Prinz und Gefolge allesamt Hunger und Durst und Rückenschmerzen.
Bald erschien ein kleiner, beleibter Mann an der Tür, kniff die Augen zusammen und kam ihnen auf seinen Plattfüßen

mit erhobenen Armen in solcher Eile entgegen, daß sein Bauch von links nach rechts schaukelte. Schon von weitem sah man seinen listigen Blick.

»Herr, mein Herr, Hape-nakht ist dein überaus gehorsamer Diener!« Mehrmals verneigte er sich vor Ptahmoses rechtem Bein. Währenddessen kamen Diener mit Schemeln, die sie zuerst links neben Ptahmose, dann neben die Lanzenreiter stellten, wogegen die Diener von ihren Maultieren und Eseln steigen mochten, wie es ihnen beliebte. Diese Leute hatten ganz entschieden Sinn fürs Protokoll. Überrascht von dem servilen Empfang, stieg Ptahmose von seinem Pferd, während sich zehn Arme nach ihm ausstreckten, um ihm zu helfen; der eine faßte ihn an der Hüfte, der andere am Arm, der andere am Unterarm. Hape-nakht fuhr fort mit seinen Verneigungen.

»Ich freue mich über den Empfang, den du deinem Helfer bereitest, Hape-nakht«, erklärte Ptahmose freundlich, nachdem er den Fuß auf die Erde gesetzt hatte. Er musterte den Untervorsteher. Ein gerissener Kerl, erkannte er rasch. Doch immerhin war das Schauspiel vergnüglich.

»Der Helfer, der aus dem Königspalast kommt, ist wie ein Gott, der sich mit Wolken verhüllt!« widersprach Hape-nakht. »Der Vertreter unseres unaussprechlichen Herrn ist der Bote der himmlischen Mächte!«

Ptahmose unterdrückte ein Lachen. Diese Leute hatten auch einen geschärften Sinn für Rhetorik. Der Untervorsteher der Königsurkunden forderte ihn mit einer ausladenden Geste auf, die zwanzig oder dreißig Ellen zu durchschreiten, die die Gartenmauer von der Haustür trennten.

»Bevor ich weitergehe«, fragte Ptahmose, »wo soll ich denn wohnen?«

»Prinz, vor drei Tagen hat mir ein Bote deinen allervornehmsten Besuch angekündigt. Ich habe sofort Befehl erteilt, einen Wohnsitz für deine erlauchte Person zu bauen. Er ist noch nicht fertig, müßte es aber binnen zehn Tagen

sein. In der Zwischenzeit wäre ich unendlich geschmeichelt, wenn du mein bescheidenes Haus als Zwischenstation annehmen willst.«
Ptahmose drehte sich um und ließ seine Truhen abladen, während Lanzenreiter und Diener, ganz zu schweigen von Buto-met, darauf warteten, sich erfrischen zu können.
»Ich selbst und meine Familie werden nicht weit von hier wohnen, damit wir dir schnellstmöglich zur Verfügung stehen können«, fügte Hape-nakht hinzu. »Meine Diener sind die deinen. Befiehl, und dir wird gehorcht.«
Er deutete mit dem Arm immer noch auf sein Haus; Ptahmose folgte ihm.
Hape-nakht führte durch das Haus. Die Zwischenstation, wie er sich ausgedrückt hatte, verdiente einen Aufenthalt. Das Anwesen war geräumig und eines Untervorstehers der Königsurkunden für Unterägypten sicherlich würdig. Es waren zwei Gebäude, das eine mit acht, das andere mit fünf Zimmern, zwischen denen ein weiterer Garten mit Granatapfelbäumen und Rosenstöcken lag. An den inneren Mauern des Gartens rankte Jasmin. Im vorderen, größeren Gebäude waren Speisesaal, Küche und Schreibräume, im hinteren lagen die Privatgemächer. In Regalen an den Wänden der Schreibstuben lagen Unmengen von Schriftrollen, die streng geordnet schienen. Sechs Schreiber, die mit Ordnungsaufgaben beschäftigt waren, verneigten sich feierlich vor Ptahmose. Eine riesige Robinie warf ihren Schatten über beide Häuser. Nah am zweiten Gebäude befand sich ein Brunnen mit niedrigem Rand. In beiden Häusern roch es stark nach Natronlösung, zerstampften Blättern der Pflanze *Bebet* und Holzkohle, womit Fliegen, Moskitos, Wanzen, Flöhe, Schaben und andere Parasiten ferngehalten werden sollten. Zwei fahlgelbe Katzen dösten im Garten und warfen Ptahmose träge Blicke zu.
Ptahmose nickte.
»Ich will die Arbeit der Schreiber nicht unterbrechen oder

aufhalten«, erklärte er. »Sie sollen weiterarbeiten, auch während ich hier bin. Das hintere Gebäude genügt mir vollkommen.«
Hape-nakht verbeugte sich. Er bot Bier an, und sofort eilten Diener herbei, um Schalen aus feinem rosa Achat zu füllen, die auf einem Steintisch im Eßzimmer des vorderen Hauses standen. Ptahmose, Hape-nakht und die beiden Lanzenreiter tranken das milde Bier. Die Tänzerin und die Diener kannten ihre Stellung; sie blieben draußen.
»Mein Herr empfindet nach dieser Reise sicher das Bedürfnis, sich auszuruhen«, sagte Hape-nakht und stellte seine Schale ab. »Wenn er erlaubt, lade ich ihn für heute abend zu einem Essen in Gesellschaft der würdigsten Personen ein, die sich dem Botschafter des Königs vorstellen dürfen.«
Ein wenig überrascht nickte Ptahmose wiederum. Er hatte gedacht, als zweitrangiger Beamter zu kommen, und stellte nun fest, daß man ihm einen weit höheren Rang zuwies. Vielleicht würde das Essen am Abend dieses Geheimnis aufklären.
Die Diener brachten die Truhen in das Zimmer, das Ptahmose gewählt hatte. Auch die Lanzenreiter richteten sich ein, und die Tänzerin nahm das Zimmer neben dem ihres Herrn. Die Reittiere wurden in die Ställe beim Haus gebracht. Hape-nakht war verschwunden. Ptahmose streckte sich auf seinem Bett aus, zweifellos das des Hausherrn, und schlief ein.
Die Kühle des Abends weckte ihn; hier war es frischer als in Memphis. Er trat hinaus. Der Himmel war tiefblau. Zwei Fackeln brannten auf einem Pfosten in der Gartenmitte, Todesfalle für Myriaden von Insekten. Der Jasmin duftete. Ptahmose fühlte sich ratlos. Innerhalb von nicht einmal einer Woche hatte er seine vertraute Umgebung verloren und befand sich in einer unbekannten Welt, betraut mit einer nicht genau umrissenen Aufgabe. Er rief einen

Diener und befahl ihm, sein Bad zu bereiten. Es war ein Gipfel des Luxus. Hape-nakhts Diener hatten Wasser erwärmt und Sandelholzöl hinzugefügt. Man holte seine schmutzige Wäsche.
Ptahmose zog ein Hemd mit langen Ärmeln über seine Tracht und gestattete sich, einen Brustschmuck aus Gold, Korallen und Türkisen anzulegen, was er bisher nur einmal getan hatte. Man wies ihm einen außergewöhnlichen Rang zu, also sollte er ihm auch entsprechen. Ein Diener Hape-nakhts kam und teilte ihm mit, sobald er es wünsche, würde man ihn zum Ort des Festmahls begleiten.
Er trat hinaus in die Nacht, in der die Frösche quakten. Diener und Lanzenreiter folgten ihm. Buto-met blieb zu Hause; es war ein Empfang nur für Männer.
Das Haus war noch größer als das Hape-nakhts und erstrahlte im Licht von vielen Fackeln, die die Fledermäuse in panische Angst versetzten. Mehrere Pferde waren an den Bäumen angebunden, bewacht von Pferdeknechten; Schemel waren vage erkennbar.
Ptahmose betrat den Speisesaal. Zwölf Männer erwarteten ihn dort, die einen sitzend, die anderen stehend, Wein aus Kelchen trinkend; die jüngsten waren etwa dreißig, die ältesten an die fünfzig. Sie musterten ihn, und sofort wurde er sich seiner Jugend bewußt und der Prüfung, der er ausgesetzt wurde. Er hatte nur wenige Augenblicke, um sich entweder durchzusetzen oder sich unwiderruflich jeden Respekt zu verscherzen. Hape-nakhts Herzlichkeit war nur eine raffinierte Falle. Er erinnerte sich daran, wie Ramses auftrat. Seine Haltung wollte er nachahmen: erhobener Kopf, direkter Blick, fester Mund, ein angedeutetes Lächeln, aber kalt.
Der erste, der auf Ptahmose zutrat, war der Älteste. Massig, ein wenig schmerbäuchig, mit feierlichen Bewegungen.
»Ich bin Horw-amun, Nomarch des Verwaltungsbezirks von Auaris und dein Gastgeber«, erklärte er und betrachtete den

jungen Mann aus in Falten eingebetteten Reptilienaugen.
»Ich heiße den Boten des Königs, dessen allerbescheidenster Diener ich bin, willkommen.«
Der Nomarch von Auaris! Eine der mächtigsten Persönlichkeiten im Königreich. Fast der Vizekönig von Unterägypten!
»Der Bote Ptahmose ist geschmeichelt, den Repräsentanten der Gerechtigkeit unseres Herrn kennenzulernen«, antwortete er.
Als nächster kam ein relativ junger Mann, kahlköpfig und gespielt schläfrig.
»Ich bin Cheriheb Schu-enschi, Diener des Sethos-Tempels im Hause des Osiris in Abydos«, erklärte der Vorlesepriester mit träger Stimme. »Ich heiße den erleuchteten Schreiber, Träger der königlichen und göttlichen Inspiration, bei dem hervorragenden Hape-nakht, Untervorsteher der Königsurkunden, willkommen.«
Lag in seiner Stimme ein Hauch von Ironie? Ptahmose begriff jedenfalls nicht, worauf sie sich bezog. Mit der üblichen Variante wiederholte er die Antwort, die er dem Nomarchen gegeben hatte. Er wiederholte sie auch bei allen anderen Gästen, dem Leiter des Schatzhauses beim Osiris-Tempel, dem Befehlshaber der Garnison von Auaris, dem Leiter der Arbeitskräfte für die Monumente des Königs und zwei oder drei Personen, die in erster Linie reiche Gutsbesitzer zu sein schienen. Unablässig ruhten ihre Blicke auf Ptahmose.
Dieser kaum greifbare Ring der Überwachung lockerte sich während des Essens kaum. Ptahmose hätte sich von dem Dekor ablenken lassen können: Der Speisesaal mit roten Säulen und Lotusfresken war fürstlich eingerichtet, mit Sitzen aus Ebenholz mit Elfenbeinintarsien und Alabastertischen. Die Auserlesenheit und Üppigkeit des Mahls stand jenen in Memphis in nichts nach, übertraf sie eher noch, mit Weinen aus Syrien und Zypern, die selbst im Palast von Memphis selten waren, mit farbigen Gläsern und mit Spei-

sen, die auf Früchten und Blütenblättern angerichtet waren. Doch Ptahmose war das gleichgültig. Er spürte, daß der Einsatz bei diesem Abend beträchtlich war – und dieser Einsatz war sein Prestige. Er erschien ihnen zu jung, das war klar; er würde ihnen also zeigen müssen, daß er die königliche Gunst verdiente. Für sie jedoch gab es noch einen weiteren Einsatz, den er nicht erriet.

»Das Wohlwollen des Königs und des Regenten für Unterägypten erwärmt das Herz ihrer Untertanen«, sagte der Nomarch und wartete, daß Ptahmose als erster bei dem Gericht zugriff, das man ihm anbot: fein geschnittene Fischfilets in einer Soße aus Korianderöl, die auf kleinen Sesambrötchen lagen. »Unser göttlicher Herr, der König, und sein Sohn scheinen das zweite Land wahrhaftig zu dem Rang zu erheben, den ihm die Götter verliehen haben.«

Er sah Ptahmose an, als erwarte er eine Antwort.

»Die Restauration der Tempel zeugt davon«, erwiderte dieser. Das wußte er nur zufällig, aber dieser Zufall kam ihm zu Hilfe.

»Ich dachte auch an die Errichtung der Befestigungen«, fuhr der Nomarch fort. »Doch dieser Bau erscheint dem Regenten zu langsam.«

»Ist es so?« fragte Ptahmose.

»Könnte der Regent unrecht haben?« fragte der Nomarch mit einem verschleierten Lächeln. »Die Fakten sind einfach. Die Masse der Bauarbeiter besteht aus Ausländern. Manche sind Kriegsgefangene aus den Ländern des Ostens, aber die Mehrheit der Arbeiter sind Apiru. Die Kriegsgefangenen erbringen nur eine mittelmäßige Leistung. Sie können weder die Steine richtig vierkantig zuschneiden noch Ziegel formen. Die Apiru arbeiten besser, sind aber rebellisch.«

»Weshalb?« fragte Ptahmose.

»Sie behaupten, daß man ihnen zuviel abverlangt«, erwiderte der Leiter der Arbeitskräfte für die Monumente des Kö-

nigs und legte eine Entenkeule auf seinen Teller. Er ergriff zum ersten Mal das Wort, die Lippen glänzend von Fett, die Augen funkelnd vor Empörung.
»Es sind dreißigtausend«, wiederholte Ptahmose die Zahlen, die er aus dem Munde von Ramses gehört hatte, »wovon die Hälfte aus Frauen besteht. Wenn man die Greise und Kinder abzieht, bleiben zehntausend. Das stellt eine beachtliche Arbeitskraft dar. Bei einem gewöhnlichen Arbeitsrhythmus dürfte es keine Schwierigkeiten geben.«
Diese präzise Antwort schien sie zu erstaunen.
»Ich bewundere die Sachkenntnis des Prinzen Ptahmose«, erwiderte der Leiter der Arbeitskräfte und ließ sich Wein nachschenken. »Der Ärger besteht darin, daß sie sich trotzdem beschweren, daß sie zuviel arbeiten müssen. Und daß sie sich auflehnen. Wir wollen keine Revolten, wie es sie in den letzten Jahren gegeben hat. In Memphis wie auch hier beunruhigen sie die Ordnungshüter und verärgern den König und den Regenten. Und nichts schmerzt uns mehr als ihre Beunruhigung.«
Ptahmose sagte nichts. Er zerkleinerte die fette Taube, die vor ihm lag, kostete vom Salat, reinigte sich die Finger, trank einen Schluck Wein, wandte sich an den Untervorsteher der Königsurkunden und fragte ihn abrupt: »Wie soll meine Arbeit hier aussehen?«
Der Nomarch brach in Gelächter aus. Der Vorlesepriester lächelte still, den Blick gesenkt.
»Der Prinz hat einen bemerkenswert raschen Geist.«
Ptahmose nickte.
»Die stellvertretende Leitung der Königsurkunden«, erklärte Hape-nakht, »verzeichnet die Verwaltungsakte, die der erlauchte König und der erhabene Regent im Hinblick auf Unterägypten erlassen. Aber sie ist nicht nur eine Schreibstube. Sie ist auch damit betraut, im Einvernehmen mit dem Nomarchen über die Anwendung der königlichen Entscheidungen zu wachen.[3] Die Arbeit des Prinzen Ptahmose,

mit seinem Einverständnis, wird darin bestehen, aufzuklären, wie diese Entscheidungen umgesetzt werden.«
»Und wie kann ich das aufklären?« fragte Ptahmose.
Hape-nakht bemühte sich um eine geistreiche Miene, doch ihm gelang nur ein bauernschlauer Ausdruck. Er hob sein Glas.
»Käme es mir zu, das Genie des Prinzen zu definieren?«
Blitzartig begriff Ptahmose, warum Sethos ihn hierhergeschickt hatte: nicht nur, um ihn auszubilden, sondern ebenso, um ihn auf die Probe zu stellen.
»Wenn ich recht verstehe, hofft ihr, daß ich Mittel und Wege finde, um die Leistung der Apiru zu verbessern, und wenn nicht, daß ich die Sache eurer Verwaltung vor dem Regenten vertrete. Wir werden uns die Sache an Ort und Stelle ansehen«, erklärte er. Sein Ton duldete keinen Widerspruch. Alle wechselten ein zustimmendes Kopfnicken.
»Die Worte des Prinzen atmen Klarheit und Geist«, meinte der Nomarch. »Daran ermessen wir einmal mehr die richtige Wahl unseres göttlichen Beschützers.«
Der Ausdruck in den Blicken hatte sich verändert. Aber Ptahmose war müde von der Reise und der geistigen Anstrengung, die ihm dieses Essen abverlangt hatte; er war all dieser Unbekannten überdrüssig. Er kostete kaum von den in Wein eingelegten getrockneten Feigen, leerte sein Glas und blickte sich suchend nach einem Diener um. Sofort eilte einer mit einer Schale feinen Sandes, einem Krug Quellwasser und einer weiteren Schale herbei. Langsam goß er dem Prinzen parfümiertes Wasser über die Finger, der sie anschließend in der Sandschale trocknete, um das Fett zu entfernen, und sie noch einmal hinhielt, um sie abspülen zu lassen. Ein anderer Diener brachte ein Handtuch. Ptahmose trocknete sich die Finger ab. Auf diese Weise tat er kund, daß er sein Mahl beendet hatte. Der Nomarch erhob sich, und die anderen Gäste folgten seinem Beispiel.
»Deine Anwesenheit ist ein Licht und eine Ehre«, sagte er.

»Die Ehre ist auf meiner Seite«, erwiderte Ptahmose.
Als er zurückkam, schlief Buto-met. Ptahmose blieb noch einen Augenblick im inneren Garten und betrachtete den Himmel, als erwarte er von dort eine Antwort. Er war allein. Ganz allein in einem riesigen bürokratischen Labyrinth, wie es ihm schien, ohne eine andere Stimme als die in seinem Innern. Dann legte er sich nieder und schlief sofort ein.
Sobald er am nächsten Morgen fertig angekleidet war, schickte er einen Diener zu Hape-nakht, mit der Botschaft, er wolle so schnell wie möglich zu einer Baustelle begleitet werden, auf der ein Bauleiter anwesend war. Eine halbe Stunde später kamen Hape-nakht selbst und zwei Männer auf Maultieren angeritten.
»Wünscht der Prinz sich zur Baustelle der Garnison zu begeben?« fragte er.
Ptahmose nickte. Eine der Hauptsorgen des Regenten Ramses waren die Festungsbauten; sie sollten so schnell wie möglich fertiggestellt werden. Er bestieg sein Pferd und gesellte sich zu Hape-nakhts Männern, eingerahmt von zwei Lanzenreitern, der eine vor, der andere hinter ihm. Die Baustelle war etwa eine Stunde westlich von Auaris.
Gleißendes Sonnenlicht strahlte erbarmungslos auf das staubtrockene Gelände, das gut tausend auf tausend Ellen umfaßte. Man baute die Ringmauer einer Befestigungsanlage, unterbrochen von Wehrtürmen. Fast tausend Männer waren bei der Arbeit, schweißglänzend, halbnackt, manchmal ganz nackt, dunkle Silhouetten im weißen Licht. Die Sonne hatte die Apiru gebräunt; nur ein heller Strich um die Hüften ließ erraten, daß ihre Haut fast weiß war. Hier und dort war eine Gruppe damit beschäftigt, Steine, die auf dem Schiffsweg aus Oberägypten gekommen waren, rechtwinklig zuzuschneiden. Eine andere, eher träge Gruppe formte Ziegel in hölzernen Kästen, die dann in der Sonne trockneten. Eine dritte Gruppe schleppte

Wasser für die Ziegel herbei, wieder andere schnitten Holz für das Gebälk der Ziegelmauern... Manche schienen nichts anderes zu tun, als sich hinter dem Rücken der Arbeitenden zu verstecken. Vorarbeiter schrien, die Peitsche in der Hand.
Ptahmose betrachtete den Schauplatz, der ihm ein wüstes Durcheinander schien; er hatte im Bereich der Paläste oft genug Bauarbeiten beobachtet, um zu wissen, daß man nicht alle Berufsgruppen zusammen antreten ließ. Er erinnerte sich an Amsetses Regel: *Intelligenz ist dem Falken vergleichbar, der Wille dem Rind.* Er mußte die Situation mit einem Schlag erfassen, um mit einigen Sätzen Abhilfe zu schaffen und seine Autorität durchzusetzen. Schlüssel des Ganzen war das herrschende Chaos. Er mußte die Dinge im einzelnen benennen. Hape-nakht stellte ihm die Verantwortlichen der Baustelle vor, den leitenden Architekten, den Bauleiter, den Vorarbeiter der Steinschneider, den der Ziegelarbeiter ... Sie verneigten sich so tief wie möglich und stießen Floskeln der Begrüßung und der Unterwürfigkeit sowie Segenswünsche hervor.
»Wie lange ist diese Baustelle schon in Betrieb?« fragte Ptahmose, um dem Wortschwall ein Ende zu setzen.
»Drei Monate«, antwortete der Bauleiter namens Pichare.
»Und wann sollen die Arbeiten beendet sein?«
Der Bauleiter stürzte sich in einen Redeschwall, der nichts klarmachte, außer daß Pichare sehr zungenfertig war und reichlich Speichel absonderte. Ptahmose musterte ihn wortlos und stellte fest, daß sein Gesicht hochrot war, seine Augen zu sehr glänzten und sein Atem zu stark nach Minze roch. Der Mann hatte getrunken und den Geruch des Alkohols dann rasch zu überdecken versucht, indem er das aromatische Kraut kaute. Er hatte ein fleischiges Gesicht, das auf einem Stiernacken saß.
»Der Prinz fragte, wann«, schaltete sich Hape-nakht, der Ptahmoses Ungeduld sah, brüsk ein.

»Frühestens in vier Monaten«, antwortete der Bauleiter betreten.
»Und wann hätte der Bau beendet sein sollen?« fragte Ptahmose weiter.
»Zum 1. Mechir«, erwiderte Pichare, der vor Angst zu schwitzen begann. Der 1. Mechir war ein Festtag in drei Wochen. Es war offenkundig, daß die Festungsmauer bis zu diesem Zeitpunkt nie fertig sein würde.
»Ich habe es gesagt!« rief der Architekt.
Ptahmose schenkte ihm keinerlei Beachtung. Er befahl, daß man ihn über die Baustelle führte. Hape-nakht und der leitende Architekt wichen ihm nicht von den Fersen. Nach weniger als einer Stunde waren sie wieder am Ausgangspunkt.
»Ich sehe«, begann Ptahmose in einem Tonfall, der keinen Widerspruch duldete, »daß die Ziegelarbeiter Ziegel formen, obwohl die Grundmauern noch nicht einmal fertig sind und man am nördlichen Ende die Fundamente noch nicht fertig ausgehoben hat.«
»Die Männer arbeiten in verschiedenen Takten ...«, begann Pichare.
»Es ist unsinnig, zwanzig Tage vor Fertigstellung des Aushubs und der Fundamente Ziegel zu formen«, schnitt ihm Ptahmose das Wort ab. »Ich will, daß die Ziegelarbeiter sofort zu den Erdarbeiten abkommandiert werden. Danach sollen alle, die Steine behauen können, zu dieser Arbeit beordert werden.«
»Die Ziegel müssen eine Weile trocknen«, wandte der Bauleiter ein.
»Sie müssen vier Tage lang trocknen, und wenn man wieder mit dem Ziegelformen beginnt, ist bereits ein Vorrat da, der einen schönen Vorsprung ermöglicht. Wenn die Fundamente fertig sind, schickt man die Ziegelarbeiter zu einem anderen Trupp auf einer anderen Baustelle.«
Der Bauleiter schluckte vor Verblüffung.

»Aber, Prinz, die Ziegelarbeiter sind Ziegelarbeiter ... Wer wird Ziegel formen, wenn sie gebraucht werden?«
»Ein Kind könnte Ziegel formen. Nichts ist einfacher: Man gießt Schlamm, gut vermischt mit gehäckseltem Stroh, in eine Form und läßt ihn trocknen. Ein Kinderspiel. Selbst die Steinschneider könnten das übernehmen. In jedem Fall wird man deutlich weniger Ziegelarbeiter brauchen, wenn die oberen Mauern gebaut werden.«
Dem anderen traten fast die Augen aus den Höhlen. Hape-nakht blinzelte, anscheinend geistesabwesend. Der Architekt sperrte den Mund auf.
»Im Augenblick«, fuhr Ptahmose fort, »steht der gesamte Maurertrupp untätig herum, weil die Baugruben nicht fertig sind, obwohl die Steine bereitliegen. Die Ziegelarbeiter machen sich einen schönen Tag und spielen mit Knöchelchen. Während dieser Zeit werden sie dennoch bezahlt. Vom Geld des Nomarchen und des Königreichs. So geht das nicht. Wie viele Ziegelarbeiter sind hier beschäftigt?«
»Fünfunddreißig, Prinz.«
»Mit fünfunddreißig Männern zusätzlich müßten die Fundamente in vier Tagen fertig sein. Zudem will ich, daß die Maurer während dieser vier Tage beim Behauen der Steine helfen.«
»Prinz!« rief Pichare. »Das Steinbehauen ... das Steinbehauen ist eine Kunst! Ein Handwerk! Die Maurer, die Ziegelarbeiter ... und Steine behauen ... Prinz!«
»Sie werden es lernen. Die Steinhauer haben es gelernt, die Ziegelarbeiter und Maurer werden es auch lernen«, entgegnete Ptahmose.
Hape-nakht und der Architekt hatten bereits einen jungen Schreiber herbeigerufen. Sie hießen ihn auf einem Stein Platz nehmen; er nahm das Tintenfläschchen, das er um den Hals trug, stöpselte es auf, stellte es auf einen Stein, und Hape-nakht diktierte ihm: »Auf Befehl des Prinzen Ptahmose, am 8. Athyr, sind folgende Anweisungen für die Baustel-

le der Garnison in Auaris im Lande Unterägypten erteilt worden ...« Es folgten Ptahmoses Anordnungen. Der Bauleiter hörte fassungslos mit gesenktem Kopf zu, während der Schreiber mit seiner Binse rasch die hieratischen Schriftzeichen niederschrieb.

»Ich will des weiteren«, fügte Ptahmose danach hinzu, »daß in Zukunft auf allen Baustellen im Gebiet Auaris die Arbeitertrupps nur dann bestellt werden, wenn man sie braucht, gemäß einem Zeitplan, der vom leitenden Architekten und dem Bauleiter aufgestellt wird, so daß keine beschäftigungslosen Trupps auf dem Gelände herumstehen: kein einziger Arbeitstag darf verloren sein.«

Man brachte ihm einen Krug mildes Bier und ein Glas, das man ihm füllte; er benetzte sich die Lippen.

»Wie viele Männer sind auf der Baustelle?« fragte er.

»Vierhunderteinunddreißig, Prinz«, erwiderte der Bauleiter.

»Wie viele davon sind Erdarbeiter, wie viele Steinhauer, wie viele Maurer?«

»Fünfzig Erdarbeiter, dreißig Steinhauer und sechsunddreißig Maurer.«

»Sechsunddreißig Maurer?«

»Mit den Lehrlingen, Prinz.«

»Das sind viel zu viele Männer«, erklärte Ptahmose. »Es ist nicht nötig, daß auf einer Baustelle mehr als hundert Männer gleichzeitig arbeiten. Wie viele sind Apiru?«

»Es sind alles Apiru.«

»Sehr gut. Der König und der Regent brauchen Arbeitskräfte, und in Memphis berichtet man uns, daß es nicht genügend gibt. Ich sehe, daß es mehr als genug gibt.«

Sie verließen das Gelände.

»Ich komme morgen wieder, um zu sehen, wie diese Anordnungen umgesetzt werden.«

Eine Stunde hatte also genügt, um alle zu überzeugen, daß der junge Mann aus Memphis kein Ziergegenstand war.

Hape-nakht und die Eskorten folgten ihm zu den Reittieren.

»Bewundernswert!« rief der Untervorsteher. »Ein bewundernswerter Scharfblick! Die rasche Auffassung des Falken!« Er legte die Hände zusammen und hob sie zum Himmel. »Gesegneter Tag deiner Ankunft, Bote des Königs!«
Ptahmose verbiß sich ein Lachen.
»Gefährliche Komplimente, mein Vorgesetzter. Wie kommt es, daß niemand vor mir das gesehen hat?«
Hape-nakht blieb abrupt stehen.
»Mein Prinz! Jeder hat es gesehen, aber niemand konnte es sagen. Der Bauleiter ist der Sohn des reichsten Dorfvorstehers in der Umgebung von Auaris. Sein Grund und Boden liefert ein Fünftel der Nahrungsmittel für Auaris. Wenn man ihn verärgert, verliert der *Deben* Fleisch ein Fünftel seines Wertes, und die Leute aus seinem Dorf stehlen Steine, Ziegel und Holz von der Baustelle und Lebensmittel aus dem Tempel.«
»Du willst sagen, daß Pichare sein Amt mißbraucht. Und nun ist er unzufrieden«, erklärte Ptahmose, während er sein Pferd bestieg. »Er hat sich bereichert, indem er die Arbeiten verschleppt hat, und er wird versuchen, sie noch weiter zu verschleppen. Hat der Nomarch denn keine Autorität?«
»Mein Prinz!« rief Hape-nakht, der auf seinem Maultier trabte. »Heute nacht wird der Bauleiter von den Alpträumen heimgesucht, die Sechmet, die Göttin der Rache, ihm schicken wird! Morgen früh wird er Blut pissen!«
Ptahmose begann zu lachen, doch seine Verblüffung blieb. Man hatte doch wohl nicht auf seine Ankunft gewartet, um diesen Problemen beizukommen?
»Morgen früh bei Sonnenaufgang wird Pichare auf der Baustelle sein, um deine Anweisungen mit der Sorgfalt der Ratte auszuführen!« rief Hape-nakht, dessen Stimme sich fast überschlug.
»Und der Nomarch, Hape-nakht? Und der Nomarch?«
»Ach! Prinz!« Hape-nakhts Stimme klang so ergreifend, daß Ptahmose sein Tier zügelte. »Der Nomarch ist wie ich!

Wenn er seine Autorität geltend machen will, beweist man ihm schnell, daß er weit weniger hat, als er glaubt.«

»Es gibt also nur die Autorität des Königs«, murmelte Ptahmose und erinnerte sich an sein Gespräch mit Sethos. Aber Hape-nakht hörte ihn nicht.

Bald waren sie zurück in dem Haus, das Ptahmose bewohnte.

»Gesegneter Tag!« rief Hape-nakht noch einmal und stieg schwerfällig von seinem Maultier.

Die Diener trugen eilig einen Schemel herbei und stellten ihn links neben Ptahmoses Pferd.[4] Er achtete nicht auf die Hand, die man ihm entgegenstreckte, sondern saß mit einem Satz ab. »Gesegneter Tag!« wiederholte Hape-nakht und streckte erneut die Arme gen Himmel.

8

Das Pferd und der Stier

Ptahmoses Verblüffung beim Erwachen am nächsten Morgen war groß, als ein Diener ihm mitteilte, der Nomarch persönlich warte im Garten darauf, daß der Prinz aufstehe. Ptahmose befestigte einen Schurz um die Hüften, schlüpfte in ein Paar Sandalen und öffnete die Tür, die in den Garten führte. Tatsächlich ging der Nomarch dort auf und ab, begleitet von einem Schreiber.
»Ich wünsche dir Sonnenschein für den Tag«, begrüßte ihn Horw-amun.
»Ich wünsche dir dasselbe«, erwiderte Ptahmose mit fragendem Blick.
»Heute nacht habe ich vor allem den Mond gesehen«, meinte der Nomarch. »Der Bauleiter Pichare ist gekommen, um mir mit Klagen und Vorwürfen das Gehirn zu verdüstern.«
»Die Klagen sind ungerechtfertigt, die Vorwürfe scheinen mir unverschämt.«
»Er wirft mir vor, ihn den Krallen des königlichen Falken ausgeliefert zu haben«, entgegnete der Nomarch. »Er beteuert, deine Befehle würden seine Arbeit in Unordnung bringen, und droht damit, sein Amt niederzulegen.«
Ptahmose holte tief Luft.
»Ich glaube, daß meine Befehle vor allem sein System des

Amtsmißbrauchs in Unordnung bringen. Du bezahlst ihn aus den Steuermitteln des Königreichs, und er verzögert grundlos die Arbeiten, weil er seinen Zehnten vom Lohn einbehält. Er bestellt alle Trupps gleichzeitig auf die Baustelle, damit es mehr kostet. Dem Regenten wird berichtet, daß es bei den Bauarbeiten an Arbeitskräften mangle. Wenn der Zustand auf allen Baustellen im Königreich so ist wie hier, wird das begreiflich.«

»Du hast recht«, entgegnete der Nomarch, »aber Pichare gehört einer führenden Familie in Unterägypten an. Es sind Leute von Bedeutung. Die Erniedrigung, die er gestern erlitten hat, werden sie kaum hinnehmen.«

Die Katzen räkelten sich in den ersten Sonnenstrahlen. Der Wind bewegte die Jasminzweige, die ihren Duft verströmten. Ein Rabe krächzte.

»Es gibt Schlimmeres als die Erniedrigung«, meinte Ptahmose und sah dem Nomarchen in die Augen. »Ich kann gegen Pichare und seine Familie eine Steuerermittlung in Gang bringen.[1] Wenn er sein Amt niederlegt, was ein Angriff auf deine Autorität ist, kann ich morgen nach Memphis zurückkehren und dem Regenten Bericht erstatten.«

Der Nomarch schob den Unterkiefer vor, sein Blick verdüsterte sich.

»Was würde dieser Bericht sagen?«

»Daß ein pflichtvergessener Bauleiter in Auaris eine höhere Autorität ausübt als der Nomarch, und daß eine korrumpierte Verwaltung der Grund für den Verzug der Arbeiten ist.«

Die Konsequenzen waren leicht vorherzusehen. Der Nomarch würde abgesetzt, Pichares Familie von der Steuerbehörde aus Memphis überwacht werden. Der Nomarch zog ein finsteres Gesicht.

»Das wäre der Krieg«, erklärte Horw-amun langsam.

»Er wäre von vornherein verloren«, antwortete Ptahmose kalt. »Die Lage ist klar. Pichare erpreßt einen Repräsentan-

ten des Königs und des Regenten. Das beweist, daß der Alkohol sein Eselsgehirn benebelt hat.« Die Katzen rieben sich an Ptahmoses Waden. Er bückte sich, um sie zu streicheln, dann richtete er sich wieder auf. »Nomarch, ich beauftrage dich, Pichare mitzuteilen, wenn er heute morgen nicht auf der Baustelle anwesend ist, wird ihm dieser Tag im Gedächtnis bleiben.«
Der Nomarch nickte und ging.
Es verhielt sich also nicht ganz so, wie Hape-nakht es beschrieben hatte; nicht nur machte der Nomarch seine Autorität nicht geltend, er schien Pichare und den gegenwärtigen Zustand sogar zu schützen. Ganz gewiß profitierte er von großzügigen Geschenken der Familie Pichares. Es war tatsächlich ein Netz der Korruption, auf das Ptahmose hier gestoßen war. Er wusch sich eilig und machte sich, begleitet von Lanzenreitern und seinen Dienern, auf den Weg zur Baustelle, diesmal ohne Hape-nakht zu benachrichtigen.
Aber er fand ihn bereits an Ort und Stelle, in verdrießlichem Gespräch mit dem Nomarchen und dem leitenden Architekten. Als Hape-nakht Ptahmose sah, lief er auf ihn zu und stürzte sich sofort in seine servilen Begrüßungen; sein Lächeln wirkte durch die Furcht wie eingefroren. Ptahmose schien es, als sei der Rücken des Untervorstehers der Königsurkunden gebeugter als am Tag zuvor. Der Nomarch schien unergründlich.
Als der Bauleiter Pichare Ptahmose bemerkte, verharrte er regungslos und betrachtete einen Augenblick lang den jungen Mann, der sich so rasch als sein Feind durchgesetzt hatte. Dann kam er langsam auf ihn zu. Ptahmose ließ den Blick über die Baustelle schweifen; nicht einmal ein Drittel der Arbeiter, die er gestern gesehen hatte, war noch da. Man hatte also die Drohung verstanden.
Der Bauleiter verbeugte sich steif und hieß Ptahmose willkommen, doch in seinem verschleierten Blick lag eher Mordlust. Ptahmose erwiderte die üblichen Höflichkeits-

floskeln; er hielt dem Blick ohne ein Zwinkern stand. Dann verlangte er, die Baustelle zu besichtigen. Die Erdarbeiter waren dabei, die Fundamente fertigzustellen.

»Die Männer, die du hier die ausgehobene Erde beiseite schaufeln siehst, sind Ziegelarbeiter, wie du es verlangt hast«, erklärte Pichare.

»Wann denkst du, daß sie fertig sind?«

»Morgen abend.«

»Wie viele Steine müssen noch zugeschnitten werden?«

»Ich würde sagen, ein Drittel.«

»Wie lange dauert das?«

»Das hängt von der Zahl der Männer ab. Und von der verfügbaren Zeit.«

»Um das Drittel in zwei Tagen fertigzustellen?«

»Zwanzig, und fünf Lehrlinge.«

»In zwei Tagen, wenn die Fundamente fertig sind, läßt du die Steinschneider kommen. Wieder zwei Tage später läßt du die Ziegelarbeiter und die Maurer kommen und die oberen Mauern errichten. Wie viele Ziegel von den insgesamt benötigten sind bereits geformt?«

»Etwa die Hälfte. Und wir haben eine Anzahl noch nicht ganz fertiger Ziegel.«

»Sehr gut«, meinte Ptahmose. »Das bedeutet, daß wir im weiteren Arbeitsverlauf nur noch die Hälfte der Ziegelarbeiter brauchen.«

»Du willst also der Bauleiter sein?« fragte Pichare mit rauher Stimme.

Ptahmose wandte sich an ihn und antwortete: »Wenn es auf dieser Baustelle einen Bauleiter gegeben hätte, wäre ich nicht gezwungen, dir diese Befehle zu erteilen. Diese Baustelle wird in zehn Tagen abgeschlossen sein.«

»Wenn ich will.«

»Ich dachte, Horw-amun hätte dich zur Vernunft gebracht. Wenn ich will, wird ab morgen gegen dich und deine Familie eine Steuerermittlung eingeleitet. Wenn du die geringste

Absicht zeigst, die Arbeiten auf dieser Baustelle zu verlangsamen, lasse ich dich von der Polizei ergreifen und bis zum Urteil in das Gefängnis des Tempels werfen. Ich vertrete hier den König und den Regenten. Der Regent hat damit gerechnet, daß diese Baustelle in drei Wochen abgeschlossen sei. Du bist bereits fünf Wochen im Verzug und hattest die Absicht, noch sechzehn weitere Wochen zu trödeln.«
Pichares Gesicht wurde violett.
»Zu alledem muß noch der Nomarch seine Meinung äußern. Er ist die höchste Autorität des Landes.«
Ptahmose begriff nun, daß der Nomarch nicht mit Pichare gesprochen hatte. Aus Angst vor einem Konflikt hatte er Ptahmose die gesamte Verantwortung überlassen. All diese Männer hatten sich wohl gesagt, der junge Mann aus Memphis würde nicht über eine oberflächliche Demonstration seiner Autorität hinausgehen. Je mehr ihm das bewußt wurde, desto gereizter wurde Ptahmose.
»Die größte Autorität, Pichare, ist der König«, sagte er. »Danach kommt der Regent. Der Alkohol macht dich taub, Pichare. Ich habe dir bereits gesagt, daß ich hier den König und den Regenten repräsentiere.«
Er hatte die Stimme erhoben; die Arbeiter drehten sich nach ihnen um. Wer wagte es, Pichares Autorität zu trotzen?
»Damit ist alles gesagt. Geh an die Arbeit.«
Der Bauleiter warf ihm einen finsteren Blick zu, dann wandte er sich ab. Er ging zu den Fundamenten und versetzte einige Augenblicke später einem der Erdarbeiter einen brutalen Peitschenhieb. Der Apiru stieß einen furchtbaren Schrei aus. Ptahmose stürzte zu den beiden.
»Die Peitsche wird die Arbeit nicht vorantreiben«, rief er, »sondern eher verlangsamen. Ich verbiete dir, sie ohne schwerwiegenden Grund zu gebrauchen.«
Pichare stieß einen Wutschrei aus, warf die Peitsche auf den Boden und baute sich mit seiner ganzen massigen Gestalt vor Ptahmose auf. Die Arbeiter hielten inne, alle Blicke

richteten sich auf die beiden Kontrahenten. Zum ersten Mal schien die königliche Macht etwas zu ihrer Verteidigung zu tun. Ein unerwarteter Konflikt spielte sich da vor ihren Augen ab; der junge Mann, der einem jungen Pferd glich, gegen den Bauleiter, der wie ein Büffel war. Pichare schnaubte. Es war offenkundig, daß er vor Lust brannte, sich auf Ptahmose zu stürzen, und nur die Furcht vor den Folgen ihn zurückhielt. Horw-amun und Hape-nakht hatten die Szene aus der Ferne beobachtet; nun kamen sie herbeigelaufen.

»An die Arbeit, Bauleiter!« rief Ptahmose. »Ohne Gewalt! In absolutem Gehorsam gegenüber dem Willen des Königs und des Regenten, und unter meiner Überwachung!«

Seine Stimme hallte über die ganze Baustelle. Alle Arbeiter hörten ihn. Plötzlich herrschte alarmierende Stille auf dem Gelände.

Der Nomarch versuchte zwischen die beiden Männer zu treten. Ptahmose stieß ihn mit der Hand zurück, eine Geste der Verachtung, die am Vortag unvorstellbar gewesen wäre, und ging auf sein Pferd zu. Hape-nakht tat es ihm nach. Fassungslos hielt sich Horw-amun hinter ihnen.

»Mein Prinz! Mein Prinz! Geduld! Ich flehe dich auf Knien an!« rief er.

»Nun verstehe ich, warum du mir dein Haus gegeben hast, Hape-nakht«, erklärte Ptahmose. »Du dachtest, ich würde nicht länger hier bleiben als die Waldmaus, die vom Fuchs verfolgt wird. Jetzt will ich, daß mein Haus in genau zehn Tagen fertig ist.«

Er zog am Zügel, wandte das Pferd um und ritt davon, gefolgt von den Lanzenreitern und Dienern.[2]

9

Verschwommene Worte
von Boten des Azurblau

Er dachte, die Sache sei erledigt; er hatte sich getäuscht.
Als er in Hape-nakhts Haus zurückkam, fand er die Schreiber in heller Aufregung; bei seinem Anblick schienen sie von Schrecken ergriffen. Aus dem Garten hörte man das Weinen eines Mädchens, und da er Buto noch nie hatte weinen hören, begriff er erst, nachdem er den Garten betreten hatte, daß sie es war. Seine Diener verarzteten gegenseitig verschiedene Prellungen.
Der Bericht, den sie erstatteten, war einfach. Kurz nach seinem Aufbruch waren von den Feldern her sechs Männer durch die Hintertür ins Haus eingedrungen, hatten Buto geschlagen, beschimpft und ihr die Kleider zerrissen. Als die Diener zu ihrer Hilfe herbeieilten, mußten sie gegen die Angreifer kämpfen. Erst das Eingreifen der Schreiber, die durch die Schreie aufgeschreckt wurden, hatte dem Kampf ein Ende gesetzt, da die Angreifer nun in der Minderheit waren. Einer von ihnen wurde von Ptahmoses Dienern niedergeschlagen; er lag draußen unter der Sykomore.
Ptahmose tröstete Buto mit ein paar Worten, dann ging er zu dem Zusammengeschlagenen, um den sich ein Kreis von Männern gebildet hatte. Einige meinten, er liege im Ster-

ben, andere erklärten, morgen sei er wiederhergestellt. Ein Arzt, den man dringend herbeigerufen hatte, war dabei, einen Umschlag zu bereiten, man wußte nicht recht, woraus – Fledermausleber, Sesamöl, Färberdistel, Kupfersalz ... Er schwadronierte über seine Kunst. Ptahmose beugte sich über den Mann, der eine große Kopfwunde hatte. Jedenfalls war er nicht oder noch nicht tot; seine Brust hob sich mehr oder weniger regelmäßig, seine Lider schienen sich zu bewegen. Ptahmose sagte sich, wenn er sich in der Lage dieses Mannes befände, würde er sich so lange wie möglich totstellen, um nicht den Namen seines Auftraggebers verraten zu müssen.

»Hol mir einen Eimer Wasser«, murmelte er einem seiner Diener zu.

Als man Ptahmose den Eimer reichte, goß er den Inhalt energisch über das Opfer. Der Mann öffnete Augen und Mund, hustete mit verblüffter Miene und setzte sich auf.

Die Umstehenden riefen, Prinz Ptahmose habe den Toten zurück ins Leben gerufen, und nun würde er bestraft werden.

»Arzt, verabreiche ihm deine Medizin«, befahl Ptahmose, und den Dienern sagte er: »Fesselt ihm Hände und Füße und schlagt ihn nicht, wie sehr ihr auch dazu Lust haben mögt.«

Mit zahlreichen Verwünschungen und mit dem Versprechen, bald werde man den Verbrecher in den Höllenschlund schicken, wo die Riesenschlange Apophis herrschte, machten sich die Diener an die Arbeit.

»Wer hat dich geschickt?« fragte Ptahmose.

Der Mann hielt den Kopf gesenkt.

»Nun gut«, meinte Ptahmose zu seinen Dienern. »Hebt ihm die Füße hoch und gebt ihm einen kräftigen Stockschlag auf die Fußsohle.«

Kaum war das gesagt, wurde es auch schon getan. Der Mann heulte vor Schmerz auf.

»Das ist nur eine Kostprobe«, warnte Ptahmose ihn. »Ich werde dich schlagen lassen, bis du redest.«

»Rede, du Lump!« schrie der Diener, der die meisten blauen Flecken abbekommen hatte.

»Mitleid!« stöhnte der Mann.

»Hab lieber selbst Mitleid mit dir. Wer hat dich geschickt?«

»Wenn ich es sage, bringt er mich um«, stöhnte der Mann.

»Ein beneidenswertes Los«, erklärte Ptahmose. »Wenn du nicht redest, lasse ich dich schlagen, bis du es zugibst.«

Der Mann keuchte.

»Noch ein Stockhieb«, befahl Ptahmose.

»Nein!« schrie der Mann. Er erhielt ihn jedoch, die Diener wollten sich das nicht nehmen lassen, und er begann zu weinen.

»Jetzt weinst du, Schurke, und vorhin hast du uns mit dem Knüppel geschlagen!« schrie ein Diener.

»Pichare«, murmelte der Mann, als würde er sein Leben aushauchen.

»Habt ihr gehört?« fragte Ptahmose die Umstehenden. »Was hat er gesagt?«

»Pichare«, antworteten mehrere Männer.

Ein Murmeln ging durch die Gruppe. Es war eine üble Sache, wenn Pichare Verbrechertrupps schickte.

Ohne daß man wußte, wie sie benachrichtigt worden waren, tauchten der Nomarch und Hape-nakht auf. Gerüchte hatten sie bereits informiert, sie stellten keine Fragen.

»Schreiber«, ordnete Hape-nakht an, »schreibe folgendes Protokoll nieder.«

Der Schreiber lief ins Haus und kam mit einer Papyrusrolle und einem Tintenfaß wieder. »In Gegenwart des Prinzen Ptahmose und des Untervorstehers der Schreiber der Königsurkunden in Unterägypten, Hape-nakht, wird an diesem Tag festgehalten ...« Er diktierte den Bericht über das Vorgefallene. Der Schreiber wiederholte jedes Wort, und Ptahmose hörte aufmerksam zu; der Bericht schien wahrheitsgetreu. Dann folgten die Namen aller Zeugen, was kompliziert wurde, weil fünf Schreiber gleichzeitig als Zeugen und als Opfer aussagten, da sie ebenfalls Stockhiebe erlitten hatten. Königliche Beamte waren angegriffen worden; das konnte bis zur Todesstrafe führen.

»Als Anstifter wurde von einem der Angreifer der Bauleiter Pichare genannt«, erklärte Hape-nakht.

Ptahmose nickte.

Horw-amun zog eine Begräbnismiene. »Pichare ist verrückt geworden«, meinte er. »Man soll die Polizei holen. Dieser Mann wird im Gefängnis des Osiris-Tempels eingesperrt.«

»Und dann muß der Anstifter dieser idiotischen Tat verurteilt werden«, sagte Ptahmose und sah Horw-amun in die Augen.

»Man muß den Anstifter in der Tat verurteilen«, wiederholte der Nomarch finster.

»Ich fordere, daß die Anklage gegen Pichare um zehn Tage hinausgeschoben wird«, sagte Ptahmose.

»Zehn Tage?« wiederholte der Nomarch verständnislos.

»So lange, bis er den Bau beendet hat.«

»Und danach?« fragte der Nomarch.

»Danach werde ich nach dem Stand der Arbeiten entscheiden«, erwiderte Ptahmose.

So maßte er sich das Recht an, über Pichares Schicksal zu entscheiden. Seine faktische Macht war von nun an ungleich höher als die eines Helfers des Untervorstehers der Königsurkunden.

»Man muß sehen, ob er zustimmt, die Arbeiten zu beenden, wenn er nicht weiß, was ihn erwartet«, meinte Horw-amun.

»Eines ist sicher«, erklärte Ptahmose. »Wenn die Arbeiten nicht in zehn Tagen beendet sind, ist es sein Ruin. Aber wenn sie es sind, habe ich gesagt, werde ich eine Entscheidung treffen.«

Er drehte sich um und ging ins Haus.

Eine Stunde später war alles zur Ordnung zurückgekehrt.

Die Schreiber waren wieder in ihren Stuben an ihren Schreibpulten. Die Polizei war mit dünkelhafter Miene erschienen, um den Verbrecher ins Gefängnis des Tempels zu bringen. Buto hatte auf den Rat der Ehefrau eines Dieners ein Bier getrunken, dem Mohnkörner beigemengt waren, um ihre Nerven zu beruhigen. Eine Kompresse aus weißer Tonerde mit Knoblauch und Hafer hielt sie sich auf die geohrfeigte Wange. Die Stockhiebe, die einem ihrer Angreifer zuteil geworden waren, hatten ihr Genugtuung verschafft und sie besänftigt. Die Köche bereiteten das Mittagessen vor.
Ptahmose aß und zog sich zu einem Mittagsschlaf zurück. Hape-nakht oder der Nomarch selbst würden mit Sicherheit vor dem Abend zurückkommen und ihm das Ergebnis seines Ultimatums mitteilen. Er fragte sich, welche Schliche sie finden könnten, um ihn matt zu setzen, fand aber nichts. Dann dachte er über seine Einsamkeit nach: ein Soldat an der nicht greifbaren Front der Korruption, im Dienste von Leuten, die sicher wohlmeinend, inmitten von Heuchlern und pflichtvergessenen Beamten letztendlich aber fremd waren. Niemand, mit dem er im Vertrauen reden konnte. Ihm fiel wieder das armselige Mädchen ein, das bei der Abreise aus Memphis gekommen war, um ihm den Tod seines Vaters mitzuteilen. Eine Schwester. Er hatte viele Schwestern; sie waren Paradiesvögel, die nur die Verführungen der Welt kannten und praktisch nichts von den Konflikten, die die Männer altern ließen.
Über diesen düsteren Gedanken schlief er ein. Als er erwachte, fand er die Luft kühl und ordnete an, daß man ihm Wasser heiß machte. Er streichelte eine der Katzen, und einer der Diener befestigte im Garten eine Fackel in einem Eisenhalter, um die Moskitos zu vertreiben, als er den Cheriheb Schu-enschi kommen sah. An ihn hatte er nicht gedacht.
Der Vorlesepriester war zu Pferde gekommen und bewegte sich mit einstudiert lässigem Gang. Ihm folgte ein einziger

Schreiber, der ein sehr hübscher Junge zu sein schien. Flüchtig fragte sich Ptahmose, ob der Cheriheb sexuelle Beziehungen zu dem Schreiber hatte, und wer dabei welche Rolle spielte. Der Cheriheb sah sehr wohl, daß Ptahmose im Garten war, wandte sich jedoch an den Pförtner, um zu fragen, ob der erlauchte Prinz Ptahmose geneigt sei, ihn zu empfangen.

Es folgten banale Mätzchen; der Pförtner kam, um Ptahmose zu fragen, ob er den Cheriheb empfangen wolle, und als dieser bejahte, spielte der Cheriheb große Freude vor, daß er von dem Erlauchten empfangen werde.

Die Katze, verärgert, weil sie abgesetzt wurde, miaute klagend und kratzte Ptahmoses Schienbein. Der Vorlesepriester setzte ein liebenswürdiges Lächeln auf, während der Schreiber hinter ihm sich ehrfürchtig verneigte. Im tanzenden Lichtschein der Fackel sah man, welch erstaunlich klare Züge er hatte. So klar, daß man ihm Grammatikfehler verzeihen würde.

»Ohne die strahlende Gegenwart des Prinzen Ptahmose wäre die Harmonie des Abends unvollkommen«, sagte Schu-enschi salbungsvoll.

»Die Harmonie des Abends scheint mir durch die Fürsprache des Osiris-Dieners erzeugt«, antwortete Ptahmose.

»Als Männer der Geistlichkeit ist es tatsächlich unsere Aufgabe, über die Harmonie der Welt zu wachen.«

Ptahmose verbiß sich ein Lächeln; das war es also. Die Harmonie der Welt reduzierte sich auf die kriminelle Harmonie in Auaris. Er bot dem Vorlesepriester und seinem Schreiber eine Erfrischung an; sie entschieden sich für Bier. Ptahmose befahl einem der Diener, drei Stühle, einen Tisch, einen Krug Bier und drei Gläser zu bringen. Er würde im Garten Audienz halten.

»Die Harmonie der Welt«, fuhr Schu-enschi fort, während er sich setzte, »wird durch das Gleichgewicht zwischen den Mächten des Himmels und der Hölle gewährleistet.«

Er tauchte seine Lippen in das Bier und fand es schmackhaft genug, um zwei Schlucke hintereinander zu trinken. Der Schreiber nahm bescheiden nur einen.

»Das Gleichgewicht ist wiederhergestellt worden, als Re, nachdem die Schlange Apophis mit einer Reihe von Unglücksfällen das Chaos ausgelöst hatte, Seth beauftragte, die Schlange zu versklaven und in ihren Höllenschlund zurückzuschicken.«

Ein Funke schien in Schu-enschis kunstvoll mit Antimon geschminkten Augen aufzuglimmen. »Aber das war der große Seth«, erwiderte er.

»Der Schutzgott von Sethos«, antwortete Ptahmose ruhig.

Der Priester warf Ptahmose einen langen Blick zu. »Das war nach dem Chaos«, sagte er schließlich. »Glaubst du, daß wir vom Chaos bedroht sind?«

»Die Gerechtigkeit des göttlichen Sethos würde es nicht erlauben«, konterte Ptahmose in gespielt beleidigtem Ton.

»Der Kampf zwischen Seth und Apophis war aufsehenerregend«, erwiderte der Priester. Jedes Lächeln war aus seinem Gesicht verschwunden. »Das steht im Gegensatz zur Harmonie.«

»Ich bin sicher, daß die Gerechtigkeit des göttlichen Königs und seines Regenten, die von den Göttern inspiriert ist, über das Gleichgewicht wachen wird.«

»Dennoch scheint das Gleichgewicht gefährlich beeinträchtigt.« Schu-enschi leerte sein Glas.

Während der Diener es erneut füllte, fügte er in fast beleidigend trägem Ton hinzu: »Die Priesterschaft Unterägyptens wäre untröstlich darüber.«

Die Botschaft war deutlich: Die Priesterschaft war durch Ptahmoses Initiativen in Unruhe versetzt, und der Nomarch hatte den Vorlesepriester beauftragt, den jungen Prinzen zur Vernunft zu bringen. Auch die Priesterschaft hatte teil an dem Amtsmißbrauch, bei dem Pichare ohne Zweifel nur einen Aspekt darstellte.

»Ich bin sicher, daß unsere erleuchtete Priesterschaft sich zur Niederlage von Apophis nur beglückwünschen kann«, erwiderte Ptahmose und betonte jedes Wort.
Er täuschte sich nicht in Schu-enschi. Der Ausdruck, den sein Mund annahm, zusammen mit der Drohung in seinen Augen, besagte: Wenn das so ist, dann bist du allein verantwortlich dafür. Das war deutlicher als seine verschwommenen Worte.
»Ich werde für die Harmonie beten«, sagte Schu-enschi und erhob sich.
Der Schreiber beeilte sich, den Stuhl feierlich nach hinten zu ziehen. Auch Ptahmose stand auf. Die Lippen lächelten nun wieder. Ptahmose begleitete seine Besucher zur Tür.
Als sie zugeklappt war, befahl er dem Pförtner, sie zu verriegeln und auch die Hintertür zu schließen. Dann ging er, um sich zu waschen.
Nachdenklich stellte er fest, daß weder Hape-nakht noch der Nomarch gekommen waren, um ihn über eventuelle Verhandlungen mit Pichare zu unterrichten. Sie hatten ihm also keine Informationen zu geben. Oder vielmehr, sie hielten es nicht für nötig.
Er zog sich zeitig zurück. Buto kam, um ihre Dienste anzubieten. Er riet ihr, sich in ihrem Zimmer zu verbarrikadieren. Sie stieß einen leisen Schreckensschrei aus und gehorchte. Er hörte, wie der Türriegel laut geschlossen wurde.
Ein letztes Mal ging er hinaus in den Garten und blickte auf die Mauern, nickte mit dem Kopf und kehrte in sein Zimmer zurück, verriegelte es jedoch nicht. Bei sich hatte er einen Dolch mit Goldgriff, den ihm sein Stiefvater, und einen Dolch mit Bronzegriff, den ihm einer seiner Brüder geschenkt hatte. Er blies die Lampe aus und wartete.
Um die zweite Stunde nach Mitternacht war er beinahe am Einschlafen, als er endlich sah, worauf er gewartet hatte: vier Füße, die im Licht der Sterne eintraten, nachdem die Tür vorsichtig geöffnet worden war. Vier Füße, die sich

rasch aufteilten, zwei zu jeder Seite des Bettes. Dann zwei Arme, die mehrmals heftig mit dem Dolch in seine unter der Decke vergrabene Gestalt einstachen, die nun auf Ewigkeit begraben sein würde, wie sie hofften.
Ptahmose verlor keine Zeit. Er stieß seinen Bronzedolch in einen Fuß und nagelte ihn so auf dem Holzboden fest. Schmerzgeheul drang durch das dunkle Zimmer und das nächtliche Auaris. Dann rollte er sich herum und zerrte energisch an den beiden Füßen auf der anderen Seite des Bettes, so daß der Mann schwer zu Boden schlug. Auch dieser stieß überraschte Schmerzensschreie aus, aber es waren seine letzten. Ptahmose zog ihn unter das Bett und rammte ihm den Golddolch ins Herz. Ein schreckliches Röcheln kam aus dem Mund des Mörders. Der Mann mit dem festgenagelten Fuß schrie immer noch und versuchte, den Dolch herauszuziehen, der ihn festhielt. Lauter Radau erhob sich im Haus. Schreie, Türenschlagen; Diener kamen laut rufend, mit Lampen in der Hand, in Ptahmoses Zimmer gelaufen.
»Macht diesen Mörder los«, befahl Ptahmose und holte tief Atem. »Verbindet ihm den Fuß und fesselt ihn, die Hände hinter dem Rücken. Und gebt mir den Dolch zurück. Zieht diesen Leichnam hinaus und reinigt den Fußboden. Ihr beide, bringt mir Wasser in das Badezimmer, damit ich das Blut dieses Schweins von mir abwaschen kann.«
Schreie und Verwünschungen erhoben sich; man hätte meinen können, ein Aufstand sei ausgebrochen. Buto, die der Lärm geweckt hatte, schrie in ihrem Zimmer wie eine Wahnsinnige. Ptahmose ging zu ihr und befahl ihr, sich zu beruhigen. Sie begann hinter der Tür zu weinen.
Die Nacht war kurz gewesen.
Im Morgengrauen unterhielt sich Ptahmose leise mit einem seiner Diener aus Memphis. Dieser antwortete mit ausladenden Gesten und nickte mit dem Kopf, dann verschwand er durch die Hintertür. Eine Stunde später, als die Sonne die

Felder grün aufleuchten ließ, kam er zurück. Er reichte seinem Herrn einen zappelnden Sack, der mit einem Strick zugebunden war. Vorsichtig nahm Ptahmose den Sack und ging zu seinem Gefangenen, der gefesselt und aschfahl in der Küche lag. Er beugte sich über ihn. »In diesem Sack ist eine Viper.« Der Mann rollte die fiebrigen Augen. »Ich werde dir ein einziges Mal eine einzige Frage stellen, und wenn du nicht antwortest, setze ich dir diese Viper auf den Körper. Und es mangelt mir nicht an Lust dazu. Verstehst du?« Der Mann begann zu stöhnen. »Hör also gut zu: Wer hat dich geschickt?« Er beugte sich über den Gefangenen, bereit, den Sack zu öffnen. Der Mörder stieß einen fast tierischen Entsetzensschrei aus.

»Der Nomarch! Der Nomarch!« sagte er und verlor das Bewußtsein.

Ptahmose richtete sich auf. Er warf den Sack mit der Viper auf den Boden. Korrupte Regierung, korrupte Priesterschaft.[1] Ein hübsches Geschenk, das der König ihm gemacht hatte! Er trat hinaus, holte tief Luft und hob die Augen gen Himmel. Er war von einem auserlesenen Azurblau. Duldeten die himmlischen Mächte, die es dort oben geben sollte, wirklich solche Schurken wie Horw-amun und Schu-enschi? Er war versucht, auf der Stelle nach Memphis zurückzukehren, doch er wollte erst wieder in die Hauptstadt, wenn die Festung fertig war.

Die Schwierigkeit war, sagte er sich, anschließend nach Memphis zu gelangen. Eine kümmerliche Mannschaft wie die seine konnte unterwegs leicht von einer kleinen Bauernarmee überfallen werden, die im Sold des Nomarchen oder der Familie Pichares stand.

Im Augenblick war er ein Gefangener in Auaris.

10

Ein Wort und ein Name

Es war acht Tage vor dem großen Osiris-Fest.
Schon jetzt waren die großen Masten innerhalb der Umfassungsmauer des Heiligtums, die sich jenseits der von Sphinxreihen eingefaßten Steinstraße und der Pylonen, jenen gewaltigen, schräg aufsteigenden Toren, erhoben, mit farbigen Bändern geschmückt; in zwei Tagen würde es in der Umgebung der Stadt keine einzige Blume mehr geben, da man sie alle brauchte, um Girlanden daraus zu flechten. Die Masten würden sich in Blumenpfeiler verwandeln.
Der Oberpriester, der Wêb, der Schatzmeister des Gottes, der Vorlesepriester Schu-enschi, der einzige aus der regionalen Priesterschaft, den Ptahmose kannte, und der *Metiensa* – kurz, die gesamte Priesterschaft wurde von den Vorbereitungen in Anspruch genommen.
Natürlich würden alle wichtigen Persönlichkeiten aus Auaris und Umgebung anwesend sein. Der Nomarch, Ptahmose als einziger Vertreter des Königshauses, der Untervorsteher der Königsurkunden, der Architekt der Königsdenkmäler, die Gattinnen und Töchter dieser wichtigen Leute, vor allem des Nomarchen, die sich nach erblichem Anspruch Prinzessinnen der Hathor nannten, Haushofmeister, Schreiber, Kinder, die das vorgeschriebene Alter hatten – sie alle

würden in strengster protokollarischer Ordnung defilieren und drei Tage mit Festlichkeiten, Banketten, Gesang und Tanz einleiten.
In acht Tagen müßte die Festung fertig sein, wenn alles gutging. Aber würde es so sein? Ptahmose mußte auf die Baustelle, um den Verlauf der Arbeiten zu überwachen. Vielleicht hatte Pichare endlich Vernunft angenommen, aber sicher war das nicht. Ptahmose verschob den Besuch der Baustelle auf später.
Er dachte nach, während er im Garten saß, abgekochte und durch Leinen geseihte Büffelmilch trank und langsam ein Honigbrot kaute. Seine beiden Dolche, gründlich gereinigt, lagen vor ihm. Ein Ibis setzte sich auf den Tisch und beäugte das Honigbrot. Ptahmose lächelte und legte dem Vogel ein Stückchen hin; der Ibis packte es und flog davon. Ptahmose sagte sich, daß er die arme Natter befreien sollte (denn es war eine Natter und keine Viper, die sich in seinem Sack ringelte), aber er war zu träge. Er fuhr sich mit der Hand übers Gesicht. Er war nicht mehr fünfzehn Jahre alt. Sein Körper schon, aber nicht mehr sein Inneres. Er hatte ein anderes Alter erreicht. Welches, konnte er nicht sagen. Das Alter der Müdigkeit, einer Müdigkeit, wie er sie noch nie gespürt und die er sich niemals hatte vorstellen können. Wieder hob er die Augen gen Himmel und fragte sich, ob Osiris wirklich über diesem Lande wachte. Ein ermordeter Gott! Dann also Amun? Aber mischte Amun sich in die Schurkereien der Menschen ein? Kümmerte ihn das überhaupt? Worum kümmerte sich Amun, wenn nicht darum, geliebt zu werden, damit er nicht starb? Denn Götter starben, wenn man sie vergaß.
Stimmen ließen ihn den Kopf wenden. Hape-nakht, vom Gebäude der Schreiber kommend, stand am Eingang des Gartens. Ptahmose musterte ihn so durchdringend wie möglich. War dieser Mann Komplize des Mordversuchs oder nicht?

Der Untervorsteher hob die Arme zum Himmel und zog eine schmerzerfüllte Miene. »Mein Prinz! Mein Prinz! Was muß ich hören?« rief er mit belegter Stimme.
Ptahmose musterte weiterhin sein Gesicht.
»Und die Mörder? Man sagt mir, sie sind tot! Du hast diese beiden Männer getötet? Amun persönlich beschützt dich! Ruhm unserem Gott!«
»Zweifellos«, erwiderte Ptahmose lakonisch.
Er ließ einen Stuhl bringen und bot Hape-nakht an, sich an seinem Frühstück zu beteiligen. Dieser akzeptierte und setzte sich schwerfällig; seine Miene war bestürzt. Was bedrückte ihn? fragte sich Ptahmose. Der Mordversuch oder aber die Tatsache, daß sich das mutmaßliche Opfer bei guter Gesundheit befand?
»Wie sind sie hereingekommen?« fragte Hape-nakht. »Deine Diener haben mir gesagt, daß du die Tore hast schließen lassen...«
»Offensichtlich über die Dächer.«
Hape-nakht blickte hinauf zu den Mauerkronen.
»Weißt du, ob der Nomarch kommt?« fragte Ptahmose.
»Er ist mit den Vorbereitungen für das Osiris-Fest beschäftigt, aber ich habe ihn selbstverständlich benachrichtigen lassen«, erwiderte Hape-nakht. »Natürlich wird er kommen.«
Ptahmose lachte kurz auf. Die Heuchelei in Unterägypten war so dick, daß man sie mit dem Messer schneiden konnte, sagte er sich.
Andere Stimmen ließen ihn erneut den Kopf wenden; es waren die Schreiber, die zur Arbeit kamen. Die Diener informierten sie über die Ereignisse der Nacht.
Ptahmose rief einen Diener und gab ihm den Befehl, den Polizeiobersten zu holen.
»Sobald die Polizei da ist, werden wir das Protokoll aufnehmen«, meinte Hape-nakht. »Wo sind die Leichname?«
»Es gibt nur einen Leichnam«, antwortete Ptahmose.

»Ist der andere entflohen?«
»Nein, er ist mein Gefangener.«
Hape-nakht sperrte den Mund auf.
»Er hat den Namen des Anstifters gestanden.«
Hape-nakht entfuhr ein Schrei. »Wieder Pichare?« rief er mit so schriller Stimme, daß man meinte, es sei die einer Frau.
»Nein, der Nomarch.«
Hape-nakht war zweifellos ein guter Schauspieler, aber es hätte vollendeter Kunst bedurft, um sein Aussehen anzunehmen: Er wurde aschfahl, und Schweiß lief ihm über das Gesicht, die Brust, die Beine. Er preßte sich die Hand aufs Herz, öffnete den Mund, wimmerte wie ein Kind und schloß dann die Augen. Er warf den Kopf nach hinten, und Ptahmose fragte sich, ob ihm schlecht werden würde. »Ist das möglich, bei dem Gott meines Vaters, ist das möglich!« murmelte er schließlich. Er trank einen Schluck Milch und befeuchtete sich die Lippen.
»Absolut möglich, wie du siehst. Warst du an dem Komplott beteiligt?« fragte Ptahmose ruhig und beugte sich zu Hape-nakht wie ein Arzt, der einen Kranken untersucht.
Entsetzen trat in die Augen des anderen, und er schüttelte hektisch den Kopf.
»Wie ... wie kannst du ... nein! Wie im Namen Amuns kannst du denken, daß ...«
»Aber du bist nicht überrascht, nicht wahr?«
Hape-nakht, fast in den letzten Zügen, schüttelte den Kopf.
»Du bist zu weit gegangen«, erklärte er.
»Ich mußte weit gehen oder aber meine Augen verschließen«, konterte Ptahmose. »Die Baustelle ist noch gar nichts in Anbetracht der übrigen Korruption.«
Hape-nakht sah entschieden verstört aus; es hatte ihm die Sprache verschlagen.
»Jedermann hat daran teil, nicht wahr? Die Priesterschaft ebenfalls?«

Hape-nakht schloß lange die Augen, bevor er sie schließlich wieder öffnete. »Die Korruption ist eine Sache«, antwortete er mit müder Stimme. »Sie ist unvermeidlich. Du bist jung und weißt nichts davon. Aber Mord ist etwas anderes. Nein, Herr, ich wußte von nichts. Aber ich habe noch mehr Gewalt erwartet, das gebe ich zu.«
»Horw-amun wollte die Sache schnell für sich entscheiden, nicht wahr?« fragte Ptahmose.
Hape-nakht zuckte die Achseln.
»Und Schu-enschi gehört offensichtlich auch zu dem Komplott?«
Hape-nakhts Schweigen und sein gesenkter Kopf genügten als Antwort.
Zehn Polizisten in Begleitung von einem Schreiber kamen nun und verneigten sich respektvoll vor Hape-nakht und Ptahmose. Ihr Oberst trat vor, ein gut gebauter Mann, auf dem Kopf das vorschriftsmäßige Tuch, das hinter den Ohren festgemacht war, mit anscheinend ehrlichem Gesicht – aber konnte man den Charakter noch nach dem Gesicht beurteilen? Er hatte eine Lanze in der Hand und einen langen Dolch umgebunden.
»Du hast uns rufen lassen, Herr«, sagte er.
Ptahmose erstattete Bericht über den Mordversuch. Nach den ersten Worten sah er, wie sich die Augen des Polizisten vor Bestürzung, dann vor empörtem Entsetzen weiteten. Der Polizist wich förmlich zurück. Seinen Untergebenen entging kein Wort des Berichts. Derselbe Abscheu stand auf ihren Gesichtern; er schien ehrlich. Die Polizei war also nicht in das Komplott verwickelt. Ptahmose hütete sich, zu rasch von seiner List zu sprechen und zu verraten, daß er die Mörder unter dem Bett versteckt erwartet hatte.
»Und die Mörder, Herr?« fragte der Polizeioberst.
»Der Leichnam des einen liegt hinter dem Haus.«
»Wer hat ihn getötet, Herr?«

»Ich«, erwiderte Ptahmose.
»Du hast zwei Mörder besiegt, nachdem sie dich schlafend überrascht haben, Herr? Wahrhaftig, du bist gesegnet von Amun und Osiris! Und der andere?«
»Der andere ist mein Gefangener«, erklärte Ptahmose, während die Polizisten um die Wette *gesegnet von Amun und Osiris* wiederholten.
Ihr Oberst schien überrascht. »Er lebt also?«
»Ja. Er hat den Namen seines Auftraggebers gebeichtet.«
Der Polizeioberst war sprachlos.
In diesem Augenblick kam der Nomarch, begleitet von sechs Wachen. Mit entschlossenem Schritt betrat er den Garten, gefolgt von seiner Eskorte – eine grobe Unhöflichkeit.
Ptahmose stand auf und hielt ihm mit lauter, kalter Stimme vor: »Nomarch, dies ist ein Privatanwesen, bewohnt vom Repräsentanten des Königs und des Regenten. Sag deinen Wachen, sie sollen draußen warten.«
Horw-amun betrachtete die Versammlung, den Polizeioberst und Hape-nakht, der sich bei seinem Eintritt nicht erhoben hatte.
»Dieser Mann«, wandte er sich an den Polizeioberst, »ist hierher gekommen, um Unfrieden zu säen und ...«
»Sag deinen Wachen, sie sollen draußen warten!« donnerte Ptahmose mit ausgestrecktem Arm.
Der Nomarch schien verblüfft. »Ich bin Statthalter von ...«
»Deine Wachen nach draußen, habe ich gesagt.«
Ein langer Moment der Stille folgte, ein Duell zwischen Blicken.
»Gut«, erwiderte der Nomarch und befahl seinen Wachen, den Garten zu verlassen und ihn draußen zu erwarten.
»Polizeioberst von Auaris, im Namen des Königs, folge mir«, ordnete Ptahmose an.
Offensichtlich unfähig, in diesem Klima ständiger Gewalt zu arbeiten, standen die Schreiber wie Statuen aufgereiht an

der Wand des Gebäudes, in dem ihre Schreibstuben lagen. Hape-nakht blieb mit übereinandergeschlagenen Beinen sitzen und schlürfte seine nunmehr kalte Milch. Der Nomarch warf ihm einen verblüfften Blick zu. Hape-nakht sah aus halb geschlossenen Augen verächtlich zu ihm auf.
»Ein verhängnisvoller Tag, Nomarch«, erklärte er. »Sehr verhängnisvoll.«
Währenddessen gingen Ptahmose und der Polizeioberst in die Küche, wo der verletzte Mörder unter Bewachung der Diener und zweier Lanzenträger auf dem Boden lag. Beim Eintritt der beiden Männer brach ein Entsetzensschrei aus seinem rotzbedeckten Gesicht hervor.
»Mörder«, befahl ihm Ptahmose, »sag dem Polizeioberst, wer dich dafür bezahlt hat, letzte Nacht einen Dolch in meinen Körper zu stoßen.«
Der Mörder begann zu weinen.
»Sprich!« herrschte der Polizeioberst ihn an. »Oder meine Männer werden dich zum Sprechen bringen.«
»Der Nomarch! Horw-amun!« schluckte der Mann, das Gesicht von Furcht entstellt.
Nur ein Wort und ein Name. Niemand außer Ptahmose hatte sie bisher gehört. Die Lanzenträger und Diener stießen einen Schrei aus. Der Polizeioberst wandte sich bestürzt Ptahmose zu.
»Das ist nicht möglich!« meinte er mit belegter Stimme. Er schluckte.
Der Nomarch war eben ins Zimmer getreten. Bei seinem Anblick stieß der Gefangene abgehackte, rauhe Schreckensschreie aus. Der Polizeioberst wandte sich dem Nomarchen zu und zeigte mit dem Finger auf ihn. »Du? Du? Du?« fragte er in ungläubigem Ton.
Der Nomarch blieb erstarrt stehen. Im Gegenlicht sah man nur seine Silhouette. »Dieser Mann lügt geschickt ...«, begann er. Dann schien er von einem Unwohlsein ergriffen, er öffnete den Mund, preßte die Hand aufs Herz, und seine Bei-

ne gaben unter seinem massigen Körper nach. Er stürzte zur Seite und röchelte einige Augenblicke. Der Polizeichef beugte sich mit gerunzelten Brauen über ihn. Ein paar Minuten später war der Nomarch regungslos und still. Der Polizeioberst tastete nach seinem Herzen.
»Er ist tot«, erklärte er und richtete sich auf.
Der Mörder stieß kurze Schreie aus.
Die Diener murmelten Zauberformeln.
Der Polizeioberst befahl zwei seiner Untergebenen, den Körper des Nomarchen aus dem Zimmer zu tragen und den draußen wartenden Wachen zu übergeben.
Hape-nakht, der immer noch im Garten saß, blickte sie an. Er beugte sich kaum zur Seite, um zuzusehen, wie der Körper des Nomarchen vorbeigetragen wurde. »Ein verhängnisvoller Tag, ich habe es gesagt«, wiederholte er.
Buto, in einen Mantel gehüllt, stand starr vor Entsetzen an die Gartenmauer gepreßt, als wolle sie darin verschwinden.
Der Polizeioberst betrachtete verstört den Garten. »Der Nomarch«, wiederholte er. »Der Nomarch selbst ...« Dann trat er hinaus, als glaubte er, draußen eine Antwort zu finden.
»Nun bist du Gefangener dieses Landes«, sagte Hape-nakht zu Ptahmose.
»Ich bitte dich jetzt«, antwortete Ptahmose, der versuchte, unter seiner Kälte zu verbergen, wie sehr ihn die Ereignisse dieser letzten Stunden erschüttert hatten, »jetzt bitte ich dich, mich auf die Baustelle zu begleiten.«
Er ging hinaus zum Polizeioberst. »Wenn es dir recht ist, nehmen wir das Protokoll in zwei Stunden auf.«
Als die vor dem Garten wartenden Wachen des Nomarchen den Leichnam ihres Herrn sahen, schrien sie erregt auf. Sie jammerten auch noch weiter, während man die Leiche auf eine Bahre zwischen zwei Maultieren lud. Da war also schon einer, der beim Osiris-Fest keinen Ehrenplatz haben

würde. Langsam ritt Ptahmose auf seinem Pferd an ihnen vorbei, vor und hinter ihm Lanzenträger. In kurzem Abstand trabte Hape-nakht auf seinem Maultier hinterher, gefolgt von seinen Dienern, die im Sand liefen.

Hinter ihnen lief eine Meute tobsüchtiger Hunde, die bellten und niesten. Man führt Krieg, wie man kann.

11

Der gesegnete Prinz

Als die kleine Schar auf der Baustelle ankam, war bereits die vierte Stunde nach Morgengrauen. Doch die Arbeiter machten keinen Finger krumm, mit Ausnahme von ein paar Steinschneidern, die einigen Blöcken noch den letzten Schliff gaben.
Hape-nakht brach in unpassendes Gelächter aus. Ptahmose wischte sich mit einem Tuch das Gesicht ab und hielt nach Pichare Ausschau. Er traf den Bauleiter auf einem Stein sitzend und Datteln essend an, einen Krug Wein neben sich im Schatten. Er scherzte mit zwei Männern, die dem Beispiel ihres Herrn folgten und sich Datteln und Wein schmecken ließen. Ptahmose ging auf ihn zu. Der andere bemerkte ihn, reckte den Hals und erstarrte mit aufgerissenen Augen, eine Dattel im Mund. Dann erbleichte er und murmelte: »Bei den Hausgöttern meiner Vorfahren! Im Namen von Anubis!«
»Weder deine Vorfahren noch Anubis haben etwas mit dieser Geschichte zu tun, Pichare«, erklärte Ptahmose ruhig. »Deine Arbeiter tun nichts.« Aber Pichare hatte es zweifellos die Sprache verschlagen. »Ja, ich bin es, den du siehst, Pichare. Deine Mörder haben mich nicht aus dem Weg geräumt. Der eine ist in der Hölle, der andere im Gefängnis. Horw-amun ist tot. Auf und an die Arbeit!«

Ptahmose fragte sich, ob Pichare dem Nomarchen in den Tod folgen würde. Er hatte die unnatürliche Farbe von staubigem Porphyr angenommen. Seine beiden Gefolgsmänner sahen nicht viel wohler aus.
»Horw-amun ist tot?« fragte der eine.
»Steh auf, Flegel, wenn du mit mir sprichst! Ja, Horw-amun ist seit einer Stunde tot. Wir suchen Schakale, die sein Fleisch fressen wollen, denn die Erde verweigert es.«
»Bei Anubis!« wiederholte Pichare.
Ptahmose trat mit dem Fuß gegen den Weinkrug, der umkippte und sich auf den Boden ergoß.
»Steh auf und mach dich an die Arbeit, sage ich dir. Entscheide dich zwischen der Arbeit und Anubis, der dich mit Sicherheit der Schlange Apophis ausliefern wird. Auf die Beine!«
Zitternd erhob sich der andere.
»Auf die Beine, ihr auch!« schrie er die beiden Gefolgsmänner an, die mit einem Satz hochsprangen, so daß die Datteln, die auf ihren Schurzen gelegen hatten, zu Boden kullerten. »Der Bau wird bis zum Osiris-Fest fertig sein, oder aber dieser Tag wird für euch der unseligste eures Lebens!«
Pichare schlug die Hände über seinem Kopf zusammen und begann zu schluchzen. »Ein Mann wie ich!« stammelte er.
»Ganz richtig, ein so verachtenswerter Mann wie du. Das Fest ist vorbei, Pichare. Dieser Bau muß in acht Tagen fertig sein. Gemäß meinen Befehlen.«
Die Gefolgsmänner waren bereits unterwegs, um die Männer wieder zur Arbeit zu treiben.
»Und ohne Peitsche!« rief Ptahmose. »Ich werde von dort drüben aus zusehen, wie du arbeitest!«
Die Apiru betrachteten ihn nun immer offener. Nicht mehr mit Furcht, sondern so, als erwarteten sie ein Zeichen von ihm. Auch er sah sie aus den Augenwinkeln an, überrascht, welche Bedeutung sie in seinem öffentlichen wie in seinem privaten Leben gewonnen hatten. Er betrachtete vor allem

die reifen Männer und fragte sich, ob sein Vater einem von ihnen geähnelt hatte. Ob einer von diesen nicht vielleicht ein Onkel oder Bruder war. Er hätte gerne einen Spiegel bei sich gehabt, um sich darin anzusehen und eventuelle Ähnlichkeiten zwischen sich und ihnen festzustellen.
Schließlich begab er sich zu der Palmengruppe, unter deren Schatten Hape-nakht stand und die Szene beobachtete. Auf halbem Wege blieb er stehen.
»Pichare!« rief er. Der andere drehte sich um. »Zähle auch nicht mehr auf Schu-enschi ...«
Er überblickte die Baustelle, bis ihm bewußt wurde, daß er nur noch die Apiru ansah. Die letzten Steine wurden bereits in den Baugruben verbaut. Die Maurer schlugen die letzten Pflöcke ein und zogen die Stricke fest. In dicken Wülsten drang der Mörtel zwischen den Steinen hervor. Die Fundamente und die Steinmauern der Befestigung und der Kasematten würden bis zur ersten Stunde nach Mittag fertig sein.
Er hatte genug davon, den Bauleiter zu spielen, und rief einen etwa vierzigjährigen Apiru herbei. »Du. Du, dort drüben ...«
Überrascht richtete der Mann sich auf. Ptahmose mußte seinen Ruf wiederholen, dann kam der Mann herbei. Ein muskulöser Körper ohne eine Unze Fett, natürlich, woher auch! Ein flächiges Gesicht. Fiebrige Augen unter buschigen Augenbrauen.
»Wie heißt du?«
»Issar.«
»Weißt du, wer ich bin?«
Der Mann nickte langsam.
»Du bist Ptahmose, der gesegnete Prinz.«
Der gesegnete Prinz. Ptahmose blieb unbewegt.
»Issar, sag Pichare, daß ich heute nachmittag nach der Fertigstellung der Mauer den gesamten Maurertrupp, die Zimmerleute und genügend Ziegelarbeiter auf dieser Baustelle

haben will, damit die restlichen Ziegel geformt werden, die man noch braucht. Die Errichtung der oberen Mauern muß noch heute beginnen. Hast du verstanden?«
Der Mann wiederholte die Befehle. Er sprach wie ein Ägypter, mit dem leicht singenden Akzent Unterägyptens, den Ptahmose zu erkennen begann. Ptahmose nickte. »Ich komme gegen Ende des Nachmittags, um mich zu vergewissern, was getan worden ist.«
Der Mann sah ihn an und ging. Ptahmose sah ihm nach und beobachtete, wie er mit Pichare sprach, der sich nicht einmal umdrehte. Er rief zwei Lehrlinge, zweifellos um sie zu beauftragen, die drei geforderten Berufsgruppen zu holen.
»Die höchste Beleidigung«, meinte Hape-nakht, »ihm deine Befehle durch einen Apiru mitteilen zu lassen!« Er lachte kurz auf. Ptahmose ging nicht auf die Bemerkung ein, sagte sich aber, daß Hape-nakht ein wenig zu sehr den Unbeschwerten spielte; er vergaß wohl, daß er gut davongekommen war.
»Der Bau wird rechtzeitig fertig sein, mein Prinz«, fuhr Hape-nakht fort. »Amun und Thot überhäufen dich mit ihren Wohltaten! Der eine hat dir die Autorität gegeben, der andere die Weisheit. Dank sei den Göttern! Dank sei dem Scharfblick des Königs und des Regenten! Du bist seit zwei Tagen hier, zwei Tage nur, und du hast fertiggebracht, was ein gewöhnlicher Sterblicher in einem Jahr nicht geschafft hätte! Verzeih mir, mein Prinz, wenn ich dir hier meine tiefe Bewunderung ausdrücke!«
Ptahmose hörte sich diese Komplimente ruhig an. Bei Hape-nakht gab es nichts umsonst.
»Aber andere Probleme bleiben«, fuhr dieser auch tatsächlich fort. »Wir brauchen einen Nachfolger für den Nomarchen. Vorläufig wird das der Vorsteher der Beamten des Verwaltungsbezirks sein, aber die Bestätigung wird in Memphis vorgenommen. In ein paar Wochen erst, nehme ich an.«

»Und ich vermute, daß der stellvertretende Nomarch zum selben System gehört wie Horw-amun«, erwiderte Ptahmose.
»Ganz richtig, mein Prinz. Er wird eine Zeitlang vorsichtiger sein, weil er sich vor dir in acht nimmt, aber die Katze läßt das Mausen nicht. Und dann gibt es noch die Priesterschaft.«
»Die Priesterschaft...«, wiederholte Ptahmose, der noch weitere Erklärungen erwartete.
»Die Priesterschaft ist in diesem Land sehr wichtig, vielleicht weißt du das schon, verzeih meine Ungehörigkeit. Die Priesterschaft des unteren Landes ist noch unabhängiger als die des oberen, weil sie dem Auge der königlichen Macht lange Zeit entronnen ist. Du kannst sie nicht behandeln, wie du Horw-amun behandelt hast. Behalt im Gedächtnis, daß Schu-enschi die Beleidigung, die du ihm zugefügt hast, nicht vergessen wird. Der Oberpriester muß sehr verärgert sein, aber er wird es nicht zeigen.«
Der Oberpriester. Ptahmose hatte ihn noch nicht gesehen. Ein weiterer Heuchler, der sein Amt mißbrauchte. Vielleicht sogar ein Komplize des Mordversuchs in der Nacht. Ptahmose wurde wieder bewußt, wie allein er war. Letztendlich war der gesegnete Prinz nur ein Apiru hohen Ranges, den Ränkespielen des ganzen Unterlandes ausgesetzt. Dieser schleimige Schuft Hape-nakht war schließlich kein Dummkopf.

12

Gerüchte und flüchtig gestreifte Probleme bei einem kurzen Besuch in Auaris

Sie mußten zurück in die Stadt, um das Protokoll des Attentats aufnehmen zu lassen. Man wartete schon auf sie. Als alles in zwei Exemplaren – eines für die untergeordnete Leitung der Königsurkunden, das andere für die Polizei des Verwaltungsbezirks – ausgefertigt und unterzeichnet war, informierte der Polizeioberst Ptahmose, daß er entschieden habe, sechs Männer zur Überwachung seines Hauses abzustellen, drei vorne, drei hinten.
Ptahmose nahm die Neuigkeit mit einem leichten Lächeln auf. »Der Feind ist unsichtbar«, sagte er.
Die Augen des Polizisten verrieten, daß ihm der Satz rätselhaft schien. »Herr«, erwiderte er, »du sprichst vom Unsichtbaren, aber der Attentäter, dessen Dolch du abwenden konntest, hat etwas gestanden, das uns verwirrt. Er sagt, als er glaubte, dir den Dolch in den Leib zu stoßen, habe er ihn nur in einen Geist gestoßen, was ihn immer noch mit Schrecken erfüllt.«
Ptahmose lächelte. »Auf meinem Bett lag unter dem Leintuch nur eine zusammengerollte Decke, die den Körper eines Menschen vortäuschen sollte.«

Hape-nakht brach in Gelächter aus und schlug sich auf die Schenkel.
»Und wo warst du, Herr?«
»Unter dem Bett.«
Hape-nakht lachte noch lauter. Auch einer der Schreiber ließ seiner Erheiterung freien Lauf. Der Polizist wirkte verblüfft. »Aber warum? Du hast also erwartet, daß die Attentäter kommen würden?«
Ptahmose nickte, immer noch lächelnd. »Kennst du dieses Land nicht? Weißt du nicht, was hier ausgeheckt wird, Polizist?«
»Ich bin aus Memphis hierhergekommen, Herr, ursprünglich stamme ich aus Theben. Erst vor acht Wochen bin ich auf Befehl des Regenten hierher abgeordnet worden. Nein, ich weiß nicht, was hier gespielt wird.«
Ptahmose nickte erneut. »Und woher sind deine Männer?«
»Von hier.«
»Nun, dann entbinde sie von der Bewachung meines Hauses. Sie scheinen mir eher gefährlich als nützlich.«
Der Polizist brauchte einen Augenblick, um Ptahmoses Worte zu verarbeiten. Sein Blick ruhte auf dem Prinzen. Dann zog er eine Grimasse. »Ich stehe unter deinem Befehl, Herr«, seufzte er.
Die Einheit der beiden Länder war noch lange nicht erreicht, dachte Ptahmose.
Da das Wetter milde war und Ptahmose bisher nur einen sehr flüchtigen Eindruck von Auaris hatte, bat er Hape-nakht, ihn auf einen Ritt durch die Stadt zu begleiten. Sie brachen in Richtung Süden auf. Dieser Weg führte sie am Haus des Nomarchen vorbei. Eine lange Menschenschlange wartete vor der Tür, die Vornehmen und die von Horwamun Abhängigen, die kondolieren und sich vor der sterblichen Hülle des bis vor kurzem mächtigsten Mannes in Unterägypten verneigen wollten. Die bedeutende Stellung der meisten Besucher verriet den Einfluß seines Clans und ließ

Ptahmose nachdenklich werden. All diese Leute hatten nicht damit gerechnet, daß er seine Haut retten könnte.
Nach kurzer Zeit blieb Hape-nakht vor einer kleinen Baustelle stehen. »Das soll dein Wohnhaus werden«, erklärte er.
Das Haus lag an einer Art Allee, etwas nach hinten versetzt, in einer grünen, schattigen Umgebung; Maulbeer-, Granatäpfel- und Feigenbäume wuchsen hier. Es versprach geräumig und angenehm zu werden. Aber es stellte Ptahmose vor eine Frage, auf die er keine Antwort wußte. Würde er in Unterägypten bleiben? Die Leute hier wollten ihn nicht haben. Aber die Aussicht, nach Memphis zurückzukehren, sagte ihm auch nicht mehr zu. Wenn er vor Beendigung des Auftrags, den der König und Ramses ihm gegeben hatten, dorthin zurückkam, würde man sagen, er sei gescheitert. Und im übrigen, was sollte er in Memphis tun? Feste veranstalten? Ein ausschweifendes Leben führen? Das Los eines Prinzen war mit dem eines Offiziers vergleichbar: immer auf Feldzug. Es war nicht leicht, fünfzehn Jahre alt zu sein, sagte er sich ...
Sie setzten ihren Weg fort, und Ptahmose fragte sich, wer ihn haben wollte. Seine Gedanken gingen sogar noch weiter; er fragte sich, warum er geboren war. Gab es denn Menschen, die einem erklärten, warum man geboren wurde? Er war niemals auf so jemanden gestoßen. Amsetse hatte davon nicht ein Wort gesagt. Lebten die Menschen also wie die Tiere, um ihre Bedürfnisse zu befriedigen und Gebiete zu erobern?
Wenig später kamen sie an einem Tempel vorbei, an dem ungewöhnliche Arbeiten vorgenommen wurden: Steinmetze standen auf Gerüsten und entfernten mit dem Hammer Ornamente und Inschriften von Mauern, Pylonen und Obelisken; andere stellten neue Statuen aus frisch geschnittenem und poliertem Stein auf, die in Kontrast zu dem Gebäude standen, das die Patina vieler Jahre angenommen hatte. Drei

Architekten mit Plänen in der Hand gingen in dem Tempel umher und überwachten die Arbeiten.
Ptahmose blieb stehen und versuchte, die Inschriften zu entziffern, die noch nicht abgehämmert waren.
»Echnaton ...« gelang es ihm blinzelnd zu lesen.
Hape-nakht betrachtete ihn ein wenig spöttisch.
»Wer war Echnaton?«[1] fragte Ptahmose. Diesen Namen hatte Amsetse, der ihm immerhin Rudimente der Geschichte seiner Ahnenreihe vermittelt hatte, nie erwähnt.
»Ein König, über den man nicht spricht«, antwortete der Untervorsteher der Königsurkunden.
»Und warum?«
»Weil er die Priesterschaft verärgert hat«, antwortete der andere mit boshaftem Blick.
»Was hat er getan?«
»Er hat alle Götter Ägyptens abgeschafft.«
Ptahmose war baß erstaunt. »Alle Götter?« Dieses Unterfangen schien ihm verstiegen, undenkbar und blasphemisch.
»Fast alle, mit Ausnahme eines einzigen, Aton.«
»Warum?«
Hape-nakht zuckte die Achseln. »Manche sagen, das sei unter dem Einfluß der Apiru gewesen.«
Einer der Architekten erkannte Hape-nakht und kam heraus, um Artigkeiten mit ihm auszutauschen. Hape-nakht erklärte ihm, wer Ptahmose war, und der Architekt verneigte sich dreimal vor ihm.
»Ich bin geehrt durch das Interesse, das mein Herr an der Renovierung dieses Tempels zeigt«, erklärte der Architekt. »Wie er sehen kann, wird der Tempel dem Gott geweiht, der meinem Herrn seinen Namen gegeben hat, und er wird in wenigen Tagen fertig sein. Mit ein wenig Glück vielleicht sogar bis zum Osiris-Fest.«
Ptahmose nickte, zog eine Miene, als sei er über das Unternehmen informiert, wagte aber aus Angst, sein Unwissen zu verraten, nicht den geringsten Kommentar zu äußern.

»Es ist einer der wenigen Tempel in Unterägypten, die man renovieren mußte«, fügte der Architekt hinzu.

Ptahmose bemühte sich um einen verständnisvollen Gesichtsausdruck. Als sie weiterritten, fragte er: »Die Apiru haben also einen einzigen Gott?«

Hape-nakht kniff die Augen zusammen und ließ sich Zeit mit der Antwort. »Man hat dich also nie über die Religion der Apiru unterrichtet?«

Ptahmose begriff die Anspielung und fragte sich, wie Hape-nakht wissen konnte, daß er, Ptahmose, einen Apiru zum Vater hatte. »Nein«, antwortete er schroff. »Im Palast wurde darüber nicht gesprochen. Mein Lehrer hatte ebenfalls keinen Grund, mir etwas darüber zu sagen. Warum stellst du mir diese Frage?«

»Das bleibt unter uns. Schu-enschi hat einen Boten nach Memphis geschickt, um sich über dich zu informieren. Die Priesterschaft dort hat ihm gesagt, daß dein Vater ein Apiru gewesen sein soll.«

»Und ich nehme an, er und seine Amtsbrüder behaupten nun, aus diesem Grund würde ich die Apiru verteidigen?«

»Das ist sein gutes Recht«, lächelte Hape-nakht. »Aber warum sollte dich das kümmern? Das Sendschreiben unseres göttlichen Königs erteilt dir den Titel Prinz, ebenso wie es deinen Auftrag bestätigt.« Sie erreichten das Händlerviertel. »Ich habe Durst«, meinte Hape-nakht. »Erlaubst du mir, daß ich dir ein Glas Met oder Tamariskensaft anbiete?«

Sie stiegen von ihren Reittieren, und in der überdachten Gasse, in die sie traten, vor und hinter sich je einen Lanzenträger, verbreitete sich die Aufregung sofort von einem Laden zum nächsten. Hochgestellte Persönlichkeiten waren da! Die Neugierigen drängten sich um die Besucher, um diese phantastischen Persönlichkeiten, die sie bei den Feiern nur von fern sahen, aus der Nähe zu betrachten. Aus den Fenstern beugten sich die Gesichter von Frauen und jungen Mädchen. Ein Junge von vier oder fünf Jahren klammerte sich trotz der Schreie und Vorwürfe seiner Mutter mit beunruhigender Vertraulichkeit an Ptahmoses Schurz. Ptahmose nahm ihn auf den Arm, und das strahlende Kind brach in Lachen aus, schlang Ptahmose den Arm um den Hals und grüßte die Menge, als sei es zum Prinzen gemacht worden. Ladenbesitzer, Kunden, Käufer und Bauern betrachteten verblüfft diese Szene. Auch Hape-nakht schien erstaunt, den Prinzen mit einem Kind aus dem Volk auf dem Arm zu sehen.

»In Memphis nehmen die Prinzen also Kinder aus dem Volk auf den Arm?« fragte er, als Ptahmose das Kind vor dem Laden des Getränkehändlers auf den Boden setzte.

»Ich erinnere mich nicht«, erwiderte Ptahmose. »Aber warum sollten sie es nicht tun?«

Er konnte es nicht sagen, wollte es sich kaum selbst eingestehen, aber die Berührung des Kindes an seiner Brust und die Freude des kleinen Bengels schienen ihn mit neuem Lebensmut zu erfüllen. Die schändlichen Ereignisse der beiden letzten Tage waren dadurch fast ausgelöscht. Einige Augenblicke lang hatte er das Bild eines anderen Lebens gehabt. Und darauf sollte er verzichten? In wessen Namen?

Ptahmose entschied sich für Bier. Seine Begleiter, acht Männer insgesamt, folgten höflich seinem Beispiel. Hape-nakht ließ sich einen Krug Bier geben, und der Verkäufer, verwirrt von der Ehre, die ihm zuteil wurde, hatte Mühe, zwei Gläser zu finden. Auf der festgetretenen Lehmstraße stehend, reichten sich die übrigen den Krug weiter und tranken nach Herzenslust. Das Bier war kühl, ein wenig bitter und pikant, es hatte kaum Ähnlichkeit mit dem Bier, das man im Palast von Memphis trank, aber Ptahmose freute sich zu probieren, was die einfachen Leute tranken. Zum ersten Mal befand er sich unter dem Volk Unterägyptens, und es war anders. Die Sprechweise war singender, die Haltung weniger streng als in Memphis, wenn nicht gar rundweg widerspenstig, und die Menschen sahen auch anders aus. Die Leute in

Auaris hatten hellere Haut, manchmal Schlitzaugen, die auf die Abstammung von den Hyksos hindeuteten, und ihre Gesichtszüge, vor allem die der Frauen, waren feiner.

»Es gibt nur drei wahre Mächte in diesem Land«, erklärte Hape-nakht völlig unerwartet, »den König, die Armee und die Priesterschaft.«

Zweifellos grübelte er schon seit einer Weile über diese Erklärung nach, und die Pause, um etwas zu trinken, war nur ein Vorwand gewesen, um sie loszuwerden. Aber was wollte er damit ausdrücken, fragte sich Ptahmose. Er begriff nicht ganz, was der andere meinte.

»Du hast die königliche Macht mit der Priesterschaft in Konflikt gebracht«, fuhr Hape-nakht fort. »Die Priesterschaft wird sich nicht geschlagen geben.«

Nun verstand Ptahmose. Sein Sieg in achtundvierzig Stunden war zu leicht gewesen. Er würde nicht von Dauer sein. Der Schlaukopf Hape-nakht hatte die Situation in diesen flüchtigen Bemerkungen ganz richtig zusammengefaßt. Ein Prinz, der ein halber Apiru war, hatte gegenüber der Priesterschaft Unterägyptens kein Gewicht, zumindest in Hape-nakhts Augen.

Er nickte. Er hatte genügend gesehen und gehört und wollte nach Hause. Oder vielmehr ins Haus seines Gastgebers.

»Ich habe die Gerichtsbarkeit des Königs angewandt«, sagte er, als er sein Glas auf dem feuchten Fensterbrett abstellte. »Es ist nicht meine Schuld, wenn die Priesterschaft sich mit Feinden dieser Gerichtsbarkeit verbündet hat. Du hast viel Erfahrung, Hape-nakht, und ich danke dir, daß du sie mit mir teilst. Du bist auch sehr gewitzt und listig. Vielleicht sogar zu sehr.«

Der Verkäufer verhaspelte sich wieder in Komplimenten und Beteuerungen seiner Unterwürfigkeit. Ptahmose stieg mit Hilfe eines seiner Diener in den Sattel und ritt sehr vorsichtig aus der engen Gasse, um nicht hier einen Stand oder dort eine Alte umzustoßen, die einen Milchkrug auf dem

Kopf trug. Auf dem Rückweg lief ihm derselbe kleine Bengel nach. Ptahmose blieb stehen, zog ihn an den Armen hoch und setzte ihn vor sich in den Sattel. Das Kind jauchzte vor Freude. Das war immerhin Glück, jemandem eine solche Freude zu bereiten.

Am Ausgang des Händlerviertels hielt Ptahmose erneut an und half dem Jungen wieder vom Pferd. Er lief ihm noch nach und warf ihm Kußhände zu. Ptahmose lächelte noch einen großen Teil des Weges darüber. Bis zu dem Augenblick, als ihm einfiel, daß er keinen Vater gehabt hatte, dem er solche Kußhände hätte zuwerfen können, was seine Stimmung mit einem Schlag verdüsterte.

13

Die Gans

Als er zurück war, den Kopf umnebelt von Staub und nicht zu Ende gedachten Gedanken, verlangte er ein heißes Bad. Buto hatte sich in den Garten gewagt und unterhielt sich leise mit den Frauen zweier Diener, die zu ihren Füßen saßen; fragend wandte sie ihm den Blick zu. Die Schreiber waren am Ende ihres Arbeitstages gegangen. Kein Leichnam, kein verletzter Attentäter lagen mehr im Haus. Die Katzen strichen um die Küche herum. Es war fast ein Bild häuslichen Glücks.
Als Ptahmose die Tür des Badezimmers aufstieß, kam der älteste der Diener, der mit der Küche betraut war, ein Mann mit einem vom Feuer ausgedorrten Gesicht, herbeigelaufen.
»Herr, während deiner Abwesenheit hat man dies hier gebracht«, erklärte er und zeigte ihm eine gebratene Gans. Er hatte sie auf eine blaue Steingutplatte mit einem Rankenmuster gelegt. Das Blau unterstrich die goldene, knusprige Haut des Geflügels, die von dem geschmolzenen und wieder erkalteten Fett ähnlich glänzte wie die Glasur der Platte.
»Wer hat sie gebracht?«
»Ein Apiru, Herr.«
»Wie sah er aus?«

»Ein alter Mann.«
»Woher weißt du, daß es ein Apiru war?«
»Herr«, rief der Diener, »man erkennt sie doch!«
Ptahmose betrachtete die Gans noch einen Augenblick.
»Sehr schön«, sagte er dann. »Wärme sie auf und serviere sie uns als Abendessen.«
Während seines Bades versuchte er sich die Beratungen und heftigen Debatten vorzustellen, die der Entscheidung, einem Prinzen der Verwaltung eine gebratene Gans zu schenken, vorangegangen waren. Es hatte sicher mehr als zwei Stunden gedauert, die Gans zu schlachten, auszunehmen, zu rupfen und zu braten, dann hatte man sie noch hierherbringen müssen. Man hatte damit also wohl begonnen, während er in Hape-nakhts Begleitung Auaris besichtigte.
Die Gans wurde mit einer Weizensuppe und einem Salat verspeist. Buto, die sich langsam beruhigte, schnitt sich ein Stück von der Gänsebrust ab, das sie köstlich fand. Es sei ihre erste friedliche Mahlzeit, seit sie in Auaris angekommen sei, fügte sie hinzu. »Glaubst du, daß wir heute nacht ruhig schlafen werden?« fragte sie.
Er lachte kurz auf. »Ich glaube, wir haben sie ins Bockshorn gejagt.«
»Wer sind sie?«
»Leute, die ich störe.«
»Warum störst du sie?«
»Weil ich die Gerichtsbarkeit des Königs anwende.«
Diese Begriffe waren vielleicht ein wenig zu abstrakt für sie.
»Ich will zurück nach Memphis«, erklärte sie.
»Wir werden bald zurückkehren.«
Ein konfuser Nebel von Gedanken und Ahnungen, geprägt durch eine melancholische Sicht der menschlichen Natur, waberte ihm durch den Kopf, und er versuchte, ihm Gestalt zu verleihen. Was wollte der Mensch? Seine Bedürfnisse befriedigen, und wenn sie befriedigt waren, größere ersinnen, und immer so fort. Die beiden Katzen, die vor der Küche

voller Begeisterung die Reste der Gans zerfetzten, brauchten lediglich ein Dach und einen vollen Magen. Der Wunsch nach einer Herde von Mäusen suchte den Schlaf der Katzen nicht heim – der Gedanke belustigte Ptahmose.
Buto wollte mit Ptahmose schlafen. Ptahmose fühlte sich durch ihr Angebot weder verführt noch abgestoßen. Man schlief mit einer Frau, um zu zeugen, ansonsten bedeutete es nur einen Drang nach Eroberung, also ein Unbefriedigtsein. Er antwortete, daß er später zu ihr kommen werde, und ging hinaus zu einem Spaziergang über die Felder, die bei der Robinie hinter dem Haus begannen.
Ibisse hatten sich für die Nacht auf den Ästen der Robinie niedergelassen, kleine weiße Gespenster, die in der Sicherheit des Laubwerks kauerten, hoch über den Füchsen und Katzen und geschützt vor Falken. Mehrere Diener saßen auf Matten unter dem Baum um ein Feuer herum, vor dem Nebengebäude, in dem ihre Wohnräume lagen. Es war ein Feuer aus Kuhfladen und trockenem Gras, das einen moschusartigen Duft verströmte und hin und wieder plötzlich aufflackerte, so daß einzelne Funken bis zu den niedrigeren Ästen aufstoben. Die Diener knabberten Datteln, Lupinenkerne, gedörrte Aprikosen und Erdnüsse; sie tranken Palmwein und tratschten. Ptahmose hatte in seiner Kindheit oft genug solches Geschwätz zwischen den Dienern und den Ammen des Palastes mitangehört. Diese Leute verbrachten Stunden damit, die kleinsten Details im Leben ihrer Herren zu berichten, zu kommentieren, zu erörtern und wiederzukäuen. Es war wie ein zweiter Beruf, aus dem sie eine primitive und trübselige Weisheit zogen. Als sie ihn vorbeikommen sahen, senkten sie ihre Stimmen und wandten ihm den Blick zu. Er nickte ihnen grüßend zu und spazierte weiter bis zu den Obstgärten mit den Mandel- und Mangobäumen, die sicherlich Hape-nakht gehörten. Die Nacht funkelte sternenklar.
»War die Gans gut?«

Die Stimme, ein wenig rauh, hatte einen singenden Tonfall. Die Ungezwungenheit und der Wortlaut der Frage ließen Ptahmose wie angewurzelt stehenbleiben. Da sein Blick gen Himmel gerichtet gewesen war, hatte er die Männer nicht gesehen. Beide saßen auf einer Matte auf dem Boden, einen Beutel Datteln zwischen sich. Er wandte sich ihnen zu, insgeheim froh, daß er wenigstens einen Dolch bei sich trug.
Doch die Männer schienen ihn nicht angreifen zu wollen. Sie erhoben sich langsam, und Ptahmose erkannte den ersten. Es war Issar, der Apiru von der Baustelle.
»Die Gans war sehr gut. Hast du sie mir bringen lassen?«
Issar wandte sich an seinen Begleiter, und Ptahmose nahm verschwommen einen älteren Mann wahr. Einen weißen Bart und zweifellos graues Haar.
»Lumi, mein Vater.«
Einen Augenblick lang blieben sie schweigend stehen.
»Ich danke dir«, sagte Ptahmose.
»Wenn es um Dank geht, so danken wir dir«, erwiderte Lumi. »Die Baustelle der Festung ist nicht die einzige in Ägypten, und die Apiru in Unterägypten sind weit zahlreicher als die auf der Baustelle. Aber du hast bewirkt, daß die Apiru zum ersten Mal nicht wie Hunde behandelt werden.«
»Ihr habt mich also hier erwartet?« fragte Ptahmose.
»Wir haben uns gesagt ...«, begann Issar. Er suchte nach Worten. »Wir haben uns gesagt, daß hier eine Absicht waltet ... Daß du bestimmt suchen würdest ...«
Ptahmose verstand nicht.
»Wir haben alle Berichte gehört«, unterbrach Lumi, »über den Mordversuch, über deinen an ein Wunder grenzenden Sieg, über den Tod Horw-amuns. Das alles zeigt, daß der Herr seinen Blick auf dich gerichtet hat. Wir haben uns gesagt, daß der Herr dich auf die Suche nach uns schicken würde.«
»Der Herr?« wiederholte Ptahmose, der nicht ganz verstand, worauf sich das Wort bezog.

»Der Herr«, sagte Lumi noch einmal. »Der Herr Abrahams.«
»Wer ist Abraham?« fragte Ptahmose.
»Derjenige, der als erster den Ruf des Herrn vernommen hat.«
»Wollt ihr sagen, dieser Herr ist euer Gott?«
»Ja, er ist unser Gott«, antwortete Lumi. »Der Gott, der seinen Blick auf dich gerichtet hat. Der Gott, dessen Sohn du bist.«
»Dessen Sohn ich bin?« rief Ptahmose verwirrt.
»Wir sind alle seine Kinder«, antwortete Lumi. »Alles auf der Erde ist seine Schöpfung.«
»Im Augenblick sorgt er nicht besonders gut für euch«, bemerkte Ptahmose, der sich wieder faßte.
Lumi senkte den Kopf. »Nein, er sorgt im Augenblick nicht sehr gut für uns. Aber vielleicht bist du das erste Zeichen für unsere Befreiung. Vielleicht ist es sein Wille, daß unsere lange Prüfung endlich ein Ende nimmt. Seit Joseph hat niemand eine Hand zu unseren Gunsten erhoben.«
»Ich weiß gar nichts von eurer Geschichte«, erklärte Ptahmose und schluckte. »Wer ist Joseph?«
»Der erste von uns, der nach Abraham in dieses Land gekommen ist.«
»Wozu ist er gekommen?«
»Er ist nicht ganz freiwillig gekommen. Er war der Liebling seines Vaters Jakob. Seine Brüder waren deshalb eifersüchtig auf ihn. Sie haben ihn an Händler in der Wüste verkauft, und er kam als Sklave hierher. Das ist lange her, zur Zeit dieser Könige, die Ägypten erobert hatten.«
Eine Manguste, die hinter einer Schlange her war, sprang zwischen ihren Beinen hindurch. Nur ein paar Ellen weiter hatte sie ihre Beute erwischt, und die heftigen Kopfbewegungen zeigten, daß sie die Schlange mit scharfen Zähnen zerfetzte. Es war seltsam, welche nicht zu unterdrückende Abneigung die Mangusten gegen Reptilien hegten.

»Und warum seid ihr ihm dann nachgekommen, wenn er doch ein Sklave war?« fragte Ptahmose.
Issar holte den Beutel mit Datteln, der auf der Matte lag, und reichte ihn Ptahmose, der sich eine Dattel herausnahm und sie kaute, während er auf Lumis Antwort wartete.
»Joseph war am Hof des Pharaos sehr mächtig geworden. Er wußte Träume zu deuten, und der Pharao hatte ihm sein Vertrauen, dazu aber auch große Reichtümer geschenkt. Joseph ließ seine Familie nachkommen. Damals war Ägypten gastfreundlich.«
»Er hat die Familie nachkommen lassen, die ihn als Sklaven verkauft hatte?« fragte Ptahmose.
»Genau diese. Hat man dir diese Dinge nie berichtet?«
»Nein. Warum hätte man sie mir berichten sollen?«
Die beiden Männer musterten Ptahmose, so gut es in der Dunkelheit möglich war. Sie schienen überrascht. Sie wußten wohl, daß sein Vater ein Apiru war, erriet er. Er warf den Dattelkern fort und sagte sich, an diesem Tag und in dieser Nacht hätte er wirklich einen ganzen Sack mit nicht zu Ende gedachten Gedanken füllen können. Datteln mit nicht auffindbaren Kernen.
»Möchtest du mehr darüber wissen?« fragte Lumi.
Ptahmose brauchte ein wenig Zeit, bis er antwortete. »Warum nicht?« entschied er schließlich.
»Treffen wir uns morgen abend wieder hier, um dieselbe Zeit.«
Was wollten diese Leute? Aber andererseits, was hatte er zu verlieren, wenn er sich Geschichten anhörte?
Er nickte, und sie gingen. Eine lange Weile sah er ihnen nach, zwei dunkle Silhouetten unter dem Sternenhimmel. Er ging zurück, um sich schlafen zu legen. Nur noch zwei Diener saßen neben dem verglimmenden Feuer.
Buto fühlte sich offensichtlich gekränkt, weil sie die vorangegangenen Nächte alleingelassen worden war. Wozu war sie denn da, fragte sie, wenn nicht, um ihrem Herrn Lust zu

bereiten? Er war jung, er hatte heißes Blut, gut, er ließ sich Lust bereiten. Ein Frauenkörper war etwas Angenehmes. Eine Art menschliche Katze, bei der während des Geschlechtsverkehrs einige Teile ihre Beschaffenheit änderten. Warum wurden die Brustwarzen und die Knospe des Geschlechts hart? Bewirkte das ein Zustrom von Blut, so wie bei ihm? Und was hatte sie im Innern ihres Bauches, das notwendig schien, um bei ihnen beiden diese schmerzhaftlustvolle Krise auszulösen, die sich teilweise in einem Erguß von Flüssigkeiten aufhob?
Was verbarg sich hinter der Frau als solcher?
Er erlebte erneut diesen Traum, den er schon einmal geträumt hatte, diesen Traum, in dem er sich allein in einem gleißenden Licht befand. Aber diesmal war er allein auf einem Feld, nachts unter den Sternen. Und eine Menschenmenge drängte sich um ihn. Die Sterne funkelten noch heller. Ja, sie würden bald aufflammen, zu lodern beginnen ...

14

Die Worte des blinden Priesters

Zum ersten Mal in seinem Leben hatte Ptahmose das Gefühl, daß die Sonne drückend sein konnte. Sie erleuchtete die Welt zu grell, zeigte zu deutlich, wie undurchsichtig sie war, wies nicht die Wege der Seele. Das Gespräch im Dunkel der vorherigen Nacht schien ihm klar im Vergleich zu der nun schon vertrauten Landschaft, die sich rechts und links des Wegs erstreckte, der zur Baustelle der Festung führte.
Der Anblick der Baustelle hätte ihn aufrichten sollen. Mit den Ziegelmauern ging es voran, das ließen die Gerüste erkennen. Maurer und Zimmerleute errichteten Reihe um Reihe zwischen den hölzernen Stützbalken. In wenigen Tagen konnte die Garnison, die in verschiedenen Kasematten untergebracht war, wie Hape-nakht ihm gesagt hatte, hier einziehen. Er konnte also nach dem Osiris-Fest nach Memphis zurückkehren.
Suchend sah er sich nach Pichare um und fand ihn weit entfernt, mit dem gealterten Gesicht eines besiegten Mannes. Der Bauleiter hatte ihn gesehen und nur den Kopf abgewandt. Für Ptahmose war das keinerlei Befriedigung. Die Niederlage anderer erschien ihm immer nur als Vorwegnahme seiner eigenen. Schon seit seiner Kindheit war das so.

Als er einmal bei einem Streit einen seiner Brüder niedergeschlagen hatte, war er sofort zu ihm geeilt, um ihm aufzuhelfen und ihn zu fragen, ob er sich weh getan hatte. Das würde er allerdings bei Pichare nicht tun; die Partie war noch nicht beendet. Und es war sehr zweifelhaft, ob der grobe Bauleiter ein solches Mitleid zu schätzen wüßte.

Die Architekten sahen ihn, und ihr Vorsteher kam und verbeugte sich vor Ptahmose, um ihm zu versichern, dank des großen Scharfblicks des königlichen Boten gehe es mit den Arbeiten emsig voran. Ptahmose gab vor, sich dafür zu interessieren, und fragte, welche Höhe die Mauern am Ende haben würden. Einundzwanzig Ellen, erwiderte der Architekt. Der Wehrgang würde fünf Ellen weiter unten verlaufen. Ptahmose hatte nur eine sehr verschwommene Vorstellung, was ein Wehrgang war, hielt sich aber nicht länger damit auf. Zweifellos war es der Weg, auf dem die Späher und Bogenschützen sich aufhalten würden. Er nickte. Der Architekt hielt ihn wohl für allwissend.

In einiger Ferne kauerte Issar auf einem Gerüst und erblickte Ptahmose ebenfalls. Wie hätte man ihn auch übersehen sollen, mit seinen beiden Lanzenreitern und seinen vier Dienern? Einen Augenblick verharrte er fast unbeweglich und nickte kaum wahrnehmbar mit dem Kopf.

Es blieb ihm nur noch, wieder umzukehren. Oder aber weiterzureiten, bis zum Meer. Ptahmose hatte es noch nie gesehen. Er kannte nur Beschreibungen, die ihm alle von der Phantasie diktiert erschienen: daß es nur ein Ufer hatte; daß es von der Farbe des Lapislazuli war; daß die Gipfelpunkte der Wellen weiß wurden; daß es salzig war; daß es nach hundert Ellen keinen Boden mehr hatte. Selbst die Schilderung, die Amsetse ihm gegeben hatte, folgte diesem Modell. Ganz sicher übertrieben die Leute. Oder sie vertrauten den Berichten der anderen und schmückten sie noch aus. Im großen Saal des Palastes von Ramses hatte er zwar eine riesige Karte des Königreichs gesehen und dort wirklich eine weite Was-

serfläche erkannt, die das Königreich im Norden und Osten begrenzte, aber wahrscheinlich war das Meer ganz anders als man ihm erzählt hatte. Er seufzte; noch so eine offene Frage. Er würde sich das Meer ansehen, bevor er Auaris verließ; und er wollte Buto mitnehmen. Aber nicht heute.
Er wünschte sich, daß die Nacht schneller hereinbrechen würde, um sich wieder mit Issar und Lumi zu treffen und die Fortsetzung ihrer Berichte zu hören. Er machte sich auf den Weg nach Hause, um dort zu warten.
Die Ereignisse entschieden es anders.
Ptahmose und sein Gefolge waren kaum eine halbe Stunde unterwegs, als sie anhalten mußten. Ein Mann war quer über den Weg gestürzt, ein Greis. Er lag auf dem Rücken, den Stock neben sich. Die Diener beeilten sich, ihn beiseite zu schieben. Vom Rücken seines Pferdes aus sah Ptahmose, daß der Mann noch am Leben war; er hatte einen Arm bewegt, den Kopf gedreht. Als die Diener sich bückten, um ihn aufzuheben, legte er einem von ihnen den anderen Arm um den Hals.
»Fragt ihn, woran er leidet«, rief Ptahmose den Dienern zu.
»Er sagt, er hat seit drei Tagen weder gegessen noch getrunken«, antworteten sie. »Er ist über einen Stein gestolpert, weil er so schwach ist.«
»Richtet ihn auf«, befahl Ptahmose.
Sie wollten ihm folgen, doch die Beine des Alten zitterten; die Diener mußten ihn stützen, damit er nicht erneut zusammenbrach. Wenn man ihn hielt und er sich auf seinen Stock stützte, hatte er eine seltsame Art, den linken Arm auszustrecken.
»Er ist blind«, sagte ein Diener.
»Man kann ihn nicht in diesem Zustand hierlassen«, murmelte Ptahmose, mehr zu sich selbst als zu den anderen. »Setzt ihn hinter mir aufs Pferd, wenn ihr es schafft.«
Die Diener erklärten dem Greis, daß sie ihn hinter ihrem Herrn aufs Pferd setzen würden.

»Gesegnet sei euer Herr!«, erwiderte der andere mit hoher Stimme.
Das Unterfangen erwies sich als schwierig. Der Alte war nicht schwer, aber drei Männer waren nötig, um ihn nach oben zu hieven; Ptahmose half noch mit, zog ihn am Arm und umschlang schließlich seinen Oberkörper, um ihn festzuhalten, so daß es zu Verrenkungen kam, die sowohl für den Reiter wie für seinen Geretteten gefährlich waren. Zudem ließ der Greis seinen Stock nicht los und versetzte hierhin und dorthin ungeschickte Hiebe. Die Diener begannen schließlich zu lachen.
»Nehmt ihm den Stock weg«, erklärte Ptahmose.
Auch das war nicht leicht.
»Schling die Arme um meinen Gürtel und verschränke die Finger. Laß nicht los, bis wir angekommen sind.«
»Sei gesegnet«, erwiderte der Alte und befolgte mühsam die Anweisungen, da er auf dem Pferderücken sein Gleichgewicht schwer halten konnte und sich nur unsicher bewegte.
Sie machten sich wieder auf den Weg. Ptahmose, der auf die Hände des Alten herabblickte, war erstaunt, an dessen rechtem Zeigefinger einen goldenen Ring zu sehen. Er hatte nicht die Muße, ihn im Detail zu betrachten, aber es war ein großer Ring mit einem gravierten Stein, dessen Inschrift er aber unter diesen Umständen natürlich nicht entziffern konnte. Es waren zarte Hände, sicher nicht die eines Bauern.
»Dein Bauch ist straff und deine Haut zart«, meinte der alte Mann ein wenig abgehackt. »Du bist noch keine zwanzig Jahre alt.«
»Fünfzehn«, erwiderte Ptahmose, überrascht über seinen Scharfsinn.
»Fünfzehn Jahre und schon zu Pferde. Du bist also eine bedeutende Persönlichkeit«, fuhr der Greis fort.
»Ich bin Prinz Ptahmose.«

»Du bist also erst aus Memphis in diesem Lande hier angekommen.«
Ptahmose unterdrückte ein Lachen. Der Alte war zweifellos durch Hunger und Durst entkräftet, aber nicht senil. Seine Wortwahl war elegant, seine Aussprache präzise.
»Bist du Priester?« fragte der Blinde.
»Nein.«
»Soldat?«
»In gewisser Weise ja. Sind wir nicht alle Soldaten einer Armee?« erwiderte Ptahmose.
»Und du bist reif für dein Alter. Man hat dich also in die Verwaltung abkommandiert?«
»Soldaten sind demnach nicht intelligent?« fragte Ptahmose belustigt.
»Intelligenz wird von Soldaten nicht gefordert«, antwortete der alte Mann. »Zuviel Geist läuft Gefahr, ihnen hinderlich zu sein.«
Sie waren angekommen. Die Diener halfen dem Alten rasch vom Pferd, wobei er ihnen zweimal beinahe in die Arme fiel. Als es ihnen schließlich gelungen war, ihn mehr oder weniger zu stabilisieren, halfen sie Ptahmose beim Absteigen. Dieser befahl einem der Diener, die zu seinem Empfang herbeigelaufen waren, Milch, Brot, Wasser und Datteln aus der Küche zu holen und zwei Stühle und einen Tisch in den Garten zu stellen. Dann führte er den Greis in den Garten zu dem Stuhl, der dem seinen gegenüberstand. Der Alte betastete die Lehne des Stuhls, drehte ihn und setzte sich vorsichtig. Ptahmose staunte über die würdige, fast priesterliche Haltung dieses Mannes, den er vor einer Stunde auf dem Weg liegend gefunden hatte. Die Hände über seinem Schurz gefaltet, strahlte er eine Vornehmheit aus, die seiner gegenwärtigen Lage nicht entsprach.
Die Katzen kamen und betrachteten ihn auf ganz ungewöhnliche Art. Sie schmeichelten ihm und hoben den Kopf.

Schließlich ließen sie sich auf einem der Granatapfelbäume nieder, als wollten sie die Szene überwachen.
Der Diener brachte ein Tablett mit den gewünschten Dingen und stellte es auf den Tisch. Ptahmose beugte sich vor und führte die Hand des Greises zu den verschiedenen Gerichten. Mit großer Geschicklichkeit glitten die Finger des Alten von einem Gegenstand zum anderen. Er fand die Milchkaraffe und das danebenstehende Glas, maß die Höhe des Glases ab, nahm die Karaffe mit der rechten und das Glas mit der linken Hand, goß sich vorsichtig Milch ein und hielt rechtzeitig inne. Nein, das war kein Bauer. Nur ein Mann, der an die Übung des Geistes gewöhnt war, konnte sich eine solche Geschicklichkeit der Hände bewahrt haben.
Langsam führte der Greis das Glas an die Lippen. Er nahm einen Schluck, wandte seine durch die Blindheit weiß gewordenen Augen Ptahmose zu und sagte: »Das ist abgekochte und gesiebte Milch. Milch für einen Prinzen.« Ein kaum wahrnehmbares Lächeln umspielte seinen Mund, der nur noch ein Spalt in einer von der Zeit angespannten Maske war.
Angesichts einer solchen Leichtigkeit fragte sich Ptahmose, ob der erst kurz zurückliegende Vorfall nicht eine Täuschung gewesen war, eine Falle vielleicht. Er füllte erneut das Glas. »Das Brot ist hier«, erklärte er.
Der Mann streckte vorsichtig die Hand zum Rand des Tabletts aus, fand das Brot, drückte mit dem Zeigefinger darauf und nickte. »Es ist weich«, bemerkte er. »Es wird gehen. Du hast einen ausgezeichneten Brotbäcker. Ich habe nur noch wenige Zähne. Wenn das Ende naht, soll man Thot nicht in die Hand beißen, wenn er kommt, um uns ins Jenseits zu holen, nicht wahr?«
Die bittere Stimmung dieser letzten Worte überraschte Ptahmose.
»Was ist das für ein Ring?« fragte er.

»Der Ring eines Vorlesepriesters, Ptahmose. In den Karneol, der ihn schmückt, ist ein einziges Zeichen eingraviert, die Sonnenscheibe. Ich bin Nesaton, der letzte Priester des Aton-Tempels in Auaris.«
Sparsam kaute er sein Brot und trank von Zeit zu Zeit einen Schluck Milch, wohl, um es weicher zu machen.
»Wie bist du in diese Lage geraten?« fragte Ptahmose.
»Wie hätte ich vielmehr nicht in diese Lage geraten sollen? Der Name Atons wird geächtet. Die gegenwärtige Priesterschaft bietet mir weder Brot noch Salz an. Ich bin blind, zu alt und unerwünscht. Das Mitleid einiger ehemaliger Getreuer hat es mir viele Jahre lang ermöglicht zu überleben, und selbst dieses Mitleid war geheim. Dann sind diese Getreuen einer nach dem anderen gestorben, der letzte vor drei Tagen.«
»Vor drei Tagen?«
»Es war der Nomarch, aber sag es nicht weiter.«
Ptahmose unterdrückte einen Ausruf.
»Der Nomarch war einer deiner Getreuen?«
»Nicht er. Sein Vater. Aus Treue gegen das Andenken seines Vaters gab er mir zu essen.« Nesaton streckte die Hand nach dem Teller mit Datteln aus und nahm sich eine. »Es wäre dem Vater schlecht bekommen, wenn er nicht einer meiner Getreuen gewesen wäre. Mit der Religion verstand Echnaton keinen Spaß.« Wieder dehnte ein winziges Lächeln den Mund des gestürzten Priesters, der die Dattel an der Spitze anknabberte. »Die Religion, wie du wohl weißt, entspringt auch dem Willen des Königs. Kurz, als ich mich vor dem Haus des Nomarchen einfand, waren die Einbalsamierer am Werk. Man hat mir meine letzte Mahlzeit gegeben und mich gebeten, nicht wiederzukommen. Ein Diener hat mir erklärt, ein junger Prinz habe seinem Herrn eine verhängnisvolle Verstimmung verursacht.« Erneutes Lächeln des Priesters. »Ich nehme an, der junge Prinz bist du. Erklär mir nicht, warum du

Horw-amun verstimmt hast, dafür ist deine Zeit zu kostbar.«

Ptahmose lehnte sich verblüfft zurück. Nesaton schien ihn mit dem Blick zu fixieren, zwei weiß gewordene Achatkugeln in einer Maske, die schon bald dem Tod versprochen war.

»Ich spüre, daß du verwirrt bist«, sagte Nesaton. »Ich werde dich nicht lange stören. Ich darf mich nicht lange bei dir aufhalten, das wäre ein schlechter Dank für deine Gastfreundschaft. Ich bleibe geächtet.«

In Ptahmoses Kopf überschlugen sich die Gedanken, und wie es oft der Fall war, wenn er sich verwirrt fühlte, begann er zu stottern.[1] »Ich ... Ich mmmöchte ...« Er holte tief Luft. »Ich möchte sagen, solange ich hier bin, ist dir dein Tisch gedeckt. Mich schert es wenig, ob du geächtet bist.« Er dachte einen Augenblick nach. »Ich weiß überhaupt nichts über Echnaton. Ich weiß überhaupt nichts darüber, warum man ihn und seine Priester ächtet. Kannst du es mir erklären?«

Es war später Nachmittag, die Sonnenuhr an der Mauer der Schreibstuben zeigte bereits die vierte Stunde nach Mittag an.

Nesaton verschränkte die Hände vor der Brust.

»Zu viele Götter, zu viele Kulte«, begann er. »Das war Echnatons Meinung. Daher hat er sie auf einen Schlag zu einem einzigen zusammengefaßt, zu dem, der Leben und Kraft schenkt. Aton. Die Sonnenscheibe. Er änderte seinen Namen und ließ sich Echnaton nennen. Dort, im oberen Land, ließ er einen prachtvollen Tempel für Aton erbauen, und um ihn herum errichtete er seine Paläste. Die königlichen Schenkungen für die Kulte der anderen Götter unterblieben. Die Priesterschaft sah sich gezwungen, sich entweder zu unterwerfen oder ihre Ämter niederzulegen. Sie unterwarf sich. Aber als Echnaton starb, setzten die Priester fast alle ihrer früheren Götter wieder ein. Es blieben nur noch wenige Aton-Tempel übrig, darunter der in Auaris. Wir Aton-Priester waren bei den anderen schlecht angesehen, glücklicherweise aber fern der Macht. Unterägypten, das waren die niederen Gebiete, sie interessierten die Könige nicht. Nicht einmal jeder zehnte Beamte in Theben oder Memphis hat jemals das Meer gesehen. Nur die Soldaten, die Sethos bei seinen Feldzügen gefolgt sind, haben die *Großen Grünen* gesehen.[2] Ägypten begann tatsächlich in Memphis.« Der alte Priester seufzte. »Haremheb, ein Soldat, ergriff die Macht. Die Priesterschaft belagerte ihn; die Priester würden ihn unterstützen, wenn er die alten Götter wieder einsetzte und den Aton-Kult beendete. Die letzten Aton-Tempel wurden daher geschlossen, und ich fand mich auf der Straße. Ich war zu sehr geprägt vom alten Kult, schon zu alt, man wollte mich nicht einmal konvertieren. Habe ich mich klar ausgedrückt?«

Ptahmose hatte zugehört, von Wort zu Wort verblüffter. Kannte er dieses Land?

»Du hast dich klar ausgedrückt, und ich habe zwar deine Geschichte verstanden, nicht aber die andere. Warum ein einziger Gott?«

»Es gibt nur einen Gott«, antwortete Nesaton. »Früher oder später wird man das erkennen. Die Welt wird ebensowenig von einer Götterversammlung regiert, wie ein Land von einer Versammlung von Königen regiert werden kann. Die Ägypter haben immer wieder die Götter gewechselt und verehren heute, was sie gestern verabscheut haben. Nimm etwa Seth, den Sohn von Nut und Bruder von Osiris. Früher haben sie ihn abgelehnt und haben erzählt, er sei ein böser Gott, der vom Diebstahl lebe. Sie stellten Götter in allen vier Himmelsrichtungen auf, Isis, Osiris, Horus und Thot, die Seth abwehren sollten. Sie sahen ihn als Mörder von Osiris an. Vor einem Figürchen, das diesen Gott darstellte, stimmten Priester Gesänge an und spuckten darauf, bevor sie die Figur ins Feuer warfen. Heute ist Seth ein verehrter

Gott. Man erzählt, daß Re sich an ihn gewandt habe, um Ägypten von der Schlange Apophis zu retten. Sogar unser König trägt seinen Namen ...«
Ptahmose hörte zu, verstört von diesen neuen und unehrerbietigen Gedanken. Der alte Priester breitete vor ihm die Arme aus, um sich zu strecken, schloß die Hände, öffnete sie wieder und seufzte.
»Jeder Gott hat sein Gesetz«, erklärte Nesaton mit seiner klaren, steinernen Stimme, wie manche Greise sie haben. »Bei so vielen Göttern gab es zu viele Gesetze. Du bist jung und intelligent. Vielleicht verstehst du mich. Die Religion ist das Gesetz, und es kann nur ein Gesetz geben.«
Ptahmose erinnerte sich an sein Gespräch mit dem König.
»Das Volk kann das Gesetz nicht verstehen. Man kann es nicht anfassen, nicht essen, es hat keine Form und keine Farbe. Also muß man dem Volk Geschichten erzählen. Zum Beispiel von der Ermordung des Osiris durch Seth, von dem Kummer der Isis, die sich auf die Suche nach den zerstückelten Leichenteilen gemacht hat – das ist eine Geschichte, die bei den Bauern erzählt wird. Jedermann kann sie verstehen. Jeder verliebt sich in die arme Isis und empfindet Mitleid oder Zuneigung für Osiris, selbst wenn er weder Osiris, Isis oder Seth je gesehen hat.«
Ein merkwürdiges Lachen spaltete das Gesicht des Priesters in zwei Hälften. Ptahmose war fast entrüstet.
»Religion besteht darin, daß man den Leuten Geschichten von wunderbaren Helden erzählt«, fuhr der Priester fort, »von Siegern und Besiegten. Das bringt die Menschen dazu, sich dafür zu interessieren und schließlich die Grundlage des Gesetzes zu respektieren. Man muß den Willen der Götter respektieren, oder alles nimmt eine schlimme Wendung. Und wer weiß, was die Götter wollen? Die Priester. Und wer sind die Priester? Diener Gottes, es sei denn, der Ehrgeiz steigt ihnen zu Kopf. Die Geschichten von den Göttern sind daher Instrumente der Macht.«

»Aber das sind gottlose Reden!« rief Ptahmose.
»Glaubst du es in deinem Herzen, junger Prinz? Ich höre deine Stimme, und du stellst dich, als wärst du empört. In Wirklichkeit bist du nur empört über deinen Mangel an Empörung. Du weißt sehr gut, daß es nur einen Gott gibt.«
Ptahmose rief einen Diener und ließ Palmwein bringen. Ein Schlückchen Alkohol würde ihm vielleicht helfen, den Staub aus seinem Gehirn zu vertreiben, der seinen Geist vernebelte, einen Staub, den man nicht so einfach wegkehren konnte.
»Aber Echnaton ist gescheitert«, fuhr Nesaton fort. »Die Existenz eines einzigen Gottes ist eine Idee, die für das Volk zu schwierig zu begreifen ist. Ein einziger Gott, unveränderlich, ohne Feinde, ohne Frau, ohne Kinder. Das ist langweilig. Echnaton hielt das Volk und selbst die Priester für klüger, als sie sind. Vielleicht glaubte er auch, größere Macht zu besitzen, als er tatsächlich hatte. Und dann war da noch sein Privatleben. Kurz, Echnaton war ungeschickt.«
»Möchtest du einen Schluck Palmwein?« fragte Ptahmose.
»Dann würde ich schläfrig werden«, erwiderte Nesaton.
»Und ich weiß nicht, wo ich schlafen soll.«
»Ich werde einen Schlafplatz für dich finden«, erklärte Ptahmose.
In Wirklichkeit wünschte er sich, den alten Priester für eine Weile bei sich zu behalten. Die Vornehmen bei Hofe würden aufschreien, aber zum Teufel mit ihnen!
»Dann werde ich deinen Palmwein kosten.« Er nippte behutsam. »Derselbe wie bei Horw-amun«, meinte er, »stark.« Er leckte sich die Lippen.
»Es gab also eine größere Macht als die Echnatons?« fragte Ptahmose.
»Die menschliche Trägheit«, antwortete Nesaton mit einem boshaften Lächeln. »Und das Verlangen. Die Menschen haben nichts für Veränderungen übrig. Sie wissen, was sie

aufgeben, aber nicht, was sie dafür bekommen. Ich erinnere mich, daß man während meiner Jugendzeit versucht hat, in Unterägypten kleine Süßzwiebeln aus Syrien einzuführen. Eine Weile waren die Leute in Memphis und Theben ganz verrückt danach, aber dann sind sie wieder zu den großen scharfen Zwiebeln zurückgekehrt, weil sie seit ihrer Kindheit daran gewöhnt waren, diese zu essen. Mit den Göttern verhält es sich wie mit den Zwiebeln der Kindheit. Das Volk war an seine Sammlung von Göttern gewöhnt und wollte sich nicht davon trennen.«

Er lachte kurz auf und fuhr fort: »Zudem stellte sich heraus, daß die alte Priesterschaft mächtiger war, als der König geglaubt hatte. Und daß sie Verbündete in der Armee hatte.«

Der alte Mann war redegewandt. Es schien, als wolle er seine Erfahrung und seine Kenntnisse mitteilen, bevor er in dem ewigen Schweigen des Todes versank.

»Auch die Armee war enttäuscht. Echnaton kümmerte sich nicht um sie. Als Soldat war er eine Jammergestalt. Er hatte einen schwächlichen Körperbau und vor Pferden hatte er Angst. Er sah es nicht ein, warum er Soldaten Geld geben sollte, damit sie Waffen schmiedeten, neue Gebiete eroberten und Leute umbrachten. Die Berichte der Generäle, voller Gewalt und Leichen, langweilten ihn. Lieber unterhielt er sich bei Süßigkeiten und einer Schale Lotusblüten mit Priestern und engen Freunden. So ging das Königreich zugrunde. Während dieser Zeit bereiteten die zwei großen Gruppen der Unzufriedenen, die Priester und die Militärs, ihre Rache vor.«

»Du hast vom Privatleben Echnatons gesprochen«, erinnerte ihn Ptahmose.

»Siehst du, auch du liebst Geschichten«, meinte Nesaton. »Wenn Echnaton Söhne gehabt hätte, die würdig gewesen wären, ihm nachzufolgen, wenn er bei seinem Tode ein mächtiges Königreich hinterlassen hätte, dann wäre vielleicht der einzige Aton-Kult noch in Kraft. Aber er schloß

sich zusammen mit seinem Günstling Semenkharê im Palast ein. Man wußte nicht mehr, wer regierte, Semenkharê oder Echnaton. Königin Nofretete hatte verärgert den Palast verlassen. Der König wurde seltsam, erschien in der Öffentlichkeit in durchsichtigen Mänteln, unter denen er nackt war, und man erriet nur zu gut gewisse Aspekte seines ... Charakters. Armee und Priesterschaft entrüsteten sich.« Er leerte sein Glas und stellte es wieder hin. »Ich glaube, daß sie ihn vergiftet haben.[3] Auf jeden Fall spricht niemand mehr von ihm. Sein Name ist geächtet, vergessen ...«
Ptahmose blieb sprachlos. War das die königliche Gerechtigkeit? War die Religion also den Launen der Armee und der Priesterschaft unterworfen? Den Neigungen des Volkes?
»Auf jeden Fall«, schloß Nesaton, »ändert das nichts an der Tatsache, daß es nur einen einzigen Gott gibt.« Er äußerte dies mit trostloser Sicherheit, als sei er betrübt, der einzige zu sein, der im Besitz der Wahrheit war, und nicht die Macht zu haben, sie durchzusetzen.
»Welch ein Unterschied ist es letztendlich«, murmelte Ptahmose, »ein einziger Gott oder mehrere? Die Götter interessieren sich nicht für unsere Angelegenheiten. Wir interessieren uns für die ihren.« Er dachte flüchtig an die Apiru, die ebenfalls nur einen Gott hatten, was ihre Sache auch nicht vorantrieb.
Nesaton sah ihn aus seinen milchigen Augen an. »Du bist sehr ernst für einen so jungen Mann«, bemerkte er erstaunt. »Es ist richtig, die Götter interessieren sich nicht für unsere Angelegenheiten. Sie greifen nur ein, wenn man ihre Gesetze übertritt. Im übrigen wäre ein Gott, der in die Angelegenheiten seines Volkes eingreifen würde, gefährlich.«
»Gefährlich für wen?«
»Das würde trunkener machen als der stärkste Wein«, antwortete Nesaton.
Wie eine Meereswelle zog ein Augenblick des Schweigens vorbei.

»Wie ist Echnaton auf den Gedanken gekommen, daß es einen einzigen Gott gibt?« fragte Ptahmose.

»Er war bereits zu Zeiten seines Vaters im Umlauf, der sicherlich von den Religionen jenseits des Tigris und des Euphrats beeinflußt war, wo man die Sonne als einzigen großen Gott betrachtet. Echnaton war fanatisch. Er nannte sich selbst großer Priester des Re-Horus-am-Horizont und bezeichnete sich als großen Sehenden.«[4]

Ptahmose hing seinen Träumereien nach. *Das würde trunkener machen als der stärkste Wein.* Ja, zweifellos. Mit einem Gott an seiner Seite zu kämpfen mußte berauschend sein. Die Apiru hatten nichts begriffen. Sie ließen ihren Gott schlummern. Ptahmoses Blick verweilte auf dem alten Priester: ein wahres Schatzkästchen an Wissen! Es ließ einen schwindlig werden! So viele Dinge, die man ihn nie gelehrt hatte!

»Warum sagtest du, daß Echnaton ungeschickt war?« fragte Ptahmose.

»Ich habe dir bereits mehrere seiner Irrtümer genannt. Der größte war wohl, daß er den Gott zur Schau gestellt und benannt hatte.«

Rätselhafte Worte. »Zur Schau gestellt und benannt?« wiederholte Ptahmose neugierig.

Der alte Priester ließ sich Zeit mit der Antwort. Schließlich fügte er hinzu: »Der Gott muß unbenannt und geheim bleiben.« Er senkte den Kopf und verschränkte die Hände auf den Schenkeln. War er müde? Wollte er sich nicht näher erklären? Jedenfalls schien er zum Schweigen entschlossen.

Ein langer Schatten zeigte die fünfte Stunde auf der Sonnenuhr an. Die Katzen dösten auf ihrem Granatapfelbaum. Der Vorsteher der Schreiber kam, um Ptahmose um seine Unterschrift unter Dokumente über Pachtverträge neuer Ländereien der Krone zu bitten.[5] Ptahmose fragte ihn, wo Hapenakht sei. Man hatte ihn geholt, damit er bei der Diskussion

um das Erbe Horw-amuns und die Zahlungsbedingungen der Einbalsamierer den Vorsitz übernahm.
Anschließend rief Ptahmose den Vorsteher seiner Diener. »Ich will, daß du ein Bad für diesen Mann bereitest, daß du ihm einen neuen und sauberen Schurz gibst, darüber wachst, daß er zu essen bekommt und ihn heute abend an einen Ort begleitest, wo er in Frieden schlafen kann.« Er beugte sich zu Nesaton. »Ich verabschiede mich von dir, Priester.«
Nesaton legte Ptahmose seine langen knochigen Finger auf den Arm. »Die Gerechtigkeit Atons wird dich finden, Prinz, um dir für dein Mitleid zu danken. Sie wird unendlich viel großzügiger sein, als meine Worte es könnten.«
Ptahmose nickte, ging in sein Zimmer und ließ sich auf sein Bett fallen. Kurz darauf schlief er tief und schwer. Er träumte, daß er sich in aufgewühltem Wasser befand und seine Kräfte ihn verließen. Aber plötzlich hielten mächtige Arme ihn fest, und er schwamm triumphierend im Meer. In seinem Traum war er sicher, daß es eine göttliche Macht war, die ihn festgehalten hatte.

15

Der Regen

Als Ptahmose erwachte, brach der Abend herein und brachte eine tückische, duftende Frische. Ein feuchtes Rauschen lag in der Luft, das die Diener »Geist des Meeres« nannten. Schon wieder das Meer! Er mußte sich entschließen, es aufzusuchen.
Er öffnete seine Tür und fand den Garten voller Schatten, die die Fackeln im Abendwind tanzen ließen. Plötzlich erinnerte er sich an Nesaton und fragte einen der Diener, wo sich der alte Mann befand.
»Wir haben ihn gebadet und neu gekleidet. Er ist hinten in unseren Gemächern.« Mit einem fragenden Blick auf seinen Herrn fügte der Diener hinzu: »Er ist ein weiser Mann, Herr. Er spricht wenig und gut.« Und lachend: »Er hat eine Vorliebe für Palmwein.«
Während ihm der Vorsteher der Diener, der ihm wie gewöhnlich bei seinen Waschungen half, warmes Wasser über den Körper goß und ihm den Rücken mit einem Seegraskissen, das mit Seifenkraut und Geranienblättern gefüllt war, abrieb, dachte Ptahmose erneut an den einzigen Gott Echnatons und Nesatons. Und gleich im Anschluß an den geheimnisvollen Herrn Lumis, Issars und der Apiru. Ein einziger Gott, welch seltsame Vorstellung. Aber Ptahmose

konnte nicht umhin zu denken, daß diese Idee ihren Verfechtern bisher kein Glück gebracht hatte. Die Apiru waren Sklaven. Echnaton war geächtet und im Vergessen begraben.

Er aß bescheiden zu Abend, gegrillte Fischstücke und Bohnensalat mit Zwiebeln. »Meeresfisch«, erläuterte der Diener. Immer wieder das Meer, das wurde zu einer Besessenheit! Es war ein Fisch, den er noch nie gekostet hatte und dessen festes weißes Fleisch deutlich schmackhafter war als das der Nilfische, das oft schlammig schmeckte, mit einem Hauch von Sumpfvogelaroma. Die Katzen hatten sich wohl ihre Portion geholt; sie lagen zusammengerollt auf der Holzbalustrade vor der Küche, und ihre halb geschlossenen Augen reflektierten von Zeit zu Zeit die Flammen der Fackeln. Der Küchenmeister hatte einen Krug syrischen Weines mit Zedernbukett aufgetischt.

Wenn man sich damit abfinden wollte, nichts als ein Untertan des Königs zu sein, konnte das Leben im Königreich Ägypten angenehm sein. Aber was war der König? Ein Sieger, der eine immanente Macht für sich beanspruchte. Diese Macht begann Ptahmose suspekt zu erscheinen. *Die Ermordung des Osiris durch Seth etwa, und der Kummer der Isis, die sich auf die Suche nach den Teilen des zerstückelten Leichnams macht, ist die Geschichte eines bäuerlichen Kampfes.* Ptahmose ertappte sich dabei, wie er lachte, wenn er an die entrüstete Miene dachte, die Amsetse angesichts solcher Worte ziehen würde. Das Lachen verging ihm ein wenig, als er sich an einen anderen Satz Nesatons erinnerte: *Die Göttergeschichten sind daher Instrumente der königlichen Macht.*

Er hatte der Religion nie eine große Bedeutung eingeräumt; für ihn waren das Feste und Riten. Er empfand das Bedürfnis, Nesaton weiter zuzuhören. Und weiter? wollte er fragen. Was gibt es noch? Sag mir, Priester, wer lenkt unser Schicksal? Aber er hörte bereits die Antwort des Blinden: *Es gibt nur einen Gott. Früher oder später wird man das erkennen. Die Welt wird ebensowenig von einer Götterversammlung regiert, wie ein Land von einer Versammlung von Königen regiert werden kann.*

Und welche Übereinstimmung zwischen den Worten Nesatons und Lumis! Plötzlich erinnerte er sich, daß er sich mit Lumi und seinem Sohn verabredet hatte. Er erhob sich, leerte sein Glas und nahm sich noch zwei Datteln vom Teller. Hatte Buto sich hingelegt? Er stieß die Tür auf; sie schwatzte wieder mit den beiden Frauen vom Vortag. Er nickte, lächelte und schloß die Tür. Getratsche.

Er brach zu den Wiesen auf. Er eilte mit dem Ungestüm des Liebhabers, der zu einem heimlichen Treffen mit seiner Geliebten unterwegs ist, über das Gras. Sie sahen ihn von weitem kommen und erhoben sich. Aber heute abend waren es drei. Der Neue war ein Mann, der noch älter war als Lumi. Heute war entschieden der Tag der Greise.

»Mein Vater«, erklärte Lumi. »Er heißt Abel.«

Der alte Mann nahm Ptahmoses Hand, beugte sich darüber und küßte sie, was Ptahmose verwirrte. Und wenn er am nächsten Tag wiederkam, würde er dann noch einen Vorfahren sehen? Einen Augenblick lang herrschte dieselbe Verlegenheit wie am Vorabend. Was machte er im Grunde hier? Er wußte es nicht. Und sie?

»Setzt du dich zu uns?« fragte Lumi.

Er bemerkte, daß sie zwei Matten mitgebracht hatten; er setzte sich auf die eine, den drei Männern gegenüber, wobei Issar ein wenig im Hintergrund kauerte.

»Du weißt es nicht, aber der Herr hat seinen Blick auf dich geworfen«, begann Lumi.

»Woher weißt du es?«

»Seit Josephs Tod hat niemand den Arm zu unseren Gunsten erhoben, das habe ich dir gesagt«, schaltete Abel sich ein. »Du hast es getan.«

»Und wenn du nicht weißt, warum du es getan hast, wir

wissen es«, fuhr Lumi mit solcher Sicherheit fort, daß Ptahmose sich fragte, woher er die nahm.
»Prinz Ptahmose, durch deinen Vater bist du einer der unseren.«
Er schluckte. »Für die Ägypter bin ich ein Prinz Ägyptens«, antwortete er.
»Ptahmose«, sagte Abel mit seiner zittrigen Stimme, »sie haben dich nicht zum Priester gemacht. Nicht zum Soldaten. Sie haben dich zum Beamten gemacht. Denk nach! Sie konnten dir weder ihre Religion noch ihre Sicherheit anvertrauen. Nur eine Verantwortung in der Verwaltung einer Provinz, die sie nicht einmal kennen.«
Ptahmose zuckte leicht zusammen. Das war also das Geheimnis der königlichen Gunst! Und seiner Ernennung nach Unterägypten!
»Einen Priester kann man nicht absetzen, auch keinen Offizier. Aber einen Beamten jederzeit.«
War er denn taub? Das war fast genau das, was Hape-nakht ihm zu verstehen gegeben hatte, als sie eine Pause gemacht hatten, um etwas zu trinken: *Es gibt nur drei wahre Mächte in diesem Land, den König, die Armee und die Priesterschaft.* Er war vom König ernannt worden, aber er existierte nur durch die Macht des Königs; er war in der Tat weder Priester noch Offizier. Von allen Seiten hatte man versucht, ihn vor der Unsicherheit seiner Stellung zu warnen. In seinem jugendlichen Stolz hatte er nichts gehört, nichts begriffen. »Was wollt ihr also?« fragte er. »Daß ich mich als einen der Euren erkläre?«
»Ganz und gar nicht!« rief Lumi. »Dann wärst du nur noch ein Mann ohne Macht!«
Das war richtig, er wäre nur ein falscher Ägypter und ein nicht ganzer Apiru.
»Also, was dann? Daß ich mich zu eurem Verteidiger mache?« fragte er.
»Wozu sollte das nützlich sein, mein Sohn? Zu nichts. Wir

sind keine Ägypter. Wir werden es nie sein. Sie akzeptieren uns nicht, weil wir ihre Götter nicht akzeptieren«, erklärte Abel. »Selbst wenn du König von Ägypten, Herr der Priesterschaft und der Armee wärst, wären wir nicht mehr Ägypter als du, Ptahmose.«
»Ich bin kein Ägypter?« fragte Ptahmose überrascht.
Abel nahm seine Hand.
»Glaubst du, Ptahmose, an Götter mit Schakal-, Affen-, Krokodil-, Nilpferd-, Löwinnen- oder Ibisgesichtern? Glaubst du, daß die himmlischen Mächte solche niedrigen Formen annehmen, um sich den Menschen zu offenbaren?«
Nein, natürlich nicht. Alles war also falsch! dachte er in einem Anflug von Verzweiflung. Alles! Und er fühlte sich einsamer denn je. Ein Mann allein in der Nacht. »Was wollt ihr also?« fragte er mit müder Stimme.
»Das Wort des Herrn kann auf unfruchtbarem Boden nicht keimen«, meinte Abel. »Solange du an ihre Götter glaubst, wird es in dir nicht keimen.«
Das Wort des Herrn! Im Augenblick war er ein ausgetrocknetes Gelände.
»Wir wollen, daß das Wort des Herrn auf fruchtbaren Boden fällt«, fuhr Abel fort.
Worte!
»Und danach?« fragte er.
»Der Herr wird dafür sorgen. Er hat uns erwählt. Er hat seinen Blick auf dich gerichtet. Er wird dafür sorgen.«
»Wann?« rief Ptahmose. »Vierhundert Jahre seid ihr nun auf fremdem Boden in der Sklaverei! Wann wird er dafür sorgen, euer Herr?«
»Der Tag des Herrn ist nicht der Tag des Menschen«, antwortete Abel und zeigte zum Himmel. »Aber das Versprechen, das der Herr unserem Volk gegeben hat, wird sich erfüllen.«
Da begann Ptahmose zu weinen. Auch er fühlte sich in die Sklaverei zurückgeworfen. Er beweinte sein eigenes Los. Er

glaubte ihren Worten nicht; er wußte nur um seine Ohnmacht.
Der Regen hielt den Eroberer auf. Der Prinz von Ägypten war nur noch ein ratloser junger Mann, der mitten in der Nacht gegenüber von Sklaven auf einer Matte saß.
»Und denkst du auch an unsere Tränen?« fragte Lumi.
Er war müde. Die Worte Nesatons, die aus dem Grabe aufgestiegen zu sein schienen, und die Worte Abels hatten ihn ratlos gemacht, verwirrt, erschöpft. Er stand auf, stand eine lange Weile vor ihnen und wünschte ihnen eine gute Nacht. Dann kehrte er zurück.

16

Falsche Vorzeichen

Am Tag nach Ptahmoses Zusammentreffen mit Nesaton, um die zweite Nachmittagsstunde, zeigten die Sonnenuhren nichts mehr an. Ein Heer dunkler Wolken aus dem Norden überzog das Land. Zuerst ließen sie einen heftigen Regenguß los, so daß alle Bauern und Arbeiter, die im Freien zu tun hatten, gezwungen waren, Schutz zu suchen, wo immer sie ihn fanden. Dann weichte der Regen das Land auf, tränkte den Boden, verlieh den Monumenten eine frische goldene Farbe und kräuselte die Oberfläche des Nils und seiner acht Arme.
Auf der Baustelle der Festung beglückwünschten sich die triefenden Arbeiter, nachdem sie Zuflucht unter dem nahen Palmenhain gefunden hatten, daß sie am Vorabend schon die Ziegelmauern vergipst hatten. Doch sie waren zu voreilig mit ihrer Freude – kaum war die erste Attacke beendet, sanken die Wolken noch tiefer und übersäten das Land mit Hagel. Auf Blätter und Mauern prasselte es nieder. Die Kühe auf den Feldern und die Büffel, die Lasten zogen, gerieten in Panik und stürmten in alle Richtungen davon. Hier kippte ein Karren um, dort fuhr ein anderer gegen eine Mauer. Auch die Pferde, Esel, Maultiere, Ziegen und Schafe gerieten in Angst. Eine Schar von Hunden, die in den Straßen von

Auaris unterwegs war, wurde von Panik ergriffen und raste so ungestüm davon, daß mehrere Fußgänger umgerissen wurden.
Als der Ansturm vorbei war, unverständlich und töricht wie alle solchen Himmelsattacken, breitete ein weiter Regenbogen vermessen seine sieben Farben nach Nordwesten aus. Überall sah man diesen Bogen, der die Welt zu überspannen schien, von Mendès nach Saïs und von Auaris nach Busiris. Ohne Zweifel glaubte der Himmel, die Schlacht gewonnen zu haben, und breitete triumphierend sein Banner aus.
Nun konnte man nur noch eine Bestandsaufnahme der Schäden machen. Verwüstete Felder, zerschlagene Obsthaine, niedergehauene Gemüsegärten.
Am nächsten Tag, als Abordnungen von Eigentümern bereits dabei waren, mit dem stellvertretenden Nomarchen über Steuersenkungen zu beratschlagen, die durch die Katastrophe unerläßlich schienen – kaum ein paar Ellen von der Halle entfernt, in der die Einbalsamierer noch dabei waren, voller Sachkenntnis die sterbliche Hülle Horw-amuns auszuweiden –, wurde aus der tückischen Brise, die seit Mittag wehte, ein heulender Sturm. Der Himmel verdunkelte sich abrupt und wurde zuerst schwefelgelb, dann rot. Ein grelles Rot, fast wie Blut.
Im Hause Ptahmoses erbleichten die Diener und begannen unverständliche Zauberformeln herunterzuleiern. Die Frauen brachen in Tränen aus und schrien, es handle sich um schreckliche Vorzeichen. Die Priester im großen Osiris-Tempel fühlten sich ebenfalls nicht wohl in ihrer Haut. Sie bereiteten eilig ein Opfer für den Gott vor, um das, was sie für ein Zeichen seines Zorns hielten, zu beschwören, aber kaum hatten sie die Ingredienzen beisammen – Milch, Wein und Geflügel –, als der Himmel zartrosa wurde, sich aufhellte und wieder seine gewöhnliche Farbe annahm, abgesehen davon, daß ein feiner Staub durch die Luft wirbelte, der die Zähne knirschen ließ und die Sonne versilberte.

Ptahmose hatte dieses Phänomen bereits während seiner Kindheit in Memphis gesehen, daher war er nicht sonderlich beunruhigt. Auch die Diener im Palast hatten geschrien, es handle sich um ein böses Vorzeichen, doch kein nennenswertes Unglück war gefolgt. Im Gegenteil, die Getreideernte war in jenem Jahr ausgezeichnet gewesen. Hier in Auaris hatte Ptahmose nicht einmal den Garten verlassen, wo er mit Hape-nakht und zwei Schreibern die Anwendung eines Erlasses des Regenten über die Zählung der Stückzahl des Milchviehs besprach. Hape-nakht und die Schreiber hatten vor dem Hintergrund des roten Himmels eine seltsame Farbe angenommen; die Reflexe des Himmels verliehen ihren Gesichtern eine orange Färbung, ähnlich der Schminke der Tänzerinnen. Zitternd waren sie in die Stuben der Schreiber geflüchtet, nachdem sie ihn vergeblich gedrängt hatten, ihnen zu folgen.

Ptahmose wußte, was nach dem Rot kommen würde. Er sah sich um: Der Garten war rosig gefärbt. Roter Staub lag auf dem Boden, dem Laub der Bäume und auf dem Tisch, wo einige Augenblicke zuvor noch die Papyri gelegen hatten. Er strich mit der Hand darüber und betrachtete sie; eine feine Schminke überpuderte seine Handfläche und seine Fingerspitzen. Er betrachtete immer noch diesen Staub, als Hape-nakht sich keuchend und mitgenommen wieder zu ihm gesellte. Er sah Ptahmose entsetzt an, als habe dieser das Spektakel angezettelt.

»Du bist kühn«, meinte der Untervorsteher der Königsurkunden.

»Staub jagt mir keinen Schrecken ein«, antwortete Ptahmose. »Staub!«

Verängstigt kamen die beiden Schreiber heran. »Das war ein Sandsturm«, erklärte Ptahmose. »Der Wind kam von Westen. Das ist der Sturm der Wüste.«

»Und so wird der Himmel rot, Herr?« fragte einer der Schreiber.

Ptahmose zeigte auf das Laub der Bäume. »Überzeugt euch selbst.«
Sie taten es. Einer der beiden ging sogar hinaus, um den Garten vor dem Haus zu untersuchen, und berichtete, daß tatsächlich auch dieser Garten von rotem Staub bedeckt war. Der Boden der Straße war rosafarben.
Hape-nakht setzte sich schwer atmend.
»Dennoch ein Zeichen des Himmels, Herr«, murmelte er.
Ptahmose fragte sich, für wen. Das schlechte Vorzeichen für den einen war gut für den anderen. Kaum in der Laune zu philosophieren, ging er nicht auf den Schrecken des Mannes ein, der immerhin sein Vorgesetzter war. Er machte sich seine eigenen Gedanken. Er wußte, daß dieses Phänomen zumeist im Frühjahr auftrat, aber es war unnötig, sein Wissen den anderen mitzuteilen.
Es waren noch zwei Tage bis zum Osiris-Fest. Ptahmose begab sich zur Baustelle und fand die Arbeiter sorgenvoll vor. Pichare, der auf einem Stein saß, wischte sich das Gesicht ab, und als er Ptahmose sah, warf er ihm einen glasigen Blick zu. Issar kam und erklärte dem Besucher, daß der rote Schleier auch für seine Leute ein Zeichen des Himmels war. Ptahmose zeigte ihm die weißen Mauern, die rote Partikel aufgenommen hatten und daher rosa geworden waren, dann den Boden, das Holz und den Bauschutt, alles ebenfalls von feinem rotem Staub bedeckt. »Sand aus der Wüste«, erklärte er ruhig.
»Ein Zeichen des Himmels«, beharrte Issar.
Nach Meinung dieser Leute verbrachte der Himmel seine Zeit also damit, Zeichen auszusenden, dachte Ptahmose. Warum vollbrachte er dann keine entscheidende Geste!
Die Festung war fast fertiggestellt. Maurer und Schreiner bauten die Stützbalken und Türstöcke der Tore ein. Man verputzte die Gesimse des Wehrgangs und begann, den Bauschutt zu einem kleinen Berg außerhalb der Mauern zusammenzukehren. Schon inspizierten Soldaten zusammen mit den Architekten die Örtlichkeiten.

Am nächsten Tag um dieselbe, scheinbar schicksalhafte Stunde, machte sich Aufregung in Auaris breit. Vier Herolde auf zwei Kampfwagen, gezogen von grauen Pferden, die von je einem Kutscher geführt wurden, fuhren unter Trompetenstößen durch die Hauptstraße, die vom Süden in den Norden der Stadt führte. Die Leute liefen auf die Straße. Was konnte da los sein? Wer waren diese Ruhmesboten? Vier weitere Trompeter, ebenfalls auf Kampfwagen, folgten den ersten und fuhren mit ehernem Lärm eilig die Straße hinunter, so daß die Vögel auseinanderstoben. Die Leute machten sich auf ein weiteres Wunder gefaßt.
Es folgte eine Kapelle von zwanzig Musikern mit Trompeten, Becken, Sistren und Trommeln, die einen rhythmischen Lärm erzeugten, kaum Musik zu nennen, eher ein organisierter Radau. Die Wagen, die mühsam die Straße entlangholperten, stellten sich eilig in den angrenzenden Straßen auf, angetrieben von den Peitschen, Schlägen und Flüchen etwa eines Dutzend Wachen zu Fuß. Zu beiden Seiten der Straße sammelten sich die Schaulustigen; so etwas hatte Auaris noch nie gesehen. Fünfzig Lanzenreiter ritten in Prunkaufmachung heran, die Bronzenägel an ihren Beinschienen funkelten, ihr Brustschmuck aus Bronze und blauen Steinen glänzte in der Sonne. Danach kam noch eine Kapelle. Kein Mann und keine Frau, die gesund und gehfähig waren, blieben zu Hause. Die Luft hallte wider vom rhythmischen Lärm der Musiker.
Von der höchsten Terrasse des Tempels, nördlich der Straße, beobachteten einige untergeordnete Priester mit unbewegter Miene das Schauspiel. Sie allein konnten den noch größeren Zug sehen, der von Süden her den ersten Abordnungen folgte. Er funkelte im silbrigen Nebel, den die Hufe der Pferde aufwirbelten, während die Truppe, die sich bereits in der Stadt befand, sich nun geordnet auf dem großen Platz am Ende der Straße aufstellte.
Fünfzig Bogenschützen trabten auf Rappen herbei, starr wie

Statuen sitzend, die linke Faust um den Bogen gespannt, in der rechten den Köcher; nur mit der Kraft ihrer auf dem dunklen Kleid ihrer Reittiere golden glänzenden Schenkel hielten sie sich im Sattel. Die Verkörperung von Macht und Schrecken. Ihnen folgte ein weiteres Musikkorps, das die Ohren mit seinen blechernen Klängen füllte.

Schließlich noch ein anderer Höllenlärm: Sechs eherne Streitwagen, gezogen von je zwei Pferden gleicher Farbe und gelenkt von je drei Offizieren, bewegten sich mit funkelnden Rädern vorwärts.

Darauf folgte ein Streitwagen, auf dem ein einziger Mann stand, ein junger Mann mit nacktem Oberkörper und kurzem Schurz, um die Stirn das Goldband des Armeebefehlshabers, lächelnd wie die Götterstatuen in den Tempeln.

Nun brach die Begeisterung los, man klatschte, Hochrufe erschollen, wenn auch teilweise falsche, denn einige Leute in Auaris glaubten, das sei der König, während es Ramses war, der Prinzregent.

Fünfzig Reiter bildeten den Schluß des Gefolges, das fast eine Stunde brauchte, um vorbeizudefilieren.

Vor zwei Stunden hatten besondere Emissäre aus Memphis alle hohen Beamten und wichtigen Persönlichkeiten in Auaris benachrichtigt: vom Oberpriester zum Polizeiobersten, vom stellvertretenden Nomarchen zum Verwalter der Krondomänen, vom Kommandanten der Garnison bis zum Vorsteher des Schatzhauses der Stadt, und natürlich das einzige in Auaris stationierte Mitglied der königlichen Familie, Ptahmose. All diese Leute standen im Schatten riesiger Affenbrotbäume auf dem Platz, aufgereiht nach einem Protokoll, das der Zeremonienleiter des Hofes in Memphis festgelegt und ein Sonderbeauftragter sorgfältig ausgeführt hatte.

Die erste Reihe der hohen Würdenträger, die bestimmt waren, den Regenten zu empfangen, bildeten der Oberpriester, der stellvertretende Nomarch, ein Mann, den Ptahmose noch nie gesehen hatte und der oberster Richter des Verwaltungsbezirks von Auaris war; der Untervorsteher der Königsurkunden, Hape-nakht, Ptahmose und der Kommandant der Garnison.

Zu seinem großen Verdruß befand sich der Vorlesepriester Schu-enschi in der zweiten Reihe, hinter Ptahmose. Während die Angehörigen des Militärgefolges sich in strenger Ordnung zu beiden Seiten des Platzes aufstellten, tauschten die Mitglieder des Empfangskomitees einige vorsichtige Vermutungen darüber aus, welchen Zweck der überraschende Besuch des Regenten verfolgen mochte. Der Oberpriester beugte sich ein wenig vor, um Ptahmose sehen zu können, und bedachte ihn mit einem starren Lächeln.

»Nun ist er also da, der große Tag«, meinte er mit einer Miene des Einverständnisses.

»Wahrhaftig, ein Glückstag«, antwortete Ptahmose.

»Das wird sich noch zeigen«, meinte der Oberpriester. »Die Vorzeichen haben gesprochen.«

»Ich habe nichts gehört«, murmelte Ptahmose.

Der stellvertretende Nomarch zog eine verkniffene und verächtliche Miene.

»Das ist nun erledigt«, sagte der Kommandant der Garnison. »Dank der Umsicht des Prinzen ist die Festung fertig, was wir nicht einmal zu träumen wagten.«

Die Lager hatten sich also gebildet. Hape-nakht wahrte vorsichtiges Schweigen. Noch war nichts entschieden, und was entschieden würde, zog sicherlich weitreichende Konsequenzen nach sich.

Schließlich kam Ramses an. Zwei Offiziere hielten seine Pferde an. Zwei andere halfen ihm, vom Streitwagen zu steigen, den sie ein wenig nach hinten zogen. Seine Leibwache von zehn Männern stellte sich auf und folgte ihm bis zum Empfangskomitee. Einen Augenblick lang betrachtete er seine Leute, dann ging er auf den Oberpriester zu, der eine Begrüßungsansprache hielt. Der stellvertretende Nomarch stürzte sich in eine lange Rede über den unglückseligen Tod seines Vorgesetzten und die unerwartete Ehre, den Regenten begrüßen zu dürfen, die ihm nun zuteil wurde. Ramses nickte. Wie er es sich schuldig war, empfing der oberste Richter in der Person des Regenten die immanente Gerechtigkeit des Königs. Zu Ptahmoses Überraschung zeigte Hape-nakht sich verschwiegen.

Ptahmose hatte nichts zu sagen. Er sah Ramses nur an, und dieser begrüßte ihn als einzigen mit der zeremoniellen Umarmung.

Der Kommandant der Garnison drückte sich einfach aus. »Mein Herr, mein Hauptmann, meine Freude ist groß. Die Ehre deines Besuchs fällt mit der Fertigstellung der Festung zusammen.« Er wandte den Kopf zu Ptahmose und wollte fortfahren, als eine Handbewegung ihm das Wort abschnitt. »Ich weiß«, sagte Ramses kurz angebunden. Und er forderte den stellvertretenden Nomarchen auf, ihm die übrigen hohen Persönlichkeiten vorzustellen.

Ptahmose wandte den Kopf und sah, daß der Oberpriester und der stellvertretende Nomarch konsterniert waren. Er dachte einen Moment über das kurze »Ich weiß« von Ramses nach. Der Regent war über die Ereignisse informiert. Er hatte also seine Spione. Instinktiv sah Ptahmose auf Hape-nakht; dieser wandte die Augen gen Himmel. Was für eine Welt! Ptahmose unterdrückte ein Lächeln.

Mit seiner tiefen, volltönenden Stimme erklärte Ramses, sein Besuch sei motiviert durch die Fürsorge des göttlichen Königs für Unterägypten.[1] Der göttliche König habe entschieden, sein Sohn und Regent solle den Vorsitz beim Osiris-Fest im großen Tempel von Auaris einnehmen. Das war ein Symbol, denn in seiner unendlichen Weisheit hatte der König beschlossen, diesem Land noch mehr Wohltaten zu gewähren als bereits geschehen. Er, Regent des Königreichs, war daher nach Auaris gekommen, um den wichtigsten Verantwortlichen die Pläne der königlichen Regierung vorzustellen.

Zur siebten Stunde des Nachmittags würde ein Festmahl stattfinden, verkündete der Abgesandte des Protokolls und zählte auf, wer eingeladen war. Am folgenden Tag, nach der feierlichen Begehung des Osiris-Festes, würde der Regent Audienzen erteilen. Bis dahin werde sich der Regent des göttlichen Königs in seiner Residenz ausruhen.
»In welcher Residenz, mein Herr?« fragte Ptahmose vertraulich.
»Der deinen, Ptahmose«, antwortete Ramses lächelnd. »Das für dich bestimmte Haus ist fertig, weißt du das nicht? Wenn du erlaubst, werde ich es zwei Tage lang bewohnen.«
Es gab also manchmal auch Glück auf dieser Welt. Oder zumindest Ablenkung.
Die hohen Persönlichkeiten gingen auseinander, jeder zu seinem Reittier, der stellvertretende Nomarch, der Oberpriester und sein Vorlesepriester Schu-enschi offenbar verdrossen. Als Ptahmose auf sein Pferd stieg, erinnerte er sich plötzlich ohne Grund an Lumis Worte: *Der Herr hat seinen Blick auf dich gerichtet.*

17

Das Meer

Ramses schlug mit der flachen Hand gegen eine Mauer und wandte sich an den leitenden Architekten.
»Ich will, daß die Anlage vollkommen von Mauern umschlossen wird«, sagte er. »Jetzt ist sie hinten offen. Nach dem ersten Angriff könnten sich die Feinde nach hinten zurückziehen.«
Der Architekt nickte, ein wenig verblüfft. Dem Regenten widersprach man nicht.
»Das ist kein Vorwurf, Architekt. Die Festung muß standhalten können, selbst wenn sie umzingelt ist.«
»Ich habe die Pläne befolgt, die Seine Erhabene Hoheit gebilligt hat«, erklärte der Architekt.
»Ich weiß, ich weiß. Aber ich habe meine Meinung geändert. Ich will eine geschlossene Festungsanlage.«
Darauf gab es keine Widerrede. Ptahmose, der dem kleinen Gefolge von Offizieren, die die Festung einweihten, folgte, staunte über die Autorität seines Onkels. Nach dem Ende des Osiris-Festes hatten sie sich alle zur Baustelle begeben.
»Kann die Garnison hier schon einziehen, während die Arbeiten noch im Gang sind?« fragte der Kommandant.
»Gewiß«, erwiderte Ramses. »Architekt, in der Mitte der

Anlage will ich ein Gebäude haben, das höher ist als die Mauern. Es muß ein bewohnbares Gebäude sein, mit einem Wachturm als höchstem Punkt. Die Treppe muß innen sein. Und natürlich will ich einen Brunnen und einen Vorratsspeicher innerhalb der Umfriedung. Und einen Stall. Diese Anlage soll ein Modell für alle anderen sein, die ich in Unterägypten bauen werde.«
»Das ist sehr viel Arbeit, Herr und Regent«, meinte der Architekt. »Doppelt soviel, wie bereits erledigt worden ist.«
»Es ist eine notwendige Arbeit«, entgegnete Ramses und stieg die Treppe der Umfriedungsmauer hinunter.
Er warf Ptahmose einen Blick zu. Alles war gesagt. Eine Rückkehr nach Memphis war nicht nötig. Ptahmose hatte das Gefühl, daß Ramses ihn von den Kreisen der Macht fernhielt. Es war ein glanzvolles, sogar ein triumphales Exil, aber doch ein Exil. Er hatte dabei nichts zu sagen, er hatte seine Mission erfüllt, man hatte ihn mit den Ehren des Protokolls, der öffentlichen Umarmung und der impliziten Zurückweisung seiner Gegner, mit einer eines Prinzen würdigen Residenz und einer Ausstattung, die seinem Rang entsprach, belohnt; aber man hatte ihn höflich ins Exil geschickt. Er seufzte.
»Prinz Ptahmose«, erklärte Ramses und betrachtete das neue Portal, »hat mit dem Eifer und der Behendigkeit, die ihm der königliche Auftrag eingab, über die Vollendung dieser Arbeiten gewacht. Die rechtzeitige Fertigstellung und der Bau zeugen davon. Ich betraue ihn mit der Überwachung der neuen Arbeiten.«
Er bestieg sein Pferd und verschwand, gefolgt von seiner Eskorte, in einer beeindruckenden Staubwolke.
Am Nachmittag wurde Ptahmose eine Audienz gewährt. Sie fand in dem Haus statt, das für ihn bestimmt war und das der Bauleiter, gewarnt durch das Schicksal Pichares, mit lobenswerter Schnelligkeit fertiggestellt hatte. Ptahmose hatte nicht die Muße zu langen Reden.

»Ich weiß alles«, erklärte Ramses. »Die Steuerbehörde untersucht seit heute morgen den Fall der Familie Pichare. Du hast recht gehabt, ihm gegenüber hart zu sein. Er ist ein korrumpierter Nichtsnutz, der mit Horw-amun unter einer Decke gesteckt hat. Seine Familie ist zu mir gekommen, um mich um die Erlaubnis zu bitten, einen Kult zu seinem Andenken einrichten zu dürfen.[1] Ich habe abgelehnt. Zudem sind alle Familienmitglieder zehn Jahre lang von der Verwaltung ausgeschlossen. Der neue Nomarch kann sicher sein, daß du meine Unterstützung hast.«

Ramses hielt einen Augenblick inne, und sein Blick verlor sich in Richtung der Tür, die in den Garten führte.

»Die Menschen in Unterägypten haben anscheinend vergessen, daß es die zentrale Kontrolle gibt; ich habe vor, sie daran zu erinnern. Wir werden dieses Land entwickeln. Nicht mit ihrer Zustimmung, aber mit ihrem Gehorsam!«

Ptahmose fragte sich, was den Regenten verärgert haben konnte. Vielleicht weitere Berichte über Horw-amuns Korruption?

Ramses' Blick fiel wieder auf Ptahmose, sein Tonfall mäßigte sich.

»Der Oberpriester und sein Vorlesepriester sind gekommen und haben mich mit ihren Nörgeleien über dich belästigt. Deine Ankunft und deine Art, die Dinge anzupacken, habe größten Unfrieden in der Stadt gestiftet. Ich habe ihnen geantwortet, sie sollten sich glücklich schätzen, daß deine Machtbefugnis nicht weiter reichte. Ich kann sie nicht absetzen. Ich weiß, daß sie korrupt sind. Aber sie werden sich dir gegenüber ruhig und vorsichtig verhalten, das müßte genügen. Der leitende Architekt und seine beiden Gehilfen werden nicht müde, dein Loblied zu singen. Und Hapenakht hat ein Dekret aufgezeichnet, das dir noch heute übermittelt wird und das dich ab sofort zum Ersten Leiter der Bauten des Königs in Unterägypten ernennt. Deine Einkünfte werden verdoppelt: Ich erhöhe sie auf tausend De-

ben, und die Zahl deiner Diener, die vom Verwaltungsbezirk bezahlt werden, beträgt ab nun zwölf.«
Er hielt inne und musterte Ptahmose erneut, als erwarte er etwas von ihm. Ptahmose hatte kein einziges Wort einflechten können. Wozu auch? Er trat vor und küßte Ramses die Hand.
»Sese, wie geht es meiner Mutter?« fragte er.
»Sehr gut«, antwortete Ramses. »Sehr gut. Vielleicht wirst du sie im nächsten Monat in Memphis besuchen.«
Das einstudiert Verschwommene dieser Worte! Ptahmose verneigte sich. Der Kammerherr trat einen Schritt vor, um ihn zurück zur Tür zu führen.
»Ptahmose!« rief Ramses noch mit belustigter Miene. »Was ist das für eine Geschichte mit dem fehlgeschlagenen Attentat?«
Ptahmose erzählte, wie er, nach dem Besuch Schu-enschis von Argwohn ergriffen, so getan hatte, als würde er sich zu Bett begeben, jedoch eine von einem Bettuch umhüllte Decke an seinen Platz gelegt und sich unter dem Bett versteckt hatte. Ramses bekam einen Lachanfall, der schließlich auch den Kammerherrn ansteckte.
»Das muß ich dem König erzählen!« rief er.
Aber das Folgende erstaunte ihn noch mehr.
»Du hast ihm den Dolch mit einem Stoß in den Leib gerammt? Du wolltest ihn wirklich umbringen?«
»Ich mußte einen von den beiden töten«, erwiderte Ptahmose. »Wollte er mich etwa nicht umbringen?«
Ramses nickte. »Horw-amun hat gut daran getan, von selbst zu sterben«, erklärte er. »Ich hätte ihn enthaupten lassen! Zu versuchen, einen Abgesandten des Königs zu ermorden!«
Das war alles.
Ptahmose fand sich draußen wieder, in der Brise, die nach den behaarten Blüten der Robinien duftete. »Das Exil...«, murmelte er. Im Grunde genommen hatte man ihn ins Exil

zu den Apiru geschickt. Ein einsamer Ausguckposten der königlichen Macht gegen einen allgegenwärtigen Feind, die menschliche Natur selbst! Doch immerhin war sein Los beneidenswerter als das der Apiru.

Er bestieg sein Pferd, ohne zu wissen, wohin er reiten sollte. Da kam ihm das Meer in den Sinn. Er schickte die Diener zurück nach Hause und rief den Lanzenreitern zu: »Nach Norden!«

Sie trabten los. Als der Weg es erlaubte, trieb Ptahmose sein Pferd zum Galopp an, überholte die Lanzenreiter, entzückt darüber, daß er endlich die in der Regel entsprechende Gangart durchbrechen konnte. Ptahmose war ein guter Reiter. Nach einer Stunde erblickte er endlich hinter den letzten Feldern und Palmenhainen das Unglaubliche. Eine blaue Linie, die sich von links nach rechts ins Unendliche erstreckte. Und je näher er kam, desto stärker erwies sich das Unglaubliche als real. Es war tatsächlich von der Farbe des Lapislazuli, ein helles Blau. Es stimmte, daß weißer Schaum die Gipfelpunkte der Wellen krönte. Er versuchte – lächerliches Unterfangen – eine Grenze zu erblicken, wußte aber, daß es keine gab. Sehr weit draußen, abenteuerlustigen Insekten gleich, erschienen ihm drei oder vier Fischerboote wie verirrte Schmetterlinge.

Er brach in Lachen aus. Auch die Lanzenreiter schienen verblüfft. Sie kamen aus Memphis und hatten ebenfalls noch nie das Meer gesehen; sie saugten das Unbekannte mit ihren Blicken in sich hinein. Ptahmose legte Dolch und Schurz ab und tauchte nackt in dieses unbekannte Element. Eine Welle ließ ihn das Gleichgewicht verlieren, so daß er lachen mußte. Er bekam Wasser in den Mund, und es war wirklich salzig, wie es geschildert wurde. Er konnte nicht schwimmen, tastete auf dem Sandboden umher, hielt den Atem an, tauchte den Kopf unter Wasser und sah, daß die Tiefe nach zwanzig oder dreißig Ellen vom Ufer tatsächlich zunahm. Die Legende stimmte. Unfähig, in diesem lebendigen Element auf den Beinen zu stehen, ließ er sich von dem Gefühl durchdringen, neu und rein zu werden. Und alterslos.

Er stieg aus dem Wasser, wrang sich das Haar aus und setzte sich, um sich in der Sonne trocknen zu lassen, während die Lanzenreiter seinem Beispiel folgten und sich ebenfalls ins Wasser stürzten. Sie stießen Schreie aus wie die Kinder. Und wer ist der Gott des Meeres? fragte sich Ptahmose. So weit er auch in seinem Gedächtnis nach den Reihen von Göttern und Göttinnen, die Amsetse ihm einst aufgezählt hatte, forschte, er fand keinen.[2]

Im Norden das Unendliche, im Süden die Macht. Ein luxuriöser Gefangener. Nachdenklich kleidete er sich wieder an. Seine Jugend war beendet.

II

Der Zorn

1

Miriam

Die leiernden Stimmen der Schreiber begleiteten das Kratzen der Binsen auf den Papyrusrollen.
»Zweihundert Bund Gemüse ...«
Sklaven schichteten Salat, Lauch und Zwiebeln an der Wand der Kanzlei auf; andere luden draußen die Esel ab. Ein Schreiber zählte.
»Zwölf Säcke Getreide ...«
Das Getreide war in Hanfsäcken abgefüllt, die zum Ersticken staubten. Über der großen Halle der Kanzlei lag eine regelrechte Wolke. Die sechs Schreiber, die in der Kanzlei der königlichen Bauleitung beschäftigt waren, protestierten.
»Wiegt die Sachen draußen! Wir kommen hier um!« Und wirklich, jedesmal, wenn die zwei mit dieser Aufgabe betrauten Sklaven einen Sack auf die riesige Waage wuchteten, bevor sie ihn an der Wand neben dem Gemüse aufstellten, stieg eine neue Staubwolke auf.
»Vorschriftsmäßiges Gewicht!« rief der Schreiber bei der Waage, das Haar bereits ganz weiß vom Staub.
»Fünf Stück Rindfleisch ...«
»Hundertzehn Vögel von den Vogelfängern ...«
Die Nahrungsmittel, die für das Personal der Baustellen bestimmt waren, mußten von der königlichen Bauleitung regi-

striert werden, bevor man sie in die benachbarten Vorratsspeicher brachte. Eine zusätzliche Arbeit für die Verwaltung der Bauten.[1]

»Sehr gut«, meinte der Untervorsteher der Schreiber. »Beladet die Esel, wenn sie da sind, mit Getreide und liefert es bei dem Beamten ab, der für das Brot zuständig ist. Fleisch und Gemüse gehen mit dem Eseltransport direkt zur Baustelle im Norden.«

»Die Esel sind da«, teilte einer der Sklaven von der Türschwelle aus mit.

»Was für eine Unmenge von Fliegen!« rief Ptahmose, der die Kanzlei betrat.

Alle wandten sich ihm zu und hielten einen Augenblick in ihren Tätigkeiten inne.

Er war ein wenig dicker geworden. Der Bart war deutlich dichter und kupferfarben; sein Blick düsterer. Er war dreiundzwanzig Jahre alt.

Ganze Fliegenschwärme waren, angezogen vom Geruch des Fleisches, in die Kanzlei eingefallen. Ptahmose rief einen der nubischen Sklaven, einen dünnen und lebhaften kleinen Negerjungen, den er seinem Herrn abgekauft hatte, um ihn seiner schlechten Behandlung zu entziehen. Der Junge eilte zu ihm, das Gesicht voller Verehrung. »Treib zuerst die Fliegen mit dem großen Fächer in die Ecke. Dann verbrenne in dem großen Becken dort Holz aus dem Lande Punt und Eukalyptusblätter.« Der kleine Sklave machte sich sofort eifrig an seine Aufgabe, schwenkte geschickt den Fächer aus geflochtenen Palmblättern und zischte »schhh ...«, wie sein verehrter Herr es ihm beigebracht hatte. Innerhalb weniger Minuten waren die Fliegen vertrieben. Duftender Rauch verbreitete sich wie eine lange hellblaue Schlange nacheinander durch alle Räume der Kanzlei.

»Ich will, daß die Rindfleischstücke mit Stoff bedeckt werden und während des ganzen Transports zugedeckt bleiben. Die Fliegen legen sonst Eier darauf ab«, befahl Ptahmose

dem Vorsteher der Schreiber. »Mit einem Stoff aus Hanf, der die Luft durchläßt.«
»Das ist Fleisch für die Arbeiter«, erwiderte der Schreiber.
»Ein Grund mehr. Wenn unsere Arbeiter krank sind, kommen wir in Verzug. Und beim nächsten Mal soll das Getreide eine Woche früher geliefert werden. Der für das Brot zuständige Beamte hat dann Zeit, es mahlen und backen zu lassen. Wenn das Getreide zusammen mit den verderblichen Lebensmitteln geliefert wird, müssen wir für dieselbe Baustelle zwei Konvois hintereinander organisieren; das ist unwirtschaftlich.«
Ptahmose kehrte in den Garten zurück und betrachtete die fruchtbehangenen Granatapfelbäume, die sich wie Intarsien von den frischgekalkten Mauern abhoben. Die beiden Katzen, die er von Hape-nakht mitgenommen hatte, als er in seine neue Residenz einzog, hatten eine Familie gegründet; es waren nun acht. Ptahmose nahm eine der jüngsten, ein gelbes Kätzchen mit goldfarbenen Augen, schritt über die mit Asphodillen bewachsene Terrasse[2], ging um das Wasserbassin herum, wo sich die Lotusknospen wie die Brüste junger Mädchen reckten, und betrat die Küche des zweiten Gebäudetrakts. Dort ließ er den Blick suchend über den Boden schweifen, so daß der Koch ihn fragend ansah. »Ich brauche einen großen Korb«, erklärte Ptahmose. »Ich möchte sechs große Dinkelbrote, eine gerupfte Gans, einen Sack Bohnen und einen Bund Zwiebeln.« Der Koch füllte den Korb mit den verlangten Lebensmitteln; Ptahmose setzte das Kätzchen obendrauf und schritt zu den Ställen und zu seinem Pferd. Mit einer Geste hielt er die Stallburschen auf, die den Lanzenreitern Bescheid geben wollten, damit sie ihn begleiteten. »Ich werde nicht lange aus sein«, wehrte er ab.
Sie hielten ihm den Fuß, damit er aufsteigen konnte[3], und es gelang ihm, ohne das Kätzchen zu sehr zu erschrecken.
Er ritt in leichtem Trab nach Süden und erreichte bald ein Dorf der Apiru. Das Kätzchen spähte verdutzt nach rechts

und links, während Ptahmose ihm den Rücken kraulte, um es zu beruhigen. Vor einem Haus, das ein wenig abseits der anderen lag, hielt er an. Wäsche hing auf der Leine. Lachend und mit vertrautem Geschrei rannten zwei Kinder auf ihn zu. Eine Frau kam heraus, und Ptahmose reichte ihr den Korb, bevor er vom Pferd sprang.
Die Frau war ein wenig älter als er. Beim Anblick des Kätzchens mußte sie lächeln.
»Damit wirst du die Mäuse los«, meinte Ptahmose. »Wenn die kleine Katze keine Mäuse findet, füttere sie trotzdem, damit sie wiederkommt. Meine Katzen töten die Mäuse, fressen sie aber nicht; wahrscheinlich schmecken sie schlecht. Und schließ die Tür, damit weder Falke noch Wiesel sie erwischen.«
»Eine Gans«, sagte die Frau. »Das wird ein Festessen.«
Sie hielt ihm die Wange hin, und er küßte sie. Die Kinder, die noch zu klein waren, um in den Korb sehen zu können, fingen auf hebräisch an zu rufen: »Eine Gans! Eine Gans!« Dann stürzten sie sich auf das Kätzchen und überschütteten es mit Geschrei und Zärtlichkeiten.
Die Frau trat ins Haus, um die Gans, die Bohnen, die Brote und die Zwiebeln in Sicherheit zu bringen, dann erschien sie wieder auf der Schwelle.
»Möchtest du hereinkommen? Ich habe Palmwein da.«
»Nein, ich wollte dich nur kurz besuchen. Geht es deinem Mann gut?«
»Dank sei dem Herrn«, antwortete sie. »Er kommt aus einer gesunden Familie. Er hatte vor ein paar Tagen entzündete Augen wegen des Staubs, aber Kamillensud hat ihn geheilt.«
Ptahmose nickte.
»Wenn nur Aaron hier wäre«, seufzte sie.
»Es geht ihm besser in Memphis. Dort ist er Vorarbeiter. Hier sind die Vorarbeiter Ägypter.«
»Das ändert nichts daran, daß er mir fehlt.«

»Ich weiß, Miriam. Es ist schon viel, daß du hier bist. Ich habe dir dieses Haus bauen lassen, aber ich bin nicht der König von Ägypten.«
»Hat ein Prinz nicht das Recht, auch für seinen Bruder ein Haus bauen zu lassen?«
»Es ist besser, nicht zuviel auf einmal zu tun.«
»Aber du wirst ihn kommen lassen, nicht wahr?«
»Ich werde ihn kommen lassen. Ich habe es gesagt.«
»Du sprichst nicht einmal die Sprache deines Vaters.«
Ptahmose schien plötzlich gereizt. »Ich lerne sie. Und ich brauche sie nicht. Wenn ich einer der Euren wäre, hätte ich nichts für euch tun können. Das hätte niemanden weitergebracht.«
»Was ist also zu tun?«
»Ich weiß es nicht. Aber es gibt Dinge zu tun.«
»Es wird sich niemals etwas ändern«, seufzte sie.
»Alles ändert sich stets, Miriam. Vor allem, wenn man nicht damit rechnet.«
»Nun bist du seit acht Jahren hier. Erst vor drei Monaten hast du mich kommen lassen. Die Zeit vergeht. Der Herr hat uns vergessen.«
Ihre Stimme klang schwer und belegt, als wolle sie sich gleich in Tränen auflösen, und er mochte keine Tränen. Er war nur aufgrund ihrer Blutsbande mit seinen Geschenken zu ihr zu Besuch gekommen, in Erinnerung an den peinlichen Augenblick, als dieses wilde Naturkind, das sie gewesen war, ihm im Palasthof den Tod seines Vaters mitgeteilt hatte. Aber sie war ganz sicher nicht die Schwester, von der er einst geträumt hatte, die Vertraute, die Gehilfin... Kurz, dieser Ersatz für eine Gattin, die eine wahre Schwester sein sollte. Er ging zu seinem Pferd und dachte bei sich, daß er zu oft als Ventil für das Gejammer seiner Schwester diente. Sie holte einen Schemel, damit er aufsteigen konnte. Als er im Sattel saß, warf sie ihm einen vorwurfsvollen Blick zu.
»Und du bist mit dieser Frau zusammen«, murrte sie.

»Sie ist eine Konkubine.«
»Sie hat dir Kinder geschenkt.«[4]
»Frauen bekommen eben Kinder«, erwiderte er und nahm die Zügel.
»Und ich kann dich nicht besuchen... Diese Frau...«
Er kehrte vor dem Haus um, gefolgt von den Kindern, die immer noch das Kätzchen hielten und es küßten, als sei es ein kleiner Bruder.
»Denk an Aaron!« rief sie ihm nach, während er davonritt. Er nickte und trabte los. Eine Welle des Zorns überflutete ihn. Hatten Frauen für Männer denn nie etwas anderes als Vorwürfe? Was wollte sie denn? Daß er seine Ämter aufgab, um sich als Arbeiter zu verdingen? Daß er eine Apiru heiratete und so zum Schwager oder Schwiegersohn eines seiner eigenen Arbeiter wurde? Hatte sie denn kein Hirn im Kopf? Wie würde das erst sein, wenn Aaron ebenfalls in Auaris wäre, um ihre Partei zu ergreifen!

2

Und wieder das Meer

Wo ging der Prinz bloß hin, wenn er verschwand?
Das war die Frage, die das Haus und die Kanzlei manchmal umtrieb. Denn von Zeit zu Zeit verschwand Ptahmose im Laufe des Vormittags, wenn die Verwaltungsgeschäfte ihm die Zeit dafür ließen. Er mußte sich wohl weit entfernen, denn er nahm sein Pferd, und er kehrte mit einer Miene zurück, die zugleich heiter und abwesend war, wie die Maske einer Statue, die zu sehen vorgibt, deren Blick sich aber nach innen wendet.
Hape-nakht, der ihn eines Nachmittags, nachdem er wieder einmal verschwunden war, bei der Rückkehr sah, war darüber beunruhigt. Hatte der Prinz übermäßig Kât-Blätter gekaut? Jedermann, in Auaris und anderswo, konsumierte Kât, um die Langeweile zu betäuben. Hape-nakht versuchte, die Pupillen des königlichen Leiters näher zu betrachten, fand sie aber nicht besonders verengt, wie es der Fall war, wenn man kurz zuvor die nubischen Blätter gekaut hatte. War er krank? Nein, das auch nicht. Er hatte eine frische Farbe und lebhafte Gesten.
Hape-nakht war gekommen, um ihm ein Problem bezüglich des Festungsbaus in den Oasen zu unterbreiten.[1] Ptahmose hatte kein Wort gesagt. Verwirrendes Schweigen war gefolgt.

»Was soll ich deiner Meinung nach also machen?« fragte Hape-nakht verunsichert.

»Der Regent hat recht«, antwortete Ptahmose schließlich, ohne das Gesicht zu wenden, die Hände auf den Schenkeln ruhend. »Es ist unsinnig, Lebensmittel in die Oasen zu schicken. Die Soldaten der Garnisonen müssen sich selbst versorgen können. Man muß dort Backöfen für Brot und Schlachthäuser errichten, und ebenso Ziegelbrennereien.«

Seine Stimme war bedächtig, ruhig, klar, hatte aber einen seltsamen Grabesklang. Einen Augenblick später fügte Ptahmose hinzu: »Man muß Gemüsegärten, Getreideanbau und Viehzucht aufbauen, denn all das wird in diesen Oasen bisher nur auf primitive Weise betrieben.«

Unbehaglich erhob sich Hape-nakht, um sich zu verabschieden.

»Die Sonne sei mit dir«, sagte Ptahmose und begleitete ihn zur Tür.

Es stimmte, daß die Spontaneität, ja das Ungestüm, das Ptahmose bei seiner Ankunft in Auaris gezeigt hatte, nur noch Erinnerungen waren. In seinen vertrautesten Augenblicken war er ernst, ansonsten abwesend. Oft war er sogar physisch abwesend. Buto sah ihn nach dem Abendessen kaum. Er verschwand. Sie brachte die Kinder zu Bett und unterhielt sich mit der Amme und den Frauen der Diener. Sie tratschte gern. Oder sie tauschte mit diesen Frauen Zauberrezepte aus, etwa wie man festere Brüste bekam. Es war unglaublich, was die Ägypter an Zauberkünsten betrieben! Wenn Ptahmose zurückkam, schlief sie oft schon. Er weckte sie nicht, er hatte sein Zimmer für sich, und wenn sie morgens zum erstenmal die Augen aufschlug, war er bereits aufgestanden und beendete seine erste Mahlzeit im Garten. Er nahm seinen dreijährigen Sohn auf den Schoß und schälte ihm eine Feige.

Wo also ging er bloß hin? Gerüchte kamen Hape-nakht zu Ohren. Der Untervorsteher der Königsurkunden rühmte sich, besser als sonst jemand über das Privatleben der führenden Persönlichkeiten in Auaris Bescheid zu wissen, und mit Hilfe von Geheimkurieren ließ er den Regenten daraus Nutzen ziehen. Das Verschwinden des Prinzen verdiente eine Untersuchung. Hape-nakht setzte daher einen Spion auf Ptahmose an.

Der Mann tat so, als würde er zusammen mit den anderen Gemüsegärtnern im privaten Gemüsegarten des Prinzen arbeiten, der sich etwa fünfzig Ellen vom Haus entfernt befand. Eines Morgens, als Ptahmose die Kanzlei verließ, um sein Pferd zu holen, setzte sich der Spion heimlich ab und lief zu seinem Maultier. Er folgte Ptahmose über eine Stunde lang auf dem Hinweg und während des ganzen Rückwegs.

Zur zweiten Stunde nach der Abenddämmerung kam er bei Hape-nakht an. Der Untervorsteher ließ ihn unverzüglich in eine der verlassenen Schreibstuben seiner Kanzlei eintreten. Der Spion sah betreten drein.

»Nun?« fragte Hape-nakht. »Weißt du, wohin er reitet?«

»Ja«, erwiderte der Spion. »Er reitet ans Meer.«

»Ans Meer?«

»Ans Meer. Er führt sein Pferd bis ans Ufer und dort bleibt er.«

»Er bleibt dort? Was heißt, er bleibt dort? Steht er? Sitzt er? Trifft er sich mit jemandem? Was macht er?«

»Nichts. Er setzt sich hin und betrachtet das Meer.«

Hape-nakht rieb sich das Kinn und kniff listig die Augen zusammen.

»Und dann?« fragte er.

»Nichts. Er ist wieder auf sein Pferd gestiegen und hierher zurückgekehrt, zu sich nach Hause. Jetzt ißt er gerade zu Abend.«

»Mit wem hat er gesprochen?«

»Mit niemandem.«

»Mit niemandem? Wie lange hat er am Meer gesessen?«

»Ich würde sagen, gut zwei Zwölftel der Sonnenuhr.«
»Er hat zwei Stunden lang am Meer gesessen, ohne zu sprechen, und ist dann hierher zurückgekehrt?«
»Genau.«
»Hältst du mich für einen Einfaltspinsel?« fragte Hape-nakht.
»Schneid mir Nase und Ohren ab, wenn ich nicht die absolute Wahrheit sage.«
»Dann hat er dich gesehen.«
»Er konnte mich nicht sehen. Ich bin ihm in einer Entfernung von über fünfhundert Ellen gefolgt.«
»Er hat nicht einmal angehalten, um etwas zu trinken?«
»Er hatte eine Feldflasche am Sattel, aus der hat er getrunken.«
Hape-nakht lehnte sich auf seinem Stuhl zurück. Das war wirklich eine ungewöhnliche Geschichte.
»Komm morgen wie vereinbart in der Kanzlei vorbei und laß dir zehn Deben irgendeiner Ware geben.«
»Ich möchte Leinen.«
»Du wirst Leinen bekommen«, bestätigte Hape-nakht und schob den Mann hinaus.
Hape-nakht begann sich wieder das Kinn zu reiben. Dieser Bericht hatte weder Hand noch Fuß. Ptahmose mußte den Spion gekauft haben. Am nächsten Morgen würde er einen neuen losschicken.
Zwei Tage später stattete der zweite Spion einen fast gleichen Bericht ab.
Hape-nakht bereitete das schlaflose Nächte. Was konnte Prinz Ptahmose, Leiter der königlichen Bauten, nur bezwecken, wenn er zwei Stunden lang allein auf das Meer starrte, ohne irgendein Wort zu jemandem zu sagen? Wenn Hape-nakht einen solchen Bericht nach Memphis lieferte, würde der Regent an seinem Verstand zweifeln. Nach drei Tagen entschloß sich Hape-nakht, selbst hinter Ptahmose herzuspionieren, um sich Gewißheit zu verschaffen.

Er postierte einen dritten Spion vor Ptahmoses Haus, der ihn schnellstmöglich informieren sollte, sobald er Ptahmose allein nach Norden reiten sah. Schließlich gab es von Auaris aus nur eine Straße, die ans Meer führte, und selbst wenn Hape-nakht etwas später aufbrach, würde er seine Beute noch einholen.

Vier Tage später kam der Spion keuchend angelaufen, um ihn zu holen; der Prinz sei losgeritten. Hape-nakht ließ alles stehen und liegen, lief zu seinem Maultier und nahm Ptahmoses Spur auf. Er trabte, bis er kurz hinter Auaris ein Pferd und die Silhouette Ptahmoses erkannte. Hape-nakht ließ ihm etwa hundert Ellen Vorsprung und folgte dann dem Reiter. Ptahmose schien tatsächlich ans Meer zu wollen; soweit hatten die Spione also nicht gelogen. Als sie in der Nähe des Meeres angelangt waren, dort, wo keine Dörfer oder Pflanzungen mehr waren, sondern sich kleine Wäldchen mit brackigen Sümpfen abwechselten, band Hape-nakht sein Maultier an einem Baum fest und ging vorsichtig bis zu den Kasuarinenbüschen, die am Ufer wuchsen. Er schlich wie auf Katzenpfoten und sah, wie sich Ptahmose auf einen Ast stützte, um vom Pferd zu steigen, sein Reittier festband und langsam ans Ufer trat. Er wartete.

Wie die Spione gesagt hatten, mußte er fast zwei Stunden lang warten. Alle Sinne angespannt, beobachtete er diese rätselhafte Person. Alles, was er sah, war, daß Ptahmose, wie er so am Wasser saß, tief zu atmen schien, tiefer als normal. Ansonsten tat er nichts, absolut nichts. Schließlich kehrte Ptahmose zu seinem Pferd zurück, während sich Hape-nakht, immer noch vollkommen verblüfft und mit aufgesperrtem Mund, erst viel später auf den Weg machte, gänzlich unfähig, auch nur die geringste Erklärung für ein solches Verhalten zu finden.

Schlimmer noch: Er hatte nichts, womit er einen Bericht nach Memphis rechtfertigen konnte. Der Prinz atmete Meeresluft, na und? Es stand ihm, Hape-nakht, frei zu denken, daß Ptahmose verrückt geworden war, aber nichts an der Art, wie die königlichen Bauten organisiert und geleitet wurden, deutete darauf hin, ganz im Gegenteil. Diese Organisation glänzte durch Präzision und Tempo.

Allerdings konnte Hape-nakht nicht wissen, daß der gestürzte Priester Nesaton, den Ptahmose aufgenommen hatte, den Prinzen so beeinflußt hatte.

Einige Wochen, nachdem Ptahmose Nesaton vom Weg aufgehoben hatte, wo Erschöpfung und Hunger den Priester hatten straucheln lassen, war Nesaton zu Ptahmose gekommen. »Mein Ende ist nahe«, hatte er gesagt, nachdem Ptahmose ihm einen Stuhl im Garten angeboten und eine Karaffe Palmwein und Feigen hatte bringen lassen. Das Gesicht des Greises zeigte fast ein Lächeln, oder war es schon die Starre des Todes, die sich auf seinem Antlitz abzeichnete? Unwichtig, der Tonfall selbst war wie ein Lächeln.

»Du hast mich aus Großherzigkeit gerettet, und ich habe dir für deine Gastfreundschaft, deinen Schurz, deine gebratenen Tauben, dein Brot, deine Milch und deinen Palmwein nichts zu geben. Nichts als ein klein wenig Weisheit.« Nesatons Atem wurde kurz. »So erfahre eines, denn ich spüre, daß du es nicht weißt: Kein Mensch lebt, wenn er nicht das Wissen um die Gottheit hat. Jeder Mensch, der das vorgibt, wird schließlich als niederes Tier enden.«

Der Greis ließ Ptahmose diese Worte ins Bewußtsein dringen, dann fuhr er nach einer Pause fort.

»Dein Blut fließt zu rasch, weil du jung bist. Es verursacht Springwellen in deinem Gehirn, es erregt deine Wünsche und dein Sehnen. Wünsche und Sehnen halten dich fern von dem, was wesentlich ist, von dem Wissen um die Gottheit, wie ich sagte. Es kommt nicht zu dir, wenn dein Geist wie der Zusammenfluß von Fluß und Meer ist, wenn er unablässig von diesem und jenem, diesem und dem Gegenteil von diesem, jenem und dem Gegenteil von jenem getrübt wird.«

Der alte Mann nahm einen tiefen Schluck Palmwein. »So-

lange du es nicht verstehst, in dir die Gottheit zu empfangen, Ptahmose, wirst du nur Spielball der Ereignisse sein, und schlimmer noch, Spielball deiner Wünsche. Nur die Gottheit kann dich in der unsichtbaren Realität verankern, die nicht Leben und nicht Tod ist, sondern Immanenz.«
»Welche Gottheit?« hatte Ptahmose gefragt.
»Der Name ist unwichtig«, hatte Nesaton geantwortet. »Namen sind Schöpfungen unserer Sprache; die Gottheit ist einzig und immanent, unbenannt und unbenennbar. Sie existiert vor den Worten. Unsere Sprache materialisiert sie für uns, aber sie existiert jenseits der Sprache. Verstehst du mich?«
»Sprich und ich werde dich verstehen.«
»Wenn du die Gottheit in dir empfangen willst, mußt du zuerst alles aus dir entfernen, was nicht sie ist, das heißt, deine Gefühle und die Sorge um deine Unternehmungen. Du mußt dich bemühen, an nichts zu denken. Das ist das Geheimnis, das Echnaton offenbart worden ist und von dem er nicht den besten Gebrauch gemacht hat. Er hat der Gottheit, die er gespürt hat, noch einen Namen gegeben, und ich habe dir gesagt, was bedeuten Namen? Aton oder Re, Osiris oder Seth, was göttlich ist, braucht nur für niedrige Geister benannt zu werden. Bring deinen Geist zur Ruhe und vergiß, was dein Tagwerk gewesen ist, was dein Leben gewesen ist, was du wünschst und was du haßt.«
Der Greis streckte den mageren Arm nach dem Teller mit Feigen aus, seine Finger flatterten über die Früchte, berührten sie sacht wie ein Schmetterling, der einen Ort sucht, an dem er sich niederlassen kann, und nahmen sich eine. Er aß langsam und bewußt und fuhr fort: »Dazu ist es nötig, daß dein Körper zur Ruhe kommt. Sitzend oder liegend, aber ruhig, vollkommen ruhig, ohne einen Wunsch, anders zu sein. Ich ziehe es vor zu sitzen, aber man kann auch liegen, und manchen Priestern, die ich kannte, gelang diese Übung sogar im Stehen. Ein Körper auf zehn Zehen, eine Haut, die

nur die Luft spürt. Es kann eine Weile dauern, man muß dem Gehirn Zeit lassen, sich von seinen Unreinheiten zu leeren. Und dann ...«
Nesaton schien nach Atem zu ringen.
»... Und dann muß man atmen. Tief, so daß man jegliche Luft um sich herum einsaugt, seine Brust damit füllt, als sei es der letzte Luftzug, den sie in sich aufnimmt. Sie dann vollkommen ausatmen, ohne eine Spur von ihr in sich zurückzulassen, und von neuem beginnen. Aber diesmal muß die Luft ins Innere dringen. Man muß von innen heraus atmen, mit dem Bauch, verstehst du?«
Der alte Mann machte es ihm vor, und Ptahmose sah, wie sich der Bauch bewegte, als seien die Lungen zu ihm nach unten gewandert.
»Nach einiger Zeit breitet sich großer Friede in dir aus. Noch später verwandelt sich dieser Frieden in Glückseligkeit. Und dann verschwindet selbst die Glückseligkeit und man sieht – nein, man sieht nichts, es geht nicht mehr um das Sehen –, man nähert sich einem viel intensiveren, viel tieferen, viel leuchtenderen Lebensgefühl ... Man nähert sich der Gottheit. Die Disziplin, die ich dich lehre, ist die des Bundes mit der Gottheit.«
Der Bund! Ein leichtes Zittern lief über Ptahmoses Gesicht. Genau diesen Begriff verwendeten die Apiru. Sie sagten, ihr Herr habe einst einen Bund mit ihrem ersten Oberhaupt, Abraham, geschlossen. Nesaton streckte die Hand nach dem Glas mit Palmwein aus.
»Wenn man diese Übung regelmäßig praktiziert«, fuhr er fort, »wenn man sie sorgfältig praktiziert, ohne ein Ziel zu verfolgen, sondern als sei das eine gewöhnliche Art zu leben, nähert man sich manchmal der Gottheit. Nichts kann einen dann mehr treffen, nicht einmal die Angst vor dem Tod. Du wirst auf jeden Fall aus dieser Übung Nutzen ziehen, Ptahmose.«
»Warum?« fragte Ptahmose fasziniert.

»Weil das Feuer in dir dich ruhelos macht, so wie es das Wasser kochen läßt.«
»Was ist schlecht daran, ruhelos zu sein?«
»Man verzehrt sich. Man verschleudert nutzlos seine innere Kraft. Die Seele verkümmert. Sie wird melancholisch. Wenn sich Zorn oder ein anderes heftiges Gefühl deiner bemächtigen, kau ein paar Kât-Blätter. Oder trink ein wenig Mohnwein.«
Ptahmose zog eine Grimasse. Mohnwein schmeckte bitter.
»Sollte man also ohne Feuer leben?« fragte er.
»Nein, aber das Feuer muß von oben kommen. Es muß das Feuer der Gottheit sein, das dich erfüllt, nicht das Feuer der Erde«, erwiderte Nesaton und nahm sich noch eine Feige.
Ptahmose dachte eine Weile nach. »Das tun also die Priester?« fragte er schließlich.
Auch Nesaton ließ sich mit der Antwort Zeit. »Manche«, sagte er, »aber nicht in Unterägypten. Ich bin in Abydos eingeweiht worden, im Süden. Manche Priester dort halten die Tradition aufrecht, aber das ist im Süden.«[2]
»Was soll ich tun?« fragte Ptahmose.
»Du hast gehört, was ich dir gesagt habe. Sammle dich. Übe regelmäßig die Kontrolle deines Atems.«
Der alte Priester nahm seinen Stock und erhob sich mit Ptahmoses Hilfe. Er legte ihm die Hand auf die Schulter und sagte leise: »Sie wollten dich nicht einweihen, nicht wahr? Weil dein Vater ein Apiru ist. Nein, widersprich nicht, ich weiß es, man weiß alles. Sie wollten nicht, daß du Priester wirst, sie wollten ihre Mysterien nicht Fremden offenbaren. Aber du bist nicht irgendein Fremder, Ptahmose, ich fühle es. Du machst angst. Du mußt ihnen dort unten in Memphis Angst eingejagt haben, und so haben sie dich hierher geschickt. Ich spüre es, du wirst dennoch ein Führer sein. Ich weiß nicht, für wen. Für die Ägypter – das ist eher unwahrscheinlich. Also ein Führer für die Apiru. Deshalb sollst du lernen, was ich dir gesagt habe.«

»Aber ist das ... ist das so einfach?« rief Ptahmose.
Nesaton lächelte. »Es ist vielleicht nicht so einfach, wie ich es zusammengefaßt habe, aber ich habe dir das Wesentliche gesagt. Wenn man Milch zum Kochen bringt, kommen die wesentlichen Substanzen an die Oberfläche, in Form von Rahm. Ich habe dir den Rahm gegeben. Mit der Zeit und mit Übung wirst du den Rest verstehen. Begleite mich.«
Ptahmose stützte seinen Arm, als sie zur Tür gingen, die hinten hinaus auf die Felder führte. Dort hatten die Diener ein Zimmer für den gestürzten Priester hergerichtet, schon von Anfang an, sogar ohne daß Ptahmose es angeordnet hatte. Nicht nur Nesatons Alter oder die Fürsorge ihres Herrn für ihn hatten das befohlen, sondern auch die natürliche Autorität, die der Greis ausstrahlte. Ein sanfte und unwiderstehliche Autorität. An der Tür löste ein alter Diener Ptahmose ab.
Der Bund ... dachte Ptahmose, als er sich auf seinem Bett ausstreckte.
Aber von diesen Dingen konnte Hape-nakht nichts wissen.

3

Vertreter eines Volkes

Setepentoth, der neue Nomarch, war ein junger Mann, mager und pedantisch, der aus einer hochgestellten Familie der Gegend kam, über die manche flüsterten, sie stamme von den Hyksos ab. Aber schließlich war das schon so lange her, daß dieses Gerücht nichts mehr bewirkte, vor allem, wenn man wußte, daß besagte Familie den größten Landbesitz im Delta besaß und, wie man allgemein sagte, das beste Obst Ägyptens erzeugte.
Setepentoth, von Ramses persönlich ausgewählt, hatte die indirekte Ermahnung im Hinblick auf das Verhalten seines Vorgängers gegenüber Ptahmose wohl verstanden. Ptahmose war vom König ernannt, und wer ihm Steine in den Weg legte, wie es der verstorbene Horw-amun versucht hatte, mußte sich vor dem Regenten und dem König dafür verantworten. Setepentoth ließ sich das gesagt sein und begegnete Ptahmose mit ausgesuchter, wenn auch eisiger Höflichkeit. Bei großen Festen entrichtete er ihm die vorschriftsmäßigen Glückwünsche, je nach Gelegenheit begleitet von Granatäpfeln, Datteln, Feigen, Mangos oder Weintrauben und einem großen Krug des billigsten Weines aus dem Delta; bei den Zeremonien, die ihm unterstanden, wies er Ptahmose den vorschriftsmäßigen Platz zu, enthielt sich jedoch jeglichen

persönlichen Kontakts. Im Vergleich dazu war Hape-nakht ein Jugendfreund.
Auf einer der Baustellen tauchte ein Problem auf. Es handelte sich um ein großes Projekt der Kanzlei des Nomarchen, im Einverständnis mit der Leitung der königlichen Bauten. Auaris sollte nach Nordwesten hin erweitert werden, was die Enteignung eines Viertels nötig machte, das bisher außerhalb der Stadt gelegen und von Apiru bewohnt war, die dort mehr oder weniger angemeldete Gemüsegärten angelegt hatten und daraus recht willkürliche, kaum deklarierte Einkünfte bezogen.
Das Projekt des Nomarchen war sinnvoll. Dieses Viertel, verächtlich »Apiru-Müllhalde« genannt, entsprach in keiner Weise der Stadt Auaris, so wie sie sich seit Ptahmoses Ankunft entwickelt hatte. Dieses freie Gelände, das zu betreten die Polizei sich sträubte, bot einen trostlosen Anblick. Abstoßend schon am Tage, zeigte es sich nachts in seiner ganzen Häßlichkeit: Auf dem Brachland hinter den Elendsbehausungen gruppierten sich einige Spelunken und Freudenhäuser. Feldmäuse und Ratten aus der Stadt, Füchse und Wiesel trieben sich dort zuhauf herum, es hieß sogar, man habe Schakale heulen hören. Um die Hygiene war es erbärmlich bestellt, und in diesem Viertel lebten nur die Apiru, die keinerlei Abgaben für den Boden entrichteten, ihre Hütten aufstellten, wo es ihnen paßte, ihre Gurken und ihre Zwiebeln anbauten und ihre Gänse und Hühner züchteten, ohne etwas an die Steuerbehörden zu zahlen. Die Empörung der Ägypter war nicht ohne Einfluß auf die Entscheidung des Nomarchen, das Viertel abzureißen; sie hatten langsam genug von der Bevorzugung, die sich die Apiru anmaßten. Sie drohten, in Memphis darüber Bericht zu erstatten.
Doch die Arbeiter, die Apiru waren, weigerten sich, die Häuser, Hütten und Grundstücke ihrer Glaubensbrüder anzutasten. Sie hatten einen ausgezeichneten Grund dafür;

schließlich hatten auch viele von ihnen dort ihr Stückchen Land und ihre Hütte. Weder Beschwörungen noch Drohungen der Vorarbeiter konnten dabei etwas ausrichten. Eines Morgens kam der Sekretär des Nomarchen, um das Problem Ptahmose zu unterbreiten.

Es war eine heikle Sache. Die von Setepentoth geplanten Baumaßnahmen gehörten nicht zu den von der königlichen Bauabteilung angeordneten Unternehmen, hatten aber nichtsdestotrotz die Zustimmung ihres Leiters. In gewisser Weise wurde also Ptahmoses Autorität in Frage gestellt. Er antwortete dem Sekretär des Nomarchen, daß er sich selbst an Ort und Stelle begeben und eine Lösung finden wolle.

Gleich am Nachmittag ritt er hin. Die Arbeiter saßen am Rand der »Müllhalde« und aßen mit Bohnen und Zwiebeln gefüllte Brote, neben sich einen Krug Trauben- oder Palmwein. Vorarbeiter waren nicht zu sehen. Natürlich sahen sie Ptahmose mit seiner Garde kommen, ignorierten ihn aber oder warfen ihm einige wenig wohlwollende Blicke zu. Sie kannten ihn, weil sie ihn schon andere Baustellen hatten besichtigen sehen.

Ptahmose stieg ab und betrat das kleine Gelände am Rande der geplanten breiten Straße.

»Habt ihr einen Anführer?« fragte er eine Gruppe.

»Die Vorarbeiter sind gegangen«, antwortete einer der Arbeiter, ohne mit dem Kauen aufzuhören.

»Ich spreche nicht von den Vorarbeitern, sondern von eurem eigenen Anführer.«

Er wünschte sich, Lumi oder Issar wären auf dieser Baustelle; aber sie arbeiteten auf einer anderen, die ihm persönlich unterstand.

Ein etwa vierzigjähriger Arbeiter stand auf. Sein Gesicht war verzerrt, seine Augen blutunterlaufen; der Mann vertrug sichtlich keinen Alkohol. »Von was für einem Anführer sprichst du?« fragte er in anmaßendem Tonfall. »Kein

Anführer wird uns dazu bewegen, die Häuser unserer Brüder zu zerstören.«

»Ihr besetzt illegal Ländereien der Krone«, erwiderte Ptahmose ruhig. »Die Häuser auf diesem Land sind illegal erbaut worden. Ihr habt Anbauflächen angelegt, die nicht deklariert sind und für die ihr, im Unterschied zu den anderen Menschen in diesem Land, keine Abgaben bezahlt.«

»Dieser Stutzer da wird uns nicht dazu bringen, daß wir nach seiner Pfeife tanzen!« schnaubte ein Arbeiter auf hebräisch.

»Ich bin kein Stutzer und spiele nicht auf der Pfeife«, konterte Ptahmose in derselben Sprache. »Ich bin gekommen, um euch zu erklären, daß ihr euch in einer unhaltbaren Lage befindet.«

Verblüfftes Schweigen folgte diesen Worten. Zum ersten Mal hörten sie ihn ihre Sprache sprechen, und er sprach sie korrekt. Sehr wenige Ägypter besaßen auch nur rudimentäre Kenntnisse.

»Wer spricht nun aus dir?« fragte Ptahmoses Verhandlungspartner. »Der Apiru oder der Abgesandte des Königs?«

Ptahmose ließ sich von der Unverschämtheit dieser Frage nicht aus dem Konzept bringen. »Würdet ihr euch in einem Königreich der Apiru befinden«, antwortete er, »würden eure Häuser noch heute von der Polizei und der Armee des Landes abgerissen werden. Denn es gibt kein Königreich ohne Rechtsprechung. Ihr befindet euch im Königreich Ägypten und seid seiner Rechtsprechung unterworfen.«

Es herrschte völlige Stille.

»Und wenn wir uns weigern?« fragte der andere.

»Dann lasse ich diese Häuser unter Aufsicht der Polizei von libyschen Arbeitern abreißen.«

»Dann herrscht Krieg!« schrie der Mann.

»Deswegen ist es besser, wenn ihr es selbst macht«, erwiderte Ptahmose gleichmütig.

Einige Frauen kamen aus ihren Häusern und beobachteten das Duell aus der Entfernung. Eine hatte noch ein Stück Federvieh in der Hand, das sie gerade rupfte. Ptahmose dachte an Miriam. Waren es die Frauen, die ihre Männer zur Revolte drängten?

»Aber wo sollen wir hin?« rief der Mann und schüttelte heftig die Faust vor Ptahmoses Nase. »Wo sollen wir hin? Willst du uns unter freiem Himmel schlafen lassen? Ist unser Elend noch nicht groß genug?« Seine Stimme war schrill geworden.

»Das war das einzig Interessante von allem, was du bisher gesagt hast«, antwortete Ptahmose. »Ich kann euch ein Gelände hier in der Nähe bewilligen, auf dem ihr eure Häuser errichten könnt. Anständigere Häuser, in denen eure Kinder nicht Gefahr laufen, nachts von Mäusen oder Füchsen gebissen zu werden, und wo ihr schlafen könnt, ohne daß euch das Geschrei aus den Bordellen weckt.«

»Wo?« riefen mehrere Stimmen.

»Im Bezirk Sobk, an der Straße nach Schedet«, erwiderte Ptahmose.

Das war ein Vorort im Osten von Auaris, in der Nähe von zwei etwas weiter südlich gelegenen Apiru-Dörfern. Das wußten sie; in einem der Dörfer wohnten Angehörige des Stammes Ephraim, im anderen Angehörige des Stammes Simeon.[1]

»Ihr seid alle aus dem Stamme Juda, nicht wahr?« fragte Ptahmose.

Erstaunt sahen sie ihn an. Dieser falsche Ägypter kannte also die Stämme?

»Fast alle«, bestätigte der Anführer. »Manche kommen auch aus dem Stamm Benjamin.«

Der Mann spuckte einen Strahl grünen Speichels aus, und Ptahmose begriff, daß er Kât gekaut hatte.

»Und wo schlafen wir heute nacht?« knurrte der Mann widerwillig.[2]

»Ich gebe euch zehn Tage, um euer neues Dorf zu bauen. Dann räumt ihr dieses Gelände.« Er ließ den Blick über die Versammlung schweifen; er sah, daß sie unsicher geworden waren. »Aber ich will, daß diese Räumung innerhalb einer Woche abgeschlossen ist.«

»Und wer wird uns das Baumaterial geben?« bohrte der Mann weiter.

»Ich überlasse euch den Trupp der Ziegelhersteller und das Stroh.«

Immer länger wurden die Schweigephasen in ihrem Schlagabtausch. Im Grunde waren die Apiru nicht besonders darauf erpicht, sich mit der Polizei und der Armee anzulegen.

»Aber ich will im Viertel Sobk keine Bordelle oder Spelunken, in denen gespielt wird«, fügte Ptahmose hinzu. »Dort sind andere Apiru-Dörfer. Ich will nicht, daß ihr die Verderbtheit dieser Müllhalde dorthin mitnehmt.«

Selbst Ptahmoses Verhandlungspartner war nun verstummt. »Ich bin nicht für nichts und wieder nichts hierhergekommen«, erklärte Ptahmose. »Ich will jetzt eine Antwort.«

Der Mann entfernte sich und rief einige Kumpane zusammen. Sie beratschlagten einen Augenblick, bald lautstark, bald niedergeschlagen. Dann kam der Mann zu Ptahmose zurück.

»Wir nehmen dein Angebot an«, erklärte er auf hebräisch.

»Daran tut ihr gut«, antwortete Ptahmose. »Es ist in eurem eigenen Interesse. Morgen früh werdet ihr im Bezirk Sobk die Ziegelhersteller und einen Vorrat an Stroh finden.«

Von ihren ratlosen Blicken begleitet, stieg er wieder auf sein Pferd. Dann schickte er seinen ersten Schreiber zu Setepentoth, damit er ihm die mit den Apiru geschlossene Abmachung unterbreitete. Als Ptahmose am Abend zurückkam, berichtete ihm der Bote, der Nomarch habe kein

Hehl aus seiner Begeisterung gemacht; er hatte einen Aufruhr befürchtet. Aus Dankbarkeit erbot sich Setepentoth, persönlich das Stroh für die neuen Häuser der Apiru zu liefern.

Ptahmose aß nachdenklich zu Abend und hörte dabei ein Musikstück mit Flöten und Leiern an, dessen Klänge sich in der duftenden Abendluft wiegten. Seine Diener feierten auf dem Gelände hinter dem Haus eine Hochzeit. Er hatte ihnen ein Lamm, sechs Gänse, fünfzig Brote, einen Sack Bohnen und einen großen Tonkrug Wein aus dem Delta spendiert. Die sanfte Tanzmusik setzte sich in den Lenden fest und lähmte das Gehirn. Später würden die Diener sich magischen Prozeduren hingeben, um böse Geister zu beschwören. Da sie keinen Bund mit einem Gott hatten, begnügten sie sich mit der Vertreibung von Phantasiewesen. Und später in der Nacht, vom Alkohol erhitzt, würden sie um die Wette huren.

Ptahmose seufzte. Vielleicht hatten diese Leute letztendlich recht. Wohin führten ihn denn seine Erleuchtungen? Er existierte nur durch seine Verdienste. Er war allein. In acht Jahren war er nur viermal nach Memphis zurückgekehrt. Das letzte Mal, um seiner Mutter seinen Erstgeborenen und dessen Schwester vorzustellen und um Miriam und ihre Familie mitzunehmen. Er hatte eine zerstreute Mutter vorgefunden, die mit den Magenschmerzen ihres Gatten Nakht und der Erziehung ihrer Kinder beschäftigt war. Ramses hatte ihn mit gespieltem Erstaunen empfangen. Was machte er denn hier? Auch eine Art zu sagen, daß sein Platz nicht in Memphis war.

Man hatte ihn in der Tat ins Exil geschickt und betrachtete ihn nun stillschweigend als Oberhaupt der Apiru. Eine Art Vertreter, der befugt war, mit ihnen zu verhandeln, weil er Apiru-Blut in sich hatte. Aber er war nicht ihr wahres Oberhaupt. Würde er es jemals sein? Konnten sie jemals ein Oberhaupt haben? Seit Jahrhunderten hatten sie

die Gewohnheit, nur nach ihrem eigenen Gutdünken zu handeln.
Und was kümmerte es ihn letzten Endes? Hatte er nicht das Licht gefunden? Wie sollte er diese Holzköpfe damit vertraut machen?

4

Das *Große Schwarze*

»Hier scheint Ägypten unvollendet zu sein«, rief Ptahmose dem leitenden Architekten, einem jämmerlichen Reiter, der im Sattel hin und her schwankte, vom Pferd aus zu. Sie befanden sich östlich von On, der Stadt des Sonnengottes, auf der Straße durch die Wüsten, die Ägypten von Asien trennten. Ptahmose zeigte auf teils bergige, teils hügelige Gebiete mit zahlreichen Lagunen, Schlammlöchern und ausgetrockneten Wadis, unterbrochen von abrupt abfallenden Gebirgsspalten, von deren Spitzen ein dämonischer Wind Sand und Staub durch die Luft blies.
Diese weiträumige Rumpelkammer eines nachlässigen oder unter Zeitdruck stehenden Schöpfers war ganz nach den Launen des Zufalls gespickt mit Gruppen von Bäumen, deren niedriger Wuchs, krumme Äste und Dürre von dem rauhen Klima der brennenden Sommer, stürmischen Frühjahrszeiten und manchmal eisigen Nächte zeugten, die sie ertragen mußten. Terpentinbäume, Akazien, Eichen und Zwergolivenbäume überlebten dort, wo der unwirtliche Kieselboden es zuließ. Hier und da wiegten Ginstersträuche, der Rauheit der Landschaft trotzend, ihre rosafarbenen Blüten im Wind, Salzbeeren streckten ihre mageren, giftigen Zweige von den aschfarbenen Stengeln, dornenbewehrte

Pflanzen schreckten Räuber ab. Ein Paar weißer Geier schwebte am Himmel auf der Suche nach einem verwesenden Kadaver.

Die Natur zu Füßen der Reiter schien kaum gastlicher; eine riesige schwarze Kobra schlängelte sich ein paar Ellen von ihnen entfernt über den Boden, und die Reiter hinter den beiden Männern, die sie gesehen hatten, stießen erschrockene Schreie aus. Die eskortierenden Lanzenreiter ergriffen ihre Waffen, doch die Kobra kümmerte sich nicht um die Menschen; sie verfolgte eine große, stachlige Eidechse.

Ptahmose entstöpselte seine Feldflasche und trank einen tiefen Schluck Wein, der mit viel Wasser verdünnt war.

Eine Stunde später kam der Trupp der zehn Männer in Sichtweite eines einzelnen Dorfes, das am Ufer eines weitläufigen Sees oder eher Meeres lag, das schwarz funkelte wie Obsidian. *Das Große Schwarze* nannte man dieses Gewässer.[1] Sie ritten näher heran. Hafenarbeiter entluden unter den wachsamen Augen von drei Vorarbeitern Boote und packten Ballen, Bündel und Käfige auf einen behelfsmäßigen Kai.

Die Käfige zogen zuerst die Aufmerksamkeit der kleinen Gruppe auf sich. Im größten fauchte ein Gepardenpärchen; in zwei anderen stießen Affen verschreckte Schreie aus. Bunte Vögel saßen in kleineren Gehäusen.

Eines der Bündel bestand aus den Stoßzähnen von Elefanten. Aus einigen Ballen stieg würziger Duft auf; unverkennbar Weihrauch, Nelken, asiatisches Sandelholz, Holz aus dem Lande Punt, ätherische Öle. Einer der Hafenarbeiter musterte die Neuankömmlinge dreist. Er hatte einen Kopf, aus dem man alles hätte machen können, einen Propheten oder einen Verbrecher, einen Liebhaber oder einen Sklaven. Kaum ein menschliches Wesen, eher die Verkörperung eines unbekannten Elements, grob, wild, sinnlich, kindlich, tückischer und hinterhältiger als der Wind, rauh wie vom

Sturm aufgepeitschter Sand, weich wie Wasser. Ein noch unbearbeiteter Mensch.

»Letzte Anlieferung bis in einer Woche!« erklärte er. »Sturm zieht auf.«

Niemand verstand so recht, was er sagen wollte, und zudem hatte er einen seltsamen, rauhen Akzent. Ptahmose rollte die kurze Strickleiter aus, die an seinem Sattel befestigt war, und stieg rasch vom Pferd. Die anderen folgten seinem Beispiel, wenn auch der Architekt weit weniger gewandt war. Ptahmose umfing das *Große Schwarze* mit einem Blick. Ein richtiges Meer, das mußte man zugeben. Er faßte an die Landungsbrücke oder das, was als solche diente, und ging auf den Hafenarbeiter zu.

Dieser beugte sich über einen aufgerissenen Sack und zog eine Handvoll grüner, handtellergroßer Blätter heraus, die schon welkten. »Hier«, sagte er, und reichte Ptahmose zwei oder drei Blätter.

»Was ist das?« fragte der Architekt.

Ptahmose roch an den unbekannten Blättern. Ihr Geruch war bitter, die Pflanze vermutlich giftig.

»Das ist gut für die Seele«, sagte der Hafenarbeiter. »Das macht unbesiegbar.«

Ptahmose brach in Lachen aus; der Mann lachte mit. Das Lachen eines verbrecherischen Kindes. Er rollte ein Blatt zusammen und stieg ins Boot. Als er wieder heraufkam, hatte er das Ende der Blattrolle angezündet. Er atmete den Rauch ein und blies ihn genußvoll wieder aus. Dann reichte er Ptahmose die Rolle, der ebenfalls einen Zug von diesem Blatt nahm. Er spürte den aromatischen, bitteren Rauch, der die trägen Partien seines Gehirns weckte. Eine Art Kât, aber subtiler.

»Was ist das?« fragte er.

»Eine Pflanze aus Punt. Weinrauch!« antwortete der andere mit erneutem Lachen.[2]

Er zog eine Handvoll Blätter aus seiner Schurztasche, aber

andere, zudem Nüsse und schwärzliche Krümel. Mit der spöttischen Großzügigkeit des Diebes reichte er alles Ptahmose.

»Du bist der Anführer, also geb ich's dir«, sagte er.

»Woher weißt du, daß ich der Anführer bin?«

»Das sieht man«, erwiderte der andere. »So wie du schaust.«

»Woher kommst du?«

»Aus Midian.«

Das Land jenseits des östlichen *Großen Grünen*.

»Was machst du?« fragte Ptahmose weiter.

»Das, für was man mich zahlt. Seemann, Hafenarbeiter, Soldat.«

Er sprach nicht einmal korrekt. Ptahmose nahm die angebotene Mischung und roch daran. Ein oder zwei Ingredienzen, die die Ärzte für ihre geheimnisvollen Gebräue verwendeten, erkannte er, Rauten und Datura, aber der Rest war ihm fremd.

»Diese Blätter werden geraucht wie die hier. Diese Körner muß man zerstoßen und ein bißchen davon in den Wein tun. In den Wein, nicht ins Bier. Diese Rinde läßt man kochen und trinkt ein bißchen, wenn man gegen sich selber ist.«

Gegen sich selber! dachte Ptahmose, immer noch belustigt. Ganz gewiß gab es manche Tage, an denen man gegen sich selber war, wie dieser Hafenarbeiter in seinem komischen Kauderwelsch sagte. Er behielt die rauchende Rolle im Mund, atmete langsam den herben Rauch ein und stopfte den Rest der Mischung in seine Tasche. Als der Hafenarbeiter sich wieder zu seinen Kollegen am anderen Ende der Landungsbrücke gesellte, fuhr er fort, die Örtlichkeiten prüfend zu betrachten.

»Schau«, sagte er zu dem Architekten. »Aus Holz, und nicht sehr stabil.«

Die Landungsbrücke war tatsächlich wacklig. Ptahmose

bückte sich, um die Wassertiefe zu messen – sechs oder sieben Ellen. Das erklärte, warum nur flache Boote anlegen konnten. Ptahmose bemerkte auch, daß die halb unter Wasser stehenden Pfeiler schief waren. Wodurch waren sie so verschoben worden? Weil die Boote dagegenstießen?
Eine weitere Besonderheit machte ihn neugierig. Die Bretter der Landungsbrücke waren von einer Art hartem grünen Sand überzogen, wie er es noch nie gesehen hatte. Der Hafenarbeiter, der gerade zurückkam, bemerkte seine Verblüffung. »Kupfer«, sagte er. »Kupfererz, weißt du?«
Weder Ptahmose noch der Architekt neben ihm schienen verstanden zu haben.
»Kupfererz. Es kommt vom Süden des *Großen Grünen*. Arabien, verstehst du?«
Plötzlich begriff Ptahmose: Das Kupfererz, ein wesentlicher Rohstoff für die königlichen Waffenschmieden, vor allem zur Herstellung von Streitwagen aus Bronze, wurde von kleinen Booten angeliefert. Ramses wollte eine Beschleunigung der Anlieferung und dafür brauchte er einen großen Hafen. »Ein großer Hafen würde es möglich machen, daß die großen Schiffe, die vom östlichen *Großen Grünen* kommen, direkt hierherfahren könnten, anstatt im Süden, an den Küsten von Punt, umladen zu müssen und uns hierher nur kleine Boote zu schicken«, erklärte er dem Architekten.
»Kannst du dir diese Arbeit vorstellen?« rief der Architekt. »Zuerst müßte man den Boden des *Großen Schwarzen* entsanden, und bestimmt, durch das Schilfmeer hindurch, sogar eine Fahrrinne vom östlichen *Großen Grünen* bis hierher freischaufeln.«[3]
»Was der Regent will ...«, erwiderte Ptahmose, ohne den Satz zu beenden. Jeder wußte, was der Regent wollte, kam einem Befehl des Himmels gleich.
»Bleibt noch zu klären, wie wir die dafür nötigen Massen von Arbeitern hierher bringen wollen«, fuhr der Architekt

fort. »Die vom Regenten gewünschten Arbeiten erfordern mehrere Jahre. Man müßte also ein Dorf bauen, um diese Arbeiter unterzubringen.«

»Nichtsdestotrotz muß es getan werden«, erklärte Ptahmose. »Der Regent hat vor, in der nächsten Zukunft einen Kanal zu bauen, der das *Große Schwarze* mit dem Kanal des Deltas verbindet.«[4]

Der Architekt sah niedergeschlagen drein. »Der Himmel möge unserem Regenten, den uns die Vorsehung geschenkt hat, zu Hilfe kommen!« seufzte er. »Und uns!«

Sie ritten weiter nach Süden, und da die Nacht hereinbrach, schlugen sie ihr Lager auf. Am folgenden Nachmittag erreichten sie das Schilfmeer. »Meer« war ein übertriebener Ausdruck; es war vielmehr eine in Breite und Tiefe wechselnde Fahrrinne, die das *Große Schwarze* und das östliche *Große Grüne* miteinander verband. Zwei Furten weiter südlich machten es möglich, daß man das östliche *Große Grüne* zu Pferde durchqueren konnte, da das Wasser dort nicht höher war als eineinhalb Ellen.

Als sie am anderen Ufer ankamen, wurden sie vom Wind der arabischen Wüste gepeitscht, der immer feindseliger wurde und sie voller Sand blies. Das *Große Schwarze* schlug Wellen, ein Sturm nahte, und Schutz in einer Höhle zu suchen, deren Öffnung sie in einem Felsen zu ihrer Linken sahen, war das Beste, was sie tun konnten. Kaum waren sie untergeschlüpft, als sich ein heftiger Wolkenbruch über die Landschaft ergoß. Der hellgoldene Sand nahm einen dunklen Bronzeton an, Tümpel bildeten sich, die innerhalb weniger Augenblicke zu Teichen wurden, über ihre Ufer traten und ganz unvorhergesehen ausgetrocknete Wadis füllten, die wie von rasender Wut ergriffene Schlangen in alle Richtungen strudelten.

Als das Gewitter vorbei war, hatte sich die Landschaft verändert. Ausgetrocknete Büsche waren plötzlich voller Blüten. Ein undefinierbares Rauschen lag in der Luft – es waren

die Insekten, die wieder Vertrauen in das Schicksal ihrer kleinen Welt gewonnen hatten.
Von dem Felsen aus erblickte Ptahmose ein Schauspiel, das ihn nachdenklich stimmte. Das Schilfmeer, das sie vor einer halben Stunde ohne Schwierigkeiten durchquert hatten, brandete nun heftig von Norden nach Süden, angeschwollen vom Regen und vom Wind gepeitscht. Tosend stürzte es sich ins östliche *Große Grüne* und bildete Strudel, in denen Mensch und Tier ertrunken wären. Rasend schnell überschwemmte es den Schilfgürtel, Schaum vor sich herschiebend. Der Weg, auf dem die kleine Gruppe bis hierher gekommen war, war nicht mehr passierbar. Selbst die kleinen Pfade, auf denen sie in die Grotte gelangt waren, waren gefährlich geworden, und Ptahmose befahl, einen großen Umweg in Richtung Osten zu nehmen, damit sie den Ufern des *Großen Schwarzen* folgen konnten.
»Stell dir vor!« rief der Architekt, der die Veränderungen ebenfalls beobachtet hatte. »Der Wasserpegel ist in weniger als einer Stunde um zweieinhalb Ellen gestiegen! Man müßte das ganze Schilfmeer verbreitern und eindeichen, um einen sicheren Schiffsweg zu schaffen! Und trotzdem! Jedes Boot wäre in diesen Strudeln gekentert! Die ganze Gegend hier ist viel zu wechselhaft. Es ist das Vorzimmer der Schlange Apophis!«
Ptahmose nickte. Er verstand nun auch, warum die Landungsbrücke des *Großen Schwarzen* beschädigt war. Die Stürme, die auf den *Großen Grünen* bliesen, verursachten weiter im Norden Flutwellen. Das Projekt des Regenten war theoretisch wohl gerechtfertigt, aber von einem Umfang, von dem man in Memphis sicher keine Ahnung hatte. »Wir werden einen detaillierten Bericht abfassen müssen«, meinte er.
Sei es aufgrund der Gezeitenänderung oder sei es aufgrund der Regenfälle, das *Große Schwarze* hatte ebenfalls mehrere Ellen an Tiefe zugenommen. Als die zweite Nacht herein-

brach, fanden die Reiter eine neue Höhle, zündeten mit dem Kleinholz der Eichen ein Feuer an, aßen Brot und gedörrte Feigen und warteten auf den Morgen.
Als sie ihre Erkundungen am nächsten Tag fortsetzten, ritten sie das östliche Ufer des *Großen Schwarzen* entlang. Das Wasser wich unter der Sonne zurück und hinterließ Mollusken, kleine Fische und schmierige Schlammlöcher. Der Sand trocknete und wurde heller, die Bäume, von denen der Staub abgewaschen worden war, leuchteten wieder grün. Das *Große Schwarze* nahm allmählich wieder seine gewohnten Dimensionen an. Ptahmose wandte den Kopf nach rechts. Nichts. Eine felsige Leere, die sich ins Unendliche ausdehnte und aus der zu jedem Zeitpunkt wilde Horden aus Asien auftauchen konnten, um sich wie menschliche Heuschrecken auf das fruchtbare Tal zu stürzen.
»Und dennoch hat der Regent recht«, erklärte Ptahmose. »Man kann das Königreich nicht auf diese Weise unvollendet lassen...«
Kaum kamen die Worte aus seinem Mund, überraschten sie ihn. Der Regent scherte sich um ihn ebensoviel wie um eine seiner Sandalen. Und er, Ptahmose, scherte sich in Wahrheit keinen Deut um das Königreich. Die Leere zu seiner Rechten erschreckte ihn keineswegs, ganz im Gegenteil, sie übte große Anziehungskraft auf ihn aus! Er sehnte sich nach ihr! Einen Augenblick lang träumte er davon, sein Pferd zum Galopp anzutreiben und in dieses Unbekannte einzudringen, endlich das zu werden, was er sein mußte, er wußte nicht, was – er, er selbst zu sein, Ptahmose! Weit weg von Verwaltungen, Nomarchen, stellvertretenden Nomarchen, Vorstehern und Untervorstehern, Oberpriestern, Vorlesepriestern, Vorarbeitern und Schreibern, vom Klappern der Rechenbretter den lieben langen Tag über! Weit weg von einer Schwester, die sich unablässig über ihn beklagte, und einer Gattin, die für Magie schwärmte! Weit weg von diesen Apiru, die ihn bald als einen der Ihren reklamierten und

bald wie einen falschen Bruder zurückwiesen. Weit weg von den Empfehlungen, Erlassen, Rundschreiben und Verordnungen Seiner Hoheit des Regenten. Der Regent! Ein Schönling, der verrückt war nach der Macht und der Krone! All diese Leute stahlen ihn sich selbst. Sie hielten ihn gefangen. Das Königreich war nicht sein Land. Er hatte kein Land. Nicht einmal einen Stamm ...
Dein Blut fließt zu schnell. Das Echo von Nesatons Bemerkung klang in ihm wider, als ihm der Wind um die Ohren pfiff. Eine Weile atmete er tief, und der Sturm in ihm legte sich, wie er sich über dem Land gelegt hatte. Man hatte ihm seinen Körper nicht geraubt.
Er wandte den Blick zum *Großen Schwarzen.* Es war wieder glatt wie ein Spiegel. So wie es war, wenn er sich ans Meeresufer setzte. So wie das, das er niemals aufhören durfte zu sein.
Zwei Tage später waren sie wieder zurück in Auaris, erschöpft, mit staubigem Haar und ziemlich ausgehungert.
Ein reicher Gutsbesitzer gab an diesem Abend ein Fest anläßlich der Hochzeit eines seiner Söhne. Natürlich hatte er Ptahmose eingeladen, so wie alle anderen, die in der Stadt von Einfluß waren. Diese Leute durfte man nicht vernachlässigen, sonst hätte man sie beleidigt und aus reiner Faulheit viel Staub aufgewirbelt.
Es war kein Fest wie jene des Nomarchen, eher ein bäuerliches Hochzeitsfest, ein Vorwand für Völlerei, Sauferei und schlüpfrige Späße. Das Haus, in dem die Feier stattfand, war fast unter Blumenschmuck begraben, die Felder hatte man in eine riesige Feuerstelle verwandelt, wo an einer Unmenge von Spießen Rinderlenden, Lämmer, Gänse, Enten und Hühner goldbraun geröstet wurden ... Auf heißen Steinen briet man Meeresfische, und Kessel voller Ragout dampften über Feuern, über denen man einen Esel hätte braten können. Wein – Wein aus dem Delta natürlich und Palmwein – und Bier flossen in Strömen.

Der Hausherr empfing Ptahmose mit fettigem roten Mund. Sein praller Bauch ließ ihm den Lendenschurz unter den Nabel rutschen, und die gelackte Perücke rutschte ordinär auf eine Seite. Er sprach vom Gold der Anwesenheit des Prinzen.
»Übrigens Gold«, meinte Ptahmose und wandte sich an den Sekretär, der ihn begleitete, »erlaube mir, dies deinem Sohn zu schenken.« Aus einem Lederfutteral nahm er einen Brustschmuck aus Gold mit Granatsteinen, den er aufs Geratewohl aus seiner Schatulle mitgenommen hatte.
Man rief den künftigen Ehemann herbei und brachte ihn zu Ptahmose. Es war ein noch schlanker junger Mann, der von Wein und Schweiß glänzte und aus allen Poren lächelte.
»Menna! Der Prinz erweist dir die Ehre eines prächtigen Geschenks!« rief der Vater, damit es alle hörten.
Ptahmose legte dem jungen Mann den Brustschmuck um den Hals und umarmte ihn. Trunken, und nicht nur vor Dankbarkeit, umschlang Menna Ptahmose und drückte ihn an sich, als sei er ein Liebhaber, dann küßte er ihm die Hände. Wie sollte man diesem Jungen nicht Glück wünschen? fragte sich Ptahmose. Was war nur dieses Wohlwollen? Nur die Wirkung des Weins?
Er verzichtete darauf, die Gäste zu zählen. Zweihundert, dreihundert? Noch nie hatte er ein solches Fest gesehen. Ein reiches Land. Selbst der düstere Setepentoth war nicht so steif wie sonst, und der Oberpriester lachte schallend.
Kaum hatte man aufgehört, sich vollzustopfen, als um die dritte Stunde nach der Abenddämmerung von allen Seiten her Musik ertönte. Sistren erklangen, dann Tamburine. Schließlich bestimmten Flöten den Takt. Es war ein fast militärischer Rhythmus, mit einer Synkope nach jedem Taktmaß. Die Gäste liefen auseinander. Zwei junge Männer taten so, als würden sie sich schlagen, und schwangen lange Stöcke über ihren Köpfen. Sie drehten sich umeinander und zeigten mit den Stockschlägen den Rhythmus an. *Tak-ta-*

tak-tak. Tak-tatak-tak. Sie sprangen in die Luft, wirbelten herum, ließen ihre Stöcke kreisen, ohne jemals einen Schlag auszusetzen, und endeten mit einer ohrenbetäubenden Salve von Schlägen. Beifall brandete auf.
Dann folgte ein Schwarm von Tänzerinnen. Die Mädchen waren kaum heiratsfähig, unter den plissierten, wie aus Luft gewebten Hemden nackt, mit winzigen Brüsten und hennagefärbten Händen und Füßen, die Finger so zart, daß eine Feige genügt hätte, um ihre Hände zu füllen.
»Wahrhaft frische Datteln!« rief Setepentoth, der offenkundig zuviel getrunken hatte.
Sie verneigten sich, drehten sich nach rechts, dann nach links, wirbelten auf einem Fuß herum, verneigten sich erneut, als wollten sie den Boden berühren, hoben die Arme und bildeten einen Kreis, der sich einen Augenblick lang drehte, bevor er sich wieder auflöste und sich auf den großen Matten schlängelte, die man für die kleinen Füße der Mädchen ausgelegt hatte.
Könnten sie von anderen Wesen geliebt werden als von Schmetterlingen? Die Hand eines Mannes hätte sie zerdrückt, das Geschlecht eines Mannes hätte ihnen den Unterleib zerrissen. Ptahmose fragte sich, ob man ihm eines der Mädchen anbieten würde, und vor allem, ob er es annähme. Aber seine Gedanken wanderten anderswohin.
Dieser Abend war wie ein Sturm gewesen, der seine Seele in Unordnung gebracht hatte. Doch ebenso wie das *Große Schwarze* nach dem heftigsten Sturm wurde auch er wieder er selbst, die Wogen in ihm glätteten sich.
Als er auf sein Pferd stieg, hatte er wieder die unbewegliche Maske auf, die Hape-nakht so neugierig machte.

5

Fliehen

»Seid gegrüßt.«
»Sei gegrüßt, Moses«, antworteten mehrere Stimmen. Anders gesagt, *sei gegrüßt, Sohn*. Seit einiger Zeit nannten sie ihn Moses, weil ihnen der Name Ptah nicht über die Lippen kommen wollte und weil »Prinz« in Anbetracht der informellen Natur ihrer Zusammenkünfte lächerlich gewesen wäre. Den Sohn eines Mannes aus dem Stamme Levi konnte man doch nicht »Prinz« nennen. Noch dazu war er jung, schön und stark, ein idealer Sohn. Das mochte herablassend erscheinen, aber es war, wie er wohl erriet, vor allem liebevoll gemeint.
Die Männer erhoben sich, um ihren Besucher zu empfangen, dann setzten sich alle auf große Matten. Man reichte einfache Gläser herum und schenkte Palmwein ein. Säcke voller gedörrter Datteln, Feigen oder Aprikosen standen auf den Matten bereit.
Zwei irdene Lampen zogen die Mücken an. Der dicke Docht drosselte die Flamme bald zu einem verglimmenden Lichtlein, bald ließ er sie erblühen wie eine Blume und verlieh ihr so eine Art von unvorhersehbarem Leben. Ptahmose hatte um diese Lampen gebeten; er lehnte es ab, diese Zusammenkünfte so wie anfangs heimlich und verdächtig im Dun-

keln abzuhalten. Jeder wußte, daß er abends die Apiru besuchte und daß es sich bei ihren Gesprächen um die Arbeit handelte.

Ein Sonnenstich hatte Abel vor ein paar Monaten dahingerafft; zwei andere Greise, ebenfalls aus dem Stamme Levi, Enoch und Arphaxad, hatten bei den nächtlichen Begegnungen Ptahmoses mit den Apiru seine Nachfolge angetreten. Im Laufe dieser Begegnungen hatte er – aus Neugier und wohl auch aus einer Art unerklärlichen Achtung für den Vater, den er nie gekannt hatte – ihre Sprache gelernt, die Sprache seiner Vorfahren, wie Miriam und die anderen ihm sagten.

Über die Jahre hatten sich diese Begegnungen zu einem steten Informationsaustausch entwickelt. Ptahmose lernte dabei die wechselnden Launen dieser oder jener Stammesgruppe kennen – »Völker«, sagten sie selbst –, was ihm in seinem Amt von Nutzen war. Immerhin, damit hatte er sich nun abgefunden, war er der inoffizielle Vertreter von dreißig- oder vierzigtausend Menschen, die unter seinem Befehl arbeiteten. Eine Volkszählung hatte er bei ihnen nie durchsetzen können; das verstieß gegen die Tradition, erklärten sie eigensinnig. Er nahm sich aber vor, bald mit dem Nomarchen darüber zu sprechen, aus ganz praktischen Gründen: Er mußte unbedingt wissen, über welche Zahl an Arbeitskräften er zu diesem oder jenem Zeitpunkt für diese oder jene Aufgabe verfügen konnte. Demnächst würde man einen Trupp Schreiber und Polizisten abordnen, um die genaue Zahl der Apiru festzustellen, Männer, Frauen, Kinder und alte Leute, und zum Teufel mit der Tradition.

Seine Gesprächspartner wußten ihrerseits über die verschiedenen Bauprojekte Bescheid; unter der Herrschaft von Ramses schien es bis in alle Ewigkeiten neue Bauvorhaben zu geben. »Ja, wir können dir soundso viele Ziegelarbeiter, Maurer, Steinschneider und Zimmerer für diese und so viele für jene Baustelle zur Verfügung stellen.« Immer forderten sie, daß auch Lehrlinge angestellt wurden, die den Arbeitern zur Hand gehen und den Beruf erlernen sollten. Eine Art von Stammesräten debattierte dann über die gerechte Verteilung der Arbeit. Ptahmose kannte nicht alle Vorsteher der Apiru-Trupps, und noch weniger jene, die im Norden arbeiteten oder direkt in Memphis eingesetzt wurden, aber die abendlichen Zusammenkünfte ermöglichten es ihm, mit ihnen zu einer befriedigenden Zusammenarbeit zu gelangen. Dieser Austausch war der Schlüssel für Ptahmoses Macht, nicht nur in Auaris, sondern in ganz Unterägypten und sogar in Memphis. Seit er die Baustellen leitete – und das wußte man in Memphis –, hatte es keine dieser Unruhen mehr gegeben, die der Hauptstadt solchen Verdruß bereitet hatten. Alle erinnerten sich daran, wie er bei dem Konflikt kurz nach der Ankunft des neuen Nomarchen den drohenden Streik abgewandt hatte.

Manchmal ging es bei diesen Zusammenkünften um kein bestimmtes Projekt.

»Wir möchten unserem Herrn ein Opfer darbringen«, äußerte Arphaxad an diesem Abend. »Vielleicht wird er uns erhören. Vielleicht hat er uns vergessen, weil wir ihm keine Opfer mehr darbringen.«

Diesen Wunsch hatte Ptahmose schon öfter gehört. »Welcher Herr? Und was verstehst du unter ›wir‹?« fragte er.

Auf diese beiden Fragen hin waren sie zunächst sprachlos.

»Ich verstehe nicht«, murmelte Arphaxad schließlich. »Unser Herr. Weißt du nicht, wer unser Herr ist?«

»Nein. Wie heißt er?«

Er erriet, was für ein Schlag diese Antwort für sie war, aber seit einiger Zeit war er entschlossen. Weil er die Apiru gegen die Vorarbeiter und die Verwaltung verteidigte, schienen sie zu glauben, daß er aus Prinzip ihre Partei ergriff und alles über sie und ihre Überzeugungen wußte. Doch in Wahrheit wußte er über sie nur, was er selbst festgestellt hatte, und ihre Religion war ihm nach wie vor rätselhaft.

Lange herrschte Schweigen. War Moses etwa schlechtgelaunt? War er ihnen nun feindselig gesonnen?

»Unser Herr ist ein großer Gott«, erklärte Enoch schließlich. »Der größte. Der Einzige.«

»Wie er heißt, habe ich gefragt.«

»Weißt du das nicht? Wir dürfen seinen Namen nicht aussprechen.«

»Woher sollte ich das wissen? Ihr wollt einem Gott ein Opfer bringen, dessen Namen ihr nicht aussprechen dürft? Wie soll er dann wissen, daß dieses Opfer an ihn gerichtet ist?«

Sie schienen immer mehr aus der Fassung gebracht, doch schließlich wurde ihnen klar, daß weder sein Vater noch seine Mutter ihm eine Vorstellung von ihrer Religion hatten übermitteln können.

»Unser Opfer kann sich an keinen anderen Gott richten, weil wir es sind, die es darbringen«, antwortete Arphaxad endlich. »Es ist der Gott unseres Vorfahren Abraham.«

Ptahmose schenkte sich Palmwein ein, nippte nachdenklich und musterte seine Gesprächspartner. »In den Tempeln Unterägyptens wimmelt es von Apiru«, erwiderte er kalt, fast aggressiv. »Auf den Baustellen arbeiten fast alle Männer mit nacktem Oberkörper, und ich sehe die Amulette, die sie um den Hals haben. Sie stellen ägyptische Götter dar, Apis, Osiris, Horus und andere.«[1]

Arphaxad und die anderen wandten ihm ihre gequälten Gesichter zu.

»Es ist wahr, Moses, ein großer Teil unseres Volkes hat die ägyptischen Götter angenommen. Es sind nicht unsere Götter. Wir haben nur einen Gott. Und wir halten den Kult unseres Gottes aufrecht.«

»Eines Gottes, dessen Namen ihr nicht nennen dürft.«

»Wären wir nicht in Knechtschaft...«, meinte Arphaxad.

Enoch, der seit einer Weile unruhig war, schnitt Arphaxad mit einer abrupten Geste das Wort ab. »Befänden wir uns

nicht in Knechtschaft, würde unser Gott vor den Augen der Welt triumphieren, Moses! Unser Gott! Dein Gott!« rief er.
Ganz in der Nähe schrie eine Eule. Ptahmose mochte das intelligente, nachdenkliche Antlitz der Eulen, die Feldmäuse und Ratten bekämpften. »Vielleicht. Aber in wessen Namen sprecht ihr?« fragte er. »Ich habe mich von eurer Vorstellung, daß es bei euch verschiedene Völker gibt, täuschen lassen. Ihr habt nur verschiedene Sippen, die zudem nicht genau gegeneinander abgegrenzt sind. Gemeinsam ist euch nur die Sklaverei. Sobald es darum geht, eine Entscheidung zu treffen, sagen die einen von euch hü, die anderen hott, habe ich das nicht oft genug erlebt? Sogar über die Zuteilung der Baustellen streitet ihr euch untereinander. Wer von euch also will oder soll seine Opfer am Meeresufer darbringen?« schloß Moses gereizt.
»Sollen wir unserem Herrn seine Opfer heimlich darbringen?« fragte Arphaxad.
»Wollt ihr etwa auf dem Land des Königs einen Tempel für euren Herrn errichten?« erwiderte Ptahmose. »Ihr könnt euch die Folgen vorstellen.«
»Sollen wir wie ein Volk ohne Gott leben?« fragte Issar. »Oder sollen wir Tiere anbeten?«
»Ihr müßtet ein freies Volk sein«, erklärte Ptahmose. »Ihr habt keine Armee, und ihr befindet euch auf fremdem Territorium, weil ihr vor vierhundert Jahren hierhergekommen seid, um euer Glück zu machen. Daher seid ihr eben nicht frei.«
»Du sprichst harte Worte«, erwiderte Issar. »Man könnte meinen, daß du nicht zu uns gehörst!«
»Du hast ägyptisches Blut in dir.« Enochs Anklage war noch härter. »Unser Schicksal ist dir gleichgültig.«
»Gerade ihr müßt mir das sagen, ihr, die ägyptische Götzen anbetet!« donnerte Ptahmose. »Was glaubt ihr denn, was ich hier, zur Stunde der Eulen, zu suchen habe?«
Sein Zorn verblüffte sie.

»Ich sehe die Dinge, wie sie sind«, fuhr er nach einer Weile fort. »Ihr wißt, die Ägypter sind bereits beunruhigt, weil ihr so zahlreich seid. Ihr wißt doch, wie sie reagieren würden, wenn ihr hier eure Religion festlich begehen wolltet – zuerst die Priesterschaft, dann der Regent und schließlich der König. Die Armee würde euren Tempel zerstören, und wenn ihr Widerstand leistet, würde sie euch niedermetzeln. Ein solches Massaker will ich nicht. Ebensowenig will ich ein solches Scheitern. Das wäre noch schmerzlicher als die gegenwärtige Situation.«
Er schenkte sich noch etwas Palmwein ein und bemühte sich, zu seiner gewohnten Ausgeglichenheit zurückzufinden. Die anderen senkten den Kopf. Ein dicker Skarabäus stürzte sich auf eine der Lampen und wurde zischend in der Flamme versengt.
»Es wäre unrecht, wenn wir Moses Vorwürfe machen würden«, sagte Arphaxad mit ruhiger Stimme. »Es ist sicher nicht angenehm, was er uns sagt, aber es ist seine Zuneigung zu uns, und nicht Feindseligkeit oder Gleichgültigkeit, die ihm seine Worte eingibt. Ich verstehe sie. Wir können unsere Religion in Ägypten nicht frei ausüben. Aber unsere Religion und unsere Freiheit gehören zusammen – wie die Hand und das Handgelenk.«
»Dann verlassen wir doch dieses Land«, meinte Enoch.
Ptahmose ging nicht auf diese Bemerkung ein. Diese absurde Idee, aus Ägypten wegzuziehen, konnte er allmählich nicht mehr hören. Wo sollten sie denn hingehen? Und dennoch fühlte auch er sich zum Ersticken. Auch er war der Sklave von Sethos und Ramses und ihrer Bauwut. Ein privilegierter Sklave, gewiß, aber dennoch ein Sklave.
»Verlassen wir dieses Land«, wiederholte Enoch. »Sie werden uns schließlich nicht bis ans Ende der Zeiten als Gefangene und Frondienstleistende behalten! Sie werden uns nicht daran hindern, wenn wir gehen wollen, weil sie uns verabscheuen.«

»Wie denkst du darüber, Moses?« fragte Issar.
»Wenn ihr fortgeht, stehen die Ägypter von einem Tag auf den anderen ohne Arbeitskräfte da. Sie werden euch den Weg versperren.«
»Wir wissen schon, daß wir Gefangene sind«, bemerkte Issar heftig. »Du brauchst uns nicht daran zu erinnern. Wir wollen, daß du uns sagst, wie wir aus Ägypten fortgehen können. Wenn wir Ägypten einmal hinter uns gelassen haben, wird sich unser Volk zu einer Einheit zusammenfinden. Wären wir schon ein einiges Volk, dann bräuchten wir dich nicht.«
»Wie sollte ich den Weg wissen, der euch aus Ägypten führt?« fragte Ptahmose, ohne weiter auf Issars Unverschämtheit einzugehen. »Ich kann mir vorstellen, wie ein Mann allein fliehen kann, aber ich kann mir nicht vorstellen, wie dreißig- oder vierzigtausend Menschen, darunter Frauen, Kinder und alte Leute, fliehen und riesige Entfernungen hinter sich bringen könnten, ohne daß die Ägypter es bemerken und einschreiten würden.«
»Du bist einer von ihnen. Du trägst einen königlichen Titel. Du kennst sie. Du müßtest doch eine Idee haben, wie es gehen könnte«, beharrte Issar.
»Nein. Ein außergewöhnliches Ereignis wäre nötig, damit Sethos euch ziehen ließe.«
»Dann muß uns also der Herr zu Hilfe kommen. Deshalb wollen wir ihm ein Opfer bringen«, meinte Arphaxad.
»Wir drehen uns im Kreis«, erwiderte Ptahmose.
»Könnten wir aus dem Land wegziehen, wenn du uns führen würdest?« fragte Arphaxad weiter.
Dieser Gedanke packte Ptahmose. Er packte ihn, weil er so verrückt war. Der glatte Spiegel seiner Seele trübte sich.
»Was soll ich denn noch tun?« antwortete er mit unsicherer Stimme. »Ich habe es euch gesagt: Ein außergewöhnliches Ereignis wäre nötig, damit wir aus diesem Lande wegziehen könnten.«

Es war das erste Mal, daß er *wir* gesagt hatte. Es entging ihnen nicht.
»Issar hat recht«, meinte Arphaxad. »Du bist unter uns der Mann mit den meisten Kenntnissen und der größten Macht. Du müßtest eine rettende Idee haben.«
»Bis ihr zur nötigen Einheit findet, um alle zusammen aufzubrechen, bin ich ein alter Mann oder tot«, antwortete Ptahmose. »Und wo wollt ihr überhaupt hin?«
»Nach Kanaan«, antwortete Arphaxad.
»Das ist ebensowenig euer Land wie dieses hier«, entgegnete Ptahmose. »Auch dort sind Menschen, die ihr Gebiet verteidigen.«
»Dort sind die Unsrigen, die geblieben sind.«
»Und wie werden sie euch empfangen, nach all den Jahrhunderten?«
»Wir sind alle Kinder des Herrn. Sie werden uns schließlich doch aufnehmen«, erwiderte Arphaxad.
Langes Schweigen trat ein.
»Wenn du ein Wort, ein einziges Wort sagen würdest«, fuhr Issar heftig fort, »könnten wir diese Einheit schaffen.«
»Ich kann euch nicht in den Tod schicken«, antwortete Ptahmose. »Ein außergewöhnliches Ereignis wäre nötig. Im Augenblick weiß ich nicht, welches.«
Er erhob sich, immer noch unsicher. Es war die Wahrheit – er wußte wirklich nicht, wie dieses Ereignis aussehen könnte. Aber er wußte, daß er daran arbeiten konnte, sich etwas einfallen zu lassen.
Als er wieder nach Hause kam, versuchte er, sein inneres Gleichgewicht wiederzufinden, doch es gelang ihm nicht. Er war aufgewühlt wie das große schwarze Meer.

6

Die Kanopen

Der Zeiger der Sonnenuhr zeigte die vierte Stunde des Nachmittags an. Es war im dritten Monat der Jahreszeit *Schemu*, des Sommers, und die Hitze wurde drückend. Ptahmose, der im Garten saß, brachte seinem jüngsten Sohn May, der drei Jahre alt war, das Spiel mit den Knöchelchen bei. Auf dem Boden lag ein kleiner Holzkarren, den der Junge den ganzen Nachmittag lang hinter sich hergezogen hatte, der ihn im Augenblick aber nicht mehr interessierte, weil er, wie er erklärte, ein Pferd dafür brauche, ein kleines Pferd.
Aus den offenen Fenstern der Kanzlei drang das Klappern der Rechenbretter in den Garten. Hinter dem Haus erklang Butos Stimme. Ihrem Geschrei nach vermutete Ptahmose, daß es um die Wäsche ging.
Der sechsjährige Neferhotpê kam mit betretener Miene aus der Schule zurück; sein rechtes Ohr war röter als das andere. Ptahmose sah ihn mit einem leicht spöttischen Gesichtsausdruck an. »Anscheinend ein schlechter Tag«, meinte er. »Ein zorniger Lehrer. Worum ging es?«
»Um die Art, wie ich die Binse halte. Ich zerkratze den Papyrus.«
»Die Binse muß geschmeidig und leicht über den Papyrus

gleiten«, antwortete Ptahmose. »Sie darf nicht an den Fasern hängenbleiben.«
Neferhotpê stand mit gesenktem Kopf und hängender Unterlippe da.
»Ein wenig Konzentration wird dir helfen, deine Hand unter Kontrolle zu haben. Was hat dich abgelenkt?«
»Leute, die sich auf der Straße geschlagen haben.«
Der erste Diener näherte sich mit ängstlichem Schritt und verzerrtem Gesicht.
»Herr...«, begann er.
Ptahmose runzelte die Brauen. Dieser Diener war ein ausgeglichener, würdevoller Mann. Einen solchen Gesichtsausdruck hatte er bei ihm noch nie gesehen.
»Herr, mein Herr, ein Bote ist da...«, begann der Diener erneut. »Ein Bote aus Memphis...«
»Mit schlechten Nachrichten«, bemerkte Ptahmose.
Der andere nickte.
»Ich wage es nicht...«
»Nur Mut.«
»Die Mutter meines Herrn...«
Ptahmose schloß die Augen. Dann seufzte er.
»Verzeih mir, mein Herr«, bat der Diener.
Ptahmose nickte. Er bemühte sich um Beherrschung. Buto kam mit offenem Mund herbei, um ihrem Gatten ihre schlechte Laune mitzuteilen, doch sie sah den bestürzten Diener und Ptahmoses seltsamen Gesichtsausdruck. Sie schloß den Mund und wartete. Ptahmose sah sie an und reichte ihr die Hand. Sie trat näher und legte ihm die Hand auf die Schulter. Die beiden Kinder blickten sie aus weit aufgerissenen Augen an, ohne zu begreifen.
»Ptahmose...«, murmelte Buto.
Für diese Geste verzieh er ihr alles, ihre Dummheiten und ihre magischen Séancen.
»Meine Mutter...«, sagte er.
Buto brach in Tränen aus. Sie hatte Nezmet-Tefnut früher

kaum einmal gesehen, aber mit Nezmet starb sie selbst ein wenig.

»Gib dem Boten zu essen und zu trinken«, befahl Ptahmose. »Laß mein Pferd herrichten und benachrichtige die Lanzenreiter. Sag dem Boten, er kann uns nach Memphis begleiten, wenn er gleich wieder aufbrechen will.« Und zu Buto: »Ich nehme Neferhotpê mit. Richte mir einen Schurz und Sandalen her.«

»Wann kommst du wieder?«

»Morgen abend.«

Er würde bestimmt nicht in Memphis warten, bis die vierzig Tage der Einbalsamierung vorbei waren.

Neferhotpê hatte Memphis noch nie gesehen. Er war hingerissen. So viele Menschen! Und diese unermeßlich breiten und leeren Straßen, diese Häuser, diese riesigen Tempel! Und der Palast, die Wachen, die Beamten, die Soldaten, all diese Leute, die kamen und gingen... Ein dreißig Ellen langer Wagen, der von zwölf Ochsen gezogen wurde, transportierte unter beängstigendem Ächzen eine Statue, die zehnmal so groß war wie ein Mensch...

Die Treppe zu Nakhts Pavillon war voller Besucher. Als Ptahmose sich einen Weg gebahnt hatte, erkannte er in der feisten und müden Gestalt, die in der Eingangshalle saß, umgeben von Leuten, die gekommen waren, um seinen Kummer zu teilen, seinen Stiefvater. Die Klageweiber hielten gerade inne, um neue Kraft zu schöpfen. Nakht blickte auf, und als er Ptahmose sah, füllten sich seine Augen mit Tränen. Er erhob sich und nahm Ptahmose in den Arm.

»Ganz plötzlich«, erklärte er schluchzend. »Ganz plötzlich ist sie vor zwei Tagen gestorben, am Nachmittag.«

»Dann hat sie also nicht gelitten«, meinte Ptahmose.

Die Umstehenden betrachteten diesen Besucher genauer, dem Nakht solche Aufmerksamkeit schenkte. »Es ist Ptahmose«, murmelte man. Junge Männer und Frauen, frü-

here Gefährten bei Spielen und Festen, die nun gealtert und von der Völlerei dick geworden waren, drückten ihm die Arme, und als Ptahmose sich von Nakht losgemacht hatte, umarmte er auch diese Unbekannten: Brüder, Schwestern, Cousins und Cousinen, er konnte Nezmets Kinder nicht mehr von den Kindern ihrer Geschwister unterscheiden.
»Khâemuaset, Seses Sohn...«, erklärte Nakht und deutete auf einen großen jungen Mann, der seinem Vater wie aus dem Gesicht geschnitten war und sich bereits ebenso würdevoll wie er benahm. Auch Khâemuaset umarmte Ptahmose lange und rezitierte voller Mitgefühl die Trauerformeln. Ramses befand sich im Osten auf einem Feldzug.
Dann führte Nakht Ptahmose in die Totenkammer. Der süßliche Duft der Lotusblüten vermischte sich mit dem Geruch des Weihrauchs. Nezmet lag auf ihrem Bett, die Arme gekreuzt, die untere Körperhälfte in goldbesticktes Leinen gehüllt, in der Haltung, die sie für die Ewigkeit haben würde. Ihr Gesicht war geschminkt. Ein junges Mädchen. Ptahmose beugte sich über sie und gab ihr einen Kuß auf die Stirn. Dann sah er sie lange an, als könnten ihm die maskierten Züge etwas von den Regungen verraten, die sie einst belebt hatten. Nun, da sie dem Vertilger von Blut, dem Vertilger der Schatten, dem abgewandten Gesicht, dem Flammenauge, dem Knochenbrecher, dem Feuerbein und den anderen Geistern, die die Wächter der seligen Ewigkeit waren, gegenüberstand, um ihre Unschuld und ihre Achtung vor den Göttern und dem König zu beteuern – wußte sie nun, welch erdrückendes Schicksal sie ihm vor achtundzwanzig Jahren geschmiedet hatte? Warum sie Amram geliebt hatte?
In Anspruch genommen von ihrer Ehe, ihren Kindern, ihrer Familie und ihrem Rang hatte sie sich im Laufe der Jahre nach und nach von Ptahmose gelöst. Und er sich von ihr. Dennoch füllten Tränen Ptahmoses Augen, nicht über das, was er verlor, sondern über das, was er nie gehabt hatte.

Er beherrschte sich, richtete sich wieder auf und nahm den verängstigten Neferhotpê bei der Hand. »Das war meine Mutter«, erklärte er ihm.
Dann verließen sie das Zimmer. Man bot ihnen Weißwein und Honigbrot an.
»Sie ist immer noch so schön, nicht wahr?« fragte Nakht.
Ptahmose nickte. Armer Mann, der sein eheliches Glück verlor! Glücklicher Mann, der nicht über das verlorene Glück hinausblickte...
»Nach der Einbalsamierung wird sie in die königlichen Grabkammern in Oberägypten gebracht«, teilte Nakht mit. »Ich schicke dir einen Boten.«
Wieder nickte Ptahmose.
Als er die Treppe hinunterstieg, sah er die Einbalsamierer, die in einem Raum des Erdgeschosses die Kanopen abluden. Die Eingeweide, die Ptahmose das Leben gegeben hatten, würden nacheinander herausgenommen und in diese Gefäße, deren Deckel Menschen- oder Tierköpfe zierten, gelegt werden.
Ptahmose beschloß, sofort nach Auaris zurückzukehren. Alles, was ihn mit seiner Vergangenheit verband, würde also in einer unterirdischen Grabkammer in Oberägypten enden. In einem dunklen Palast mit stickigen Kammern voller Mobiliar, das von niemandem mehr benutzt werden würde, mit Tischen voller Geflügel und Obst aus Gips..., das nur auf Diebe wartete!
Sie kamen um die goldene Stunde, in der die Sonne in ihrem Wert abnahm, von Gold zu Kupfer und schließlich zu Bronze wurde, bevor sie ganz verschwand, nach Auaris zurück. Kaum angekommen, stürzte Neferhotpê ins Haus und warf sich weinend in Butos Arme. »Ich will nicht, daß du stirbst!« rief er.
Woraufhin auch Buto und der kleine May weinten. Die gesamte Dienerschaft wurde von Schluchzen ergriffen. Aber Ptahmose hatte schon seit langem begriffen, daß man nur

sich selbst beweinte. Geduldig wartete er, bis der Sturm vorüber war.

Am nächsten Tag fand man Nesaton tot auf seinem Bett. Er würde den unterirdischen Geistern nicht lange seine Unschuld beteuern müssen. Ptahmoses Kummer ging weit über Tränen hinaus. Der verstorbene Priester hatte den größten Geist besessen, dem Ptahmose jemals begegnet war. Da Nesaton so oft den Umgang mit dem Unsichtbaren gepflegt hatte, war er zu einer Klarheit gelangt, die noch lange weiterstrahlte, nachdem sich seine Augen geschlossen hatten. Ptahmose bat den Oberpriester, Nesaton einbalsamieren zu lassen, ohne recht zu wissen, warum. Konnte man jenen, deren lebloses Herz in einer Kanope ruhte und deren Gehirn durch eine Mischung von Gewürzen ersetzt worden war, jemals die Zeit zurückgeben? Der Oberpriester antwortete, er sei gerührt über Ptahmoses Fürsorge für einen Verstorbenen, doch Nesatons Name sei nicht auf der Liste der Priester des Tempels aufgeführt.

In diesem Land mußte man einen Personenstand vorweisen, um zu sterben. Zweifellos gab es in der anderen Welt auch einen Nomarchen. Ptahmose bezahlte die Einbalsamierer aus seiner Privatschatulle und ließ auf seinem eigenen Grund und Boden eine Gruft für den Aton-Priester errichten.

Er war der Sache müde.

7

Die Schrift der Götter

Der Fluß macht dort eine Biegung, wo der Boden am brüchigsten ist, hatte Nesaton eines Abends gesagt. *Dort, wo unsere Natur am schwächsten ist, liest man die Schrift der Götter.*
Im folgenden Jahr, in der ersten Woche des ersten Monats in der Jahreszeit *Akhet,* der Zeit der Überschwemmung, suchte Ptahmose unverhofft eine Baustelle im Westen auf. Ein runder Damm wurde zum Schutz eines neuen Viertels errichtet, das an einer Lagune lag, die sich stets zur Überschwemmungszeit bildete und die Häuser gefährdete. Man wußte nicht, durch welches Phänomen der Boden des Viertels abgesunken war; vermutlich war es auf einer Lehmschicht errichtet, die sich durch das Gewicht der Bauten abflachte. Es handelte sich um mächtige Gebäude für die königliche Verwaltung, die man auf Befehl Ramses' zentralisiert hatte.
Diese Absenkung hatte Ptahmose an die Worte des alten Priesters erinnert. Auf Anforderung des Nomarchen hatte man sofort eine Notmannschaft gebildet, die mit der Erdaufschüttung betraut wurde.
Aufgrund des Staubes in der Luft und des Geschreis erriet man schon, bevor man angekommen war, daß hier eine Baustelle war. Als Ptahmose dort war, bemerkte er zuerst einen

Vorarbeiter, den er nicht kannte und der eifrig hin und her lief, die Peitsche in der Hand.

Auf seinen Wunsch verwendeten die Vorarbeiter seit mehreren Jahren keine Peitschen mehr. Ptahmose band sein Pferd in einiger Entfernung fest und ging auf den Vorarbeiter zu. Es war ein jähzorniger kleiner Mann mit aufeinandergepreßten Lippen. Ptahmose sprach ihn an, als der Vorarbeiter sich gerade von der Gruppe der Erdarbeiter entfernt hatte, um aus einem Krug zu trinken, den er neben einem Sack an einer Mauer abgestellt hatte. Auf dieser Seite war der Damm fertig; er war über drei Ellen hoch. Die Erde war noch nicht festgestampft; das würde man später mit Schaufelhieben besorgen.

»Ich kenne dich nicht«, sagte Ptahmose.

»Ich kenne dich auch nicht«, erwiderte der Vorarbeiter arrogant.

»Ich bin Leiter der königlichen Bauten«, erklärte Ptahmose.

»Ich unterstehe dem Befehl des Nomarchen, ich brauche dich nicht zu kennen.«

»Dieser Trupp ist von mir zusammengestellt worden, du hast mich zu kennen«, entgegnete Ptahmose.

»Was willst du?« fragte der Mann.

»Ich will, daß du keine Peitsche benutzt.«

»Ich komme aus Memphis, und die Vorarbeiter in Memphis verwenden die Peitsche. Wenn die Peitsche gut genug ist für die Arbeiter in Memphis, dann ist sie es auch für die Arbeiter in Auaris.«

»Hier unterstehst du meinem Befehl«, erwiderte Ptahmose.

»Ich habe dir gesagt, daß ich dich nicht kenne«, konterte der Vorarbeiter. »Diese Arbeiten sind eilig, und ich habe keine Zeit für gelehrte Gespräche mit den Leuten aus Unterägypten.«

Ptahmose blickte sich suchend nach den anderen Arbeitern um; sie befanden sich weitab am unteren Ende der Baustelle, hinter einigen Häusern, sonst hätte Ptahmose den Vorarbeiter rasch in seine Schranken verwiesen. Dort drüben war man dabei, den Wall fertigzustellen. Da versetzte der Vorarbeiter einem Arbeiter, der mit einem Korb voller Ziegeln auf dem Kopf vorbeikam, einen gewaltigen Peitschenhieb.

»Ich hole die Polizei und lasse dich verhaften«, drohte Ptahmose.

»Hol doch die Schlange Apophis, wenn du willst!« stieß der andere hervor.

Ptahmose entfernte sich und wollte zurück zu seinem Pferd, als er Schreie hörte. Er drehte sich um. Der Vorarbeiter schlug mit außergewöhnlicher Roheit weiter auf den Arbeiter ein, der gestürzt war und den Korb mit den Ziegeln fallengelassen hatte. Ptahmose kehrte um und ging raschen Schrittes auf den Vorarbeiter zu. Grob packte er ihn an der Schulter und zwang ihn, sich aufzurichten. Der Erdarbeiter lag mit blutendem Oberkörper und geschlossenen Augen auf dem Boden; der Vorarbeiter sah ihn wie ein tollwütiger Hund an.

»Du scheinst nicht zu verstehen, was ich gesagt habe«, bemerkte Ptahmose und bemühte sich, ruhig zu bleiben.

»Du schützt die Apiru?« schrie der Mann und hob die Peitsche.

Ptahmose packte ihn so heftig am Arm, daß der Mann das Gleichgewicht verlor und die Peitsche fallenließ. Er stürzte sich auf Ptahmose, der ihm das Gesicht mit den sechs Riemen der Peitsche zerschnitt. Blut spritzte aus den Wangen des Vorarbeiters. Der Mann biß die Zähne zusammen und warf sich erneut auf Ptahmose, der ihm mit aller Kraft mit dem Peitschengriff einen Hieb über den Schädel gab. Es war ein langer und dicker Stiel.

Der Mann verdrehte die Augen. Er taumelte und sank neben seinem Opfer hin. Ptahmose beugte sich über ihn. Roter Schaum kam zwischen seinen Lippen hervor. Er röchelte einen kurzen Augenblick, dann lag er regungslos. Ptahmose fühlte sein Herz; der tollwütige Hund war tot.

Er hatte ihn also umgebracht. Ptahmose war erschüttert. Zum zweiten Mal in seinem Leben hatte er einen Menschen getötet. Beim ersten Mal war es berechtigte Selbstverteidigung gewesen, das war diesmal nicht der Fall. Der Mensch ist vergänglich, dachte er kalt.

Hatte der auf dem Boden liegende Erdarbeiter den Mord bemerkt? Er röchelte und wimmerte mit geschlossenen Augen.

Ptahmose packte eine Schaufel und grub ein Loch in der noch lockeren Erde des Damms. Eine Viertelstunde genügte. Er warf den Leichnam des Vorarbeiters hinein, schaufelte das Loch wieder zu und sah sich um. Niemand.

Den Erdarbeiter hätte man sicherlich wieder zu sich bringen müssen – aber nicht den Zeugen. Ptahmose kletterte über den Wall und ging zu seinem Pferd. Er ergriff den untersten Ast einer Akazie, schwang sich in den Sattel und kehrte in südlicher Richtung in die Stadt zurück.

Seine Bestürzung hielt auf dem Nachhauseweg an. Seine Selbstkontrolle hatte versagt. Um einen Apiru zu verteidigen, der sich in diesem Augenblick zwischen Leben und Tod befand. *Dort, wo unsere Natur am schwächsten ist, liest man die Schrift der Götter.*

Es war zu spät, um ans Meer zu reiten, aber Ptahmose spürte ein heftiges Verlangen danach.

8

Der Anführer

Er verspürte keinerlei Schuldgefühle. War er nicht das Instrument der Gerechtigkeit gewesen? Nicht der Gerechtigkeit des Königreichs – einer anderen.
Der Gedanke an eine Gerechtigkeit, die eine andere war als die der Menschen, erfüllte ihn abends, als er die Sache vor dem Einschlafen überdachte, mit Betroffenheit. Seit wann berief er sich auf eine andere Gerechtigkeit als die der Menschen? Wer hatte diesen Gedanken in ihm eingepflanzt? Nesaton? Es fiel ihm schwer einzuschlafen.
Bei der Zusammenkunft mit den Apiru am nächsten Abend lauerte er auf die geringste Anspielung auf den Vorfall. Er fragte nach Neuigkeiten von der Baustelle in dem neuen Viertel.
»Der Damm ist fertig«, antwortete Issar. »Seit gestern, und zwar auf seltsame Weise. Der Vorarbeiter ist verschwunden. Ein Mann aus dem Stamm Simeon ist an seine Stelle getreten, weil man ja einen Ersatz brauchte.«
»Was heißt ›verschwunden‹?« fragte Ptahmose.
»Am Morgen war er noch da, aber nicht mehr am Abend. Nicht einmal seinen Krug Wein und seinen Sack Feigen hat er mitgenommen. Aber man hat einen schwerverletzten Erdarbeiter gefunden, der auf dem Boden lag. Als er wieder

zu sich kam, hat er gesagt, der Vorarbeiter habe sich wie ein Vieh auf ihn gestürzt. Die Männer glauben, der Vorarbeiter sei geflohen, weil er diesen Erdarbeiter verletzt und dann gedacht habe, er hätte ihn umgebracht. Auf jeden Fall ist es gut, daß wir den los sind; er war aus Memphis und ein Rohling.«

»Ich habe verboten, daß man die Peitsche verwendet«, erwiderte Ptahmose nur.

»Die Vorarbeiter in Auaris verwenden sie nicht. Aber dieser kam aus Memphis«, erklärte Lumi. »Die Leute aus dem Stamm Simeon sagen, er habe ausgesehen wie ein Verrückter.«

Ptahmose atmete auf. Niemand hatte ihn gesehen. Die Männer wechselten das Gesprächsthema.

»Dein Schwager...«, begann Arphaxad und sah Ptahmose an. »Dein Schwager fragt sich, warum du deinen Bruder Aaron nicht hierherkommen lassen willst.«

Miriams Indiskretionen begannen sich also zu verbreiten. Es war kein guter Gedanke gewesen, sie nach Auaris kommen zu lassen.

»Aaron ist in Memphis Vorarbeiter«, antwortete er. »Hier wäre er nur Arbeiter. Ich sehe hier keinen Vorteil für ihn.«

»Er ist dein Bruder, Moses«, beharrte Arphaxad. »Du könntest erreichen, daß er auch hier Vorarbeiter wird.«

»Ich weiß nicht, warum das in eurem Interesse sein sollte«, antwortete Ptahmose nach einer Weile. »Und ich weiß auch nicht, warum das in meinem oder in Aarons Interesse sein sollte. Ich habe euch bereits gesagt, daß es weder mir noch euch etwas bringt, wenn ich ganz und gar als einer der Euren auftrete. Was wäre denn Aaron hier? Leiblicher Bruder eines ägyptischen Prinzen. Im besten Falle Vorarbeiter. Habt ihr daran gedacht? Jeder würde dabei verlieren. Die Macht, über die ich hier verfüge, habe ich zum großen Teil zu eurem Nutzen angewandt. Seit über acht Jahren haben wir auf den Baustellen keine Schwierigkeiten mehr. Ihr werdet we-

niger schlecht behandelt, seid weniger erschöpft. Wollt ihr das gefährden, indem ihr aus mir einen Apiru macht?«
»Aber er ist dein Bruder!« rief Arphaxad. »Spürst du nicht das Verlangen, deinen Bruder zu sehen? Amrams Sohn?«
»Ich habe Amram nicht gekannt. Ich habe meine Kindheit nicht zusammen mit Aaron oder Miriam verbracht«, entgegnete Ptahmose leicht ungeduldig. »Verwandtschaft heißt, daß man seine Zeit miteinander verbracht hat. Mit ihnen habe ich nichts geteilt, und sie nichts mit mir.«
Die anderen schienen nachdenklich.
»Ich verstehe, was ihr wünscht«, fuhr Ptahmose fort. »Ihr wollt Aaron und Miriam zusammen hier haben, damit ihr mehr Druck auf mich ausüben könnt. Aber ihr werdet keinen Druck auf mich ausüben. Ihr habt abenteuerliche Ideen von Flucht, die euch in die Katastrophe führen werden. Du, Arphaxad, bist voll brüderlicher Gefühle, wenn es um andere geht. Aber hast nicht du vor drei Monaten die Angehörigen des Stammes Simeon zu den schwersten Arbeiten geschickt, weil du sie dir und den Deinen ersparen wolltest?«
Der Vorwurf traf Arphaxad mit voller Wucht. Er senkte den Kopf.
»Es gibt die Stimme des Blutes, Moses, und du scheinst sie nicht zu hören«, erwiderte Arphaxad dann langsam. »Wie sollst du unser Oberhaupt sein, wenn du die Stimme des Blutes nicht hörst?«
»Hätte ich die Stimme des Blutes nicht gehört, Arphaxad, wäre ich nicht hier!« donnerte Ptahmose.
Sie fuhren zusammen. Es war das erste Mal, daß er einen solchen Ton anschlug.
»Ihr seid wie launische Kinder. Ihr wollt einen Anführer, und zugleich wollt ihr ihm euren Willen diktieren! Ich bin nicht euer Spielzeug!«
Erstaunt und voller Furcht sahen sie ihn an. War das der zurückhaltende, gebildete und manchmal berechnende junge Mann, den sie zu kennen glaubten?

»Was getan werden muß, wird getan, dann, wenn es möglich ist«, erklärte er und erhob sich. »Wenn ihr einen besseren Anführer findet als mich, wendet euch an ihn.«
Plötzlich schien Ptahmose verwandelt. Mit flammendem Blick beherrschte er sie, wie eine Statue. Es fehlte nicht viel, und er hätte mit den Fingerspitzen einen Blitz entladen.
»Wir haben keinen, Moses«, sagte Issar ernst und leise. »Wir haben keinen, deshalb drängen wir dich.«
Ptahmose blieb noch eine Weile stehen, dann ging er mit langsamem, schwerem Schritt fort. Mücken und Nachtfalter zerschmorten weiterhin in den Flammen der Lampen. Die Gruppe der Männer blieb schweigend sitzen, hin und her gerissen zwischen Verblüffung und neuer Hoffnung, einer wahnwitzigen, fast instinktiven Hoffnung.
Er hatte wie ein Anführer gesprochen. Endlich.

9

Der Schatten auf dem Sand

Was du gestern getan hast und was du morgen tust, ist ewig. Denke daher über jede deiner Handlungen nach, denn sie wird für immer im Gedächtnis der Gottheit eingegraben sein, hatte Nesaton eines Abends gesagt. Doch der heftige Aufruhr, den der Mord an dem Vorarbeiter in Ptahmose entfacht hatte, begann dennoch zu verblassen. Vielleicht würde er eines Tages diese Anwandlung von Gewalt vergessen, die ihn zu der Handlung getrieben hatte, die für die Gottheit am verabscheuungswürdigsten war. Oder die Erinnerung würde zu einem fernen, verstaubten Bild, ähnlich wie einer der vereinzelten Bäume, die nur noch winzige Punkte in der Landschaft waren, je weiter man sich von ihnen entfernte.
Dieser Mann war schlecht gewesen. Ptahmose bedauerte es nicht, daß er ihn getötet hatte, und das war alles. Sein Gerechtigkeitssinn hatte ihm den Arm geführt, und der Gerechtigkeitssinn kam vom Herrn.
Die Meditationen am Meeresufer hatten ihm zu der Fähigkeit verholfen, sich von seinem eigenen Leben und sogar von seinem eigenen Körper loszulösen, als gehörten sie einem anderen. Ihre Wirkung wurde immer intensiver, immer einfacher zu erreichen. Bei den letzten Malen hatte Ptahmo-

se als visuellen Eindruck einen vertikalen Lichtstrahl gehabt, der sich vor ihm abzeichnete und mit solcher Macht zu schwingen begann, daß es unerträglich wurde. Er hatte das Gefühl, daß etwas Ungeheures, Unaussprechliches geschehen würde, und das erschreckte ihn. Dann wurde der Lichtstrahl schwächer, schrumpfte und löste sich in einem Geflimmer auf, das ihm in den Augen weh tat.
Damit er diesen Lichtstreif weiterhin sehen konnte, mußte er der Furcht standhalten.
Diese Trancezustände wurden immer länger und verstärkten die Geistesabwesenheit, die seine Umgebung so verunsicherte. Unerklärliche Schwingungen hielten stundenlang an, und während dieser Zeit fand Ptahmose seine eigenen Gefühle lächerlich. Seine gewohnten Stimmungen kamen ihm vergänglich und verachtenswert vor. Er nahm seine Umwelt deutlich wahr, hörte die Worte, die man an ihn richtete, sah die Dokumente, die man ihm vorlegte, erblickte die Bilder um ihn herum sogar deutlicher als zuvor. Und er war fähig, weit gerechtere und weitblickendere Entscheidungen zu treffen als zuvor. Der Grund dafür war, daß diese Schwingungen ihn beherrschten. Woher kamen sie? Von einer höheren, außergewöhnlichen, erschreckenden Kraft.
Um sich zu beruhigen, kaute er manchmal Kât, griff manchmal auch zum Hanf. Außerdem versuchte er einige der geheimnisvollen Substanzen, die der Hafenarbeiter am *Großen Schwarzen* ihm gegeben hatte; eine war dabei, die seine Trancezustände weit länger als gewöhnlich andauern ließ. Gewonnen aus dem Aufguß großer samtiger Blätter, hatte sie eine weit stärkere Wirkung als die Raute, denn sie machte ihn körperlich unempfindlich und nicht nur ausdauernder.[1]
Größere Ausdauer begann allerdings notwendig zu werden. Auaris genügte nicht mehr, um die Bauwut von Sethos und Ramses zu befriedigen. Sie brauchten eine neue Stadt, im Norden des *Großen Schwarzen*. Architekten aus Memphis

folgten einander im Laufe der Wochen, damit beauftragt, dort im »Vorzimmer der Schlange Apophis«, den Kataster der Wüste, des Nichts aufzustellen. In seiner Eigenschaft als Leiter der königlichen Bauten mußte Ptahmose sie oft auf anstrengenden Erkundungen begleiten.

Ramses hatte den ersten Bericht über die Gefahren oder sogar die Unmöglichkeit, im Süden des *Großen Schwarzen* einen Hafen anzulegen, nicht akzeptiert. Er hatte zu verstehen gegeben, dem Architekten und Ptahmose habe es an visionärem Weitblick gemangelt. In seinem wachsenden Stolz wollte Ramses die Elemente ignorieren, und sein Vater bestärkte ihn dabei. Erst nach der vierten Expedition von Architekten beugte sich der Regent endlich den Tatsachen. Wenn er seinen Hafen im Süden wollte, müßte man alles neu gestalten, das *Große Schwarze*, das Schilfmeer und sogar das *Große Grüne*.

Doch Ramses war nicht der Mann, der auf etwas verzichtete. Wenn es unmöglich war, im Süden des *Großen Schwarzen* einen Hafen zu bauen, würde man ihn eben im Norden errichten, wo die Strömungen der Gezeiten weniger stark waren. Es gab sie, und sie erreichten sogar eine Höhe von eineinhalb Ellen, aber mit genügend hohen Landungsbrücken konnte man einen Hafen bauen. Ptahmose und die Architekten debattierten lange darüber: Wozu einen Hafen im Norden bauen, wenn man im Süden keinen errichten konnte? Weil der Regent, erklärte der Architekt, eine Fahrrinne ausheben wollte, die das *Große Schwarze* von Norden nach Süden durchquerte.

Keinen Hafen, machte Ramses schließlich deutlich: eine Stadt. Ptahmose versuchte so gut wie möglich, Zeit zu gewinnen. Wo sollte er die Arbeiter finden, um die Stadt zu bauen? Zuerst sollte man alle Bauten in Auaris abschließen, dann wäre es möglich, Arbeitskräfte freizustellen, die mit der neuen Stadt beginnen könnten. Ptahmose mußte bereits eine Mannschaft von zweihundert Erdarbeitern dorthin schicken, die schon einmal das Gelände und die Dünen einebnen sollten, damit man die Art der darunterliegenden Schichten feststellen und die Wadis eindämmen konnte, die sich bei Regenfällen und bei den Überschwemmungen des *Großen Schwarzen* bildeten. Senken und Betten der Wadis wurden zugeschüttet, doch die Arbeiten waren alles andere als überzeugend. Bei den ersten Regenfällen strömten die Sturzbäche, die ihre alten Betten nicht mehr fanden, irgendwohin, um in dem lockeren Boden neue zu graben, und es herrschte Chaos.

Um die Sache noch schwieriger zu machen, mangelte es an jeglichem Komfort. Ptahmose, seine Architekten und die Diener, die sie begleiteten, schliefen in Zelten, wo sie Skorpionen und Schlangen ausgeliefert waren, die das ganze Tohuwabohu in Aufruhr versetzt hatte, ganz zu schweigen von Moskitos und anderen Insekten. Das Essen war schlecht und zumeist kalt, und man konnte sich kaum waschen, da die beiden Brunnen, die man gegraben hatte, nur brackiges Wasser lieferten. Die Arbeiter wateten in ekelhaftem Morast, wenn sie nicht gleich in Schlammlöcher fielen. Die dreckverschmierten Architekten schimpften, als würden sie von niederen Dämonen heimgesucht, die Vorarbeiter waren heiser vom Schreien, und die Erdarbeiter begannen sich wie in den früheren schlechten Zeiten zu widersetzen. Ptahmose war oft mehrere Tage lang von zu Hause fort.

Seine Autorität ließ nach in dieser Situation, in der es zu immer größeren Spannungen zwischen Architekten und Vorarbeitern einerseits und Vorarbeitern und Arbeitern andererseits kam. So stieß er eines Tages auf zwei Erdarbeiter, die miteinander stritten. Der eine schubste den anderen, und schließlich schlugen sie sich gegenseitig. Rasch ging Ptahmose auf die beiden Männer zu.

»He! Schläge sind keine Lösung!« rief er auf hebräisch.

Die Männer hielten inne und musterten ihn. »Schläge sind keine Lösung?« fragte der eine sarkastisch.

»Nein.«
Der Mann wischte sich mit dem Handrücken das Blut von der Nase. Er und sein Widersacher wechselten finstere Blicke. »Wer mischt sich da ein?«
»Ich, Ptahmose.«
»Und deine Schläge gegen den Vorarbeiter, den du in Auaris unter dem Damm verscharrt hast, die haben also nichts gelöst?«
»Ich weiß nicht, wovon du sprichst«, erwiderte Ptahmose. »Ich will nicht, daß ihr untereinander streitet, das ist alles.« Ihren Streit hatte er auch tatsächlich beendet. Er entfernte sich und bemühte sich, seine Erschütterung zu beherrschen. Als er sich umdrehte, sahen sie ihm mit ironischem Blick nach.
Er hatte geglaubt, niemand habe ihn gesehen; er hatte sich also getäuscht. Waren diese beiden Arbeiter die einzigen Zeugen des Mordes an dem Vorarbeiter, oder gab es noch andere? Hatten sie verraten, was sie gesehen hatten? Wußten Enoch, Arphaxad, Lumi und Issar wirklich nicht, was mit dem Vorarbeiter geschehen war, so wie es bei dem Gespräch nach dem Mord den Eindruck gemacht hatte? Oder behielten sie das Geheimnis bei sich, um Druck auf ihn auszuüben, wenn es ihnen zweckdienlich schien?
Ptahmose wälzte das Problem nach allen Seiten und kam zu dem Schluß, daß die Vorarbeiter, wenn das Gerücht von dem Mord zu ihnen drang, nichts Eiligeres zu tun hätten, als ihn beim Nomarchen zu denunzieren, der es als seine Pflicht ansehen würde, durch Hape-nakhts Vermittlung alles nach Memphis berichten zu lassen. Dann wäre es um seine Macht geschehen. Selbst wenn die königliche Gunst es ihm ersparte, daß ihm Ohren und Nase abgeschnitten würden, wäre er nur noch ein Untergebener, niedriger sogar als die Apiru. Er könnte die Apiru nicht einmal mehr gegen die Brutalität der Vorarbeiter verteidigen.
Einen Augenblick lang blieb er so im Wind stehen und

dachte über seine Lage nach. Die Nacht brach herein. Hier und da wurden Feuer entzündet, damit man das Abendessen bereiten konnte. Die Architekten saßen noch im Zelt und debattierten. Er mußte fliehen.

Sein Blick wanderte vom Zelt zu seinem Pferd. Mit lässigem Schritt ging er zunächst zum Zelt. Die Diener waren draußen beschäftigt, um ein Feuer anzuzünden. Ptahmose faltete seine Decke so klein wie möglich zusammen, nahm sich zwei Brote, einen Beutel Feigen und einen mit Datteln und eine Feldflasche voll mit Wasser vermischtem Wein. Er vergewisserte sich, daß er am Gürtel immer noch seine beiden Dolche trug. Nachlässig schlendernd wie zuvor verließ er dann das Zelt und ging zu seinem Pferd; in der zunehmenden Dunkelheit achtete niemand auf ihn. Wer ihn sah, hätte höchstens gedacht, daß er einem Bedürfnis nachging.

In den großen schwarzen Augen seines Pferdes glaubte Ptahmose einen erstaunten Blick wahrzunehmen, und als könnte das Tier ihn verstehen, befahl er ihm mit leiser Stimme, ruhig zu sein. Er befestigte die Decke am Sattel und führte das Tier zu einem Stein, der hoch genug war, um ihm als Schemel zu dienen. Mit einem Satz schwang er sich in den Sattel und trieb das Pferd mit den Absätzen zum Galopp an – Richtung Osten. Die Gegend kannte er, während der letzten Tage hatte er sie oft genug durchstreift. Es war eine steinige Ebene; sein Pferd lief keine Gefahr zu straucheln. Zudem konnte er sich dort selbst in der Dunkelheit zurechtfinden.

Ptahmose galoppierte schon eine halbe Stunde lang, als er glaubte, weit hinter sich Rufe zu hören. Ohne sich umzuwenden, schlug er ein schärferes Tempo an. Wenig später sah er sich um, doch man sah nicht einmal mehr die Feuer des Lagers, und niemand verfolgte ihn. Frei! Er atmete tief ein. Wo sollte er hin? Sicher nicht nach Norden; die Küstenroute, die nach Asien führte, war von Garnisonen bewacht, die ihn schnell bemerken würden.² Ein berittener Bote könnte ihn sogar überholen. Er mußte also unbedingt nach Süden abbiegen. Sich an den Sternen orientierend, beschrieb er einen großen Bogen nach Südosten. Was er dort finden würde, wußte er nicht, aber sicher nicht das ägyptische Königreich.

Er war wie vom Fieber ergriffen. Er war frei. Nicht länger Beamter des Königreichs. Nicht mehr Sklave der wahnwitzigen Pläne eines Königs und eines Regenten, die den Erdball neu gestalten wollten und keinerlei Vorstellung vom Leiden anderer hatten. Keine Schreiber, keine Spione, keine Berichte mehr, nie mehr das Klappern der Rechenbretter. Keine Konkubine mehr, die ihm von der Königsmacht zugeteilt worden war. Keine doppeldeutigen Blicke, keine Worte mehr, deren Bedeutung unsicher war. Von nun an war er allein Herr seines Denkens und seines Körpers.

Die ganze Nacht über trabte er dahin. Links von ihm ragte im Sternenlicht etwas Dunkles hoch auf, sicherlich ein Gebirge. Die Kälte zwang ihn, sich in seine Decke zu hüllen. Das Gelände vor ihm schien eher flach, doch er kannte es nicht und ritt langsamer. Er hörte Tiere – das Geheul von Schakalen, das Geschrei von nächtlichen Raubvögeln, die mit ihren Krallen und Schnäbeln Hasen oder Wüstenspringmäuse erlegten. Feuer hatte er nicht; er betastete seine Dolche. Im Morgengrauen nahm er rötlich schimmernde Berge wahr, und da er eine Spalte entdeckte, in der er Schutz suchen konnte, ritt er dorthin. Er aß ein wenig von seinem Brot und zwei Feigen, trank einen kräftigen Schluck und döste eher ein wenig, als richtig zu schlafen. Nach zwei Stunden war er wieder auf den Beinen und verrichtete seine Notdurft. Klares Sonnenlicht erhellte die schlichte Landschaft: eine langgestreckte Ebene, die sich am Fuß der Berge hinzog, hier und da gespickt von Grüppchen verkümmerter Bäume. Wo führte diese Ebene hin? Er wußte es nicht.

Zwei Stunden später beantworteten Möwenschreie seine

Frage. Rechts von ihm funkelte in der Ferne ein unendlicher blauer Streifen unter der Sonne. Er schlug diese Richtung ein, und als er am Strand war, legte er seinen Schurz ab und tauchte ganz in diesem Element unter. Das Meer. Er wusch den Staub Ägyptens ab. Als er nackt aus dem Wasser kam und seinen einsamen Schatten auf dem Sand erblickte, blieb er starr stehen: Das war das Bild seines Lebens seit dem Abend zuvor. Seine Vergangenheit war verschwunden, wie Wasser auf heißem Sand. Wieder dachte er an die Lehre Nesatons, doch hier schien nichts mehr irgendwo eingeprägt. Buto, die Kinder, der Garten mit den Granatapfelbäumen, selbst der König, Ramses – das alles waren nur noch verschwommene Bilder, die bald völlig verblassen würden. Er kannte auch keine Zukunft für sich. Er besaß nur ein Pferd, ein wenig Brot, ein paar Datteln und Feigen. Und eine halbvolle Wasserflasche. Ein nackter Mensch inmitten der Unendlichkeit.

Er setzte sich auf den Sand, um sich trocknen zu lassen, versuchte das andere Ufer zu erkennen, doch es gelang ihm nicht. Er erinnerte sich an die Karten, die er in den Verwaltungsstuben von Ramses gesehen hatte, und kam zu dem Schluß, daß er sich am anderen Ufer des östlichen *Großen Grünen*, gegenüber dem Königreich, befand. Sollte er am Meer entlangreiten? An der Küste schien die Sonne weniger glühend. Doch dann würde Ptahmose sich von dem Pfad entfernen, auf dem er hoffte, Trinkwasser zu finden. Er schwang sich wieder in den Sattel und kehrte um.

Der Aufenthalt am Meer hatte ihn hungrig gemacht; er aß zwei Feigen und ein Stückchen Brot, doch sein Mund wurde noch trockener. Er schüttelte seine Flasche, und der hohle Klang des restlichen mit Wasser verdünnten Weins ließ seine Miene finster werden. Er trank einen winzigen Schluck.

Es wurde heiß. Wenn er vor dem Abend kein Wasser fand, befand er sich in Gefahr. »Herr, laß mich Wasser finden!«

Die Bitte war ihm entschlüpft, so selbstverständlich wie ein Atemzug. *Herr.* Aber er hatte zu große Angst, um es zu bemerken.

Sein Verstand begann sich zu verwirren, sein Blick trübte sich. Er versuchte, die Zeit zu berechnen, die seit dem Morgengrauen vergangen war, doch es gelang ihm nicht; der Tag schien kein Ende zu nehmen. Doch dann wandte sich das Pferd nach links. Ptahmose lenkte es nicht mehr; nur mit Willenskraft hielt er sich noch im Sattel. Es kam ihm vor, als habe der Boden nun eine andere Beschaffenheit, er war dunkler als zuvor. Er erblickte Vegetation, kurzes Gras. Dann sah er das Wasser und schloß die Augen.

Der Instinkt hatte das Tier zu einem Bach geführt. Sicherlich war er vor zwei oder drei Tagen wasserreicher gewesen; das breite Bett maß gut fünfzig Ellen, der Wasserlauf jedoch nur zehn, aber es war Wasser. Schwer setzte Ptahmose den Fuß auf die Erde. Das Pferd löschte bereits seinen Durst. Ptahmose trat ans Ufer, besprengte sich das Gesicht und begann zu trinken. Frisches Wasser. Rein, wie er es seit den Tagen in Auaris nicht mehr gekostet hatte, sogar noch reiner. Als er nach Herzenslust getrunken hatte, setzte er sich.

»Danke, Herr«, sagte er mit einem Seufzer.

Er blickte sich um. Der Wildbach kam vom Berg herunter. Der Regen neulich am Abend hatte ihn wohl anschwellen lassen, doch wenn er auch jetzt noch floß, mußte er von einer Quelle gespeist werden. Die Landschaft hier war deutlich grüner. Das Pferd, das genug getrunken hatte, begann hier und da zu grasen, sorgfältig seine Gräser auswählend. Ptahmose begann die Ufer nach einem Baum mit Früchten zu erkunden, doch er fand keinen.

Dafür bemerkte er Spuren, die ihm erneut das Herz klopfen ließen. Ein schwarzer Kreis, Reste von verkohltem Holz. Das Gras darum herum war plattgedrückt. Er berührte das Holz – kalt. Dann untersuchte er die Reste des Feuers und fand Fischgräten und andere Überbleibsel. Innereien von getrocknetem Fisch, mitgebracht und verzehrt von den Menschen, die an diesem Platz Rast gemacht hatten. Wie viele waren es gewesen? Wer waren sie? Und wo wollten sie hin? Ptahmose suchte weiter und fand in einiger Entfernung Tiermist. Er schätzte, daß hier mindestens zwanzig Tiere haltgemacht hatten, und runzelte die Brauen. Ihm fiel ein, daß die Ägypter Sklaven schickten, die auf der anderen Seite des *Großen Grünen* Kupfer und Malachit abbauen sollten ... Und diese wußten bestimmt nicht, daß er auf der Flucht war...

Eine Bestandsaufnahme seiner Lebensmittel war schnell gemacht: ein ganzes und ein drittel Brot, genügend Datteln und Feigen für zwei Tage. Aber dann? Er füllte seine fast leere Feldflasche, wobei er bedauerte, keine zweite zu haben, trank noch ein wenig Wasser, und nachdem er seine Decke wieder auf dem Sattel zusammengerollt hatte, machte er sich wieder auf den Weg.

Den Blick auf den Boden geheftet, suchte er nach weiteren Spuren. Auf dem steinigen Boden war nichts zu erkennen, und dort, wo es sandig war, hatte der Wind alles ausgelöscht. Rillen auf dem Boden vermittelten ihm dennoch den Eindruck, daß er einem Pfad folgte. Rechts und links fand er oft große Steine, die anscheinend vom Hauptweg entfernt worden waren, und das auf dem Pfad kürzere Gras war häufig niedergetrampelt. Hier kamen also andere Reisende vorbei, aber wer?

Am nächsten Tag im Morgengrauen entdeckte er sie. Die Höhle, in der er Zuflucht gefunden hatte, lag ziemlich hoch über dem Pfad. Drei Dutzend seltsame Tiere, die großen, unförmigen Gazellen glichen, folgten einander mit wiegendem, herablassend wirkendem Schritt in einer Reihe. Es waren Dromedare; Ptahmose kannte Beschreibungen dieser Tiere. Auf zwanzig von ihnen saßen Reiter, die übrigen waren mit zahlreichen Säcken und Ballen beladen. Waren es

Ägypter? Nein, die Ägypter trugen keine solchen hellen Mäntel. Diese Leute ritten nach Süden, und im Süden hatten die Ägypter nichts zu tun, sie interessierte der Osten.
Ptahmose überlegte, ob es klug sei, sich zu diesen Männern zu gesellen. Aber er konnte nicht ewig von Brot, Datteln und Wasser leben und in der Wüste umherirren. Er ritt den Berg hinab und machte sich an die Verfolgung der Karawane.
Sie bemerkten ihn, als er noch etwa tausend Ellen entfernt war. Offenbar wurde Befehl gegeben anzuhalten, denn ein Ruck ging durch die Karawane, bis alle Kamele stehengeblieben waren. Die Männer hatten sich umgedreht und sahen ihn herankommen.
»Seid gegrüßt!« rief er ihnen auf hebräisch zu und fragte sich, ob sie ihn verstanden.[3]
»Sei gegrüßt«, erwiderten sie und betrachteten erstaunt diesen einzelnen Reiter, der ganz allein mit nacktem Oberkörper in der Wüste unterwegs war. Auch er musterte sie. Nein, das waren keine Apiru, obwohl sie ihnen ähnelten. Sie hatten kurzgeschnittene Bärte.
»Wohin reitet ihr?« fragte er.
Der Anführer der Karawane schien auf Ptahmose zu warten. Dieser kam auf ihn zu und wiederholte die Frage.
»Wir reiten nach Alaat«, antwortete der Mann. »Wer bist du?«
»Ptahmose. Ich komme aus Ägypten.«
»Allein?«
»Allein.«
»Dann bist du auf der Flucht«, stellte der Mann nach einer Weile fest.
»Ich will nicht mehr für den König arbeiten.«
Der Mann schien neugierig. Eine Geste Ptahmoses enthüllte den juwelenverzierten Griff seines Dolches.
»Bist du verrückt?« fragte der Anführer und fixierte Ptahmose eindringlich.

»Nein«, entgegnete Ptahmose lachend.
»Aber du mußt verrückt sein, um allein durch die Wüste zu reiten. Kennst du die Wüste?«
»Nein.«
Ein etwas mißglücktes Lachen schüttelte die Brust des Mannes. »Mit nacktem Oberkörper«, stellte er mit leichter Mißbilligung fest.
Ptahmose bemerkte, daß tatsächlich alle Männer unter dem weißen Wollmantel noch ein weites Hemd trugen. War ihnen nicht heiß?
»Wie lange bist du schon unterwegs?«
»Drei Tage und drei Nächte.«
Einer der Männer, anscheinend der Stellvertreter des Anführers, betrachtete Ptahmose ebenfalls und schüttelte ungläubig den Kopf. Ein Gemurmel lief durch die Karawane, einen Mann hörte man lachen.
»Willst du mit uns nach Alaat reiten?« fragte der Anführer.
»Ja. Ich habe fast nichts mehr zu essen.«
»Möchtest du Wasser?«
»Ich habe noch eine volle Flasche.«
Der Anführer hob den Arm und gab den Befehl zum Weiterreiten. An Ptahmose gewandt, sagte er: »Reihe dich an dritter Stelle ein.«
Alaat.[4] Ptahmose kannte diesen Namen nicht. Sicherlich eine Stadt.
Bei Sonnenuntergang kamen sie dort an. Es war eine Festung, die auf einer höher liegenden Ebene erbaut war. Die Mauern bestanden aus großen, kaum behauenen Steinblöcken, die von grobem Mörtel zusammengehalten wurden. Hier und da waren Schießscharten freigelassen. Diese Leute mußten sich also verteidigen. Gegen wen? Die Dromedare und das Pferd ließ man im Schutz der hohen Mauern am Stadttor stehen; ein Mitglied der Karawane führte sie zu einer großen Zisterne und warf ihnen Futter vor. Die Tiere legten sich nieder, so daß ihre Last ins Wanken kam. Man lud

die Säcke und Ballen ab und trug sie in eine Art Speicher in einem Haus innerhalb der Stadt. Zu zehnt und mit Ptahmoses Hilfe brauchten sie fast zwei Stunden. Jedesmal, wenn Ptahmose durch die schweren, eisenbeschlagenen Holztore der Stadt schritt, staunte er über die Dicke der Mauern. Welche Angriffe fürchtete man in Alaat?

Er war zerschlagen. Die Kälte packte ihn, und er hüllte sich in seine Decke.

Als sie fertig abgeladen hatten, war es dunkel. Die Tiere wurden ins Innere der Stadt zu einem hohen Stall geführt. Befehle ertönten. Männer stürzten herbei, und die Tore Alaats wurden verschlossen und dann mit zwei massiven Bronzestangen gesichert. Der Anführer der Karawane und zwei weitere Männer machten im Licht eines zweiarmigen Leuchters eine Bestandsaufnahme der Säcke im Speicher.

»Komm mit mir«, sagte er zu Ptahmose, nachdem er die Speichertür von innen verschlossen hatte. Durch eine kleine Seitentür traten sie in das angrenzende Haus.

Sie kamen in ein großes Zimmer im Erdgeschoß, dessen Boden und Wände mit Teppichen aus gewebter Ziegenwolle und zusammengenähten Schaffellen bedeckt waren. Auf dem Boden lagen zudem Matten von einer Art, die Ptahmose nicht kannte. In einer Ecke brannte zwischen zwei niedrigen Mauern und unter einem Loch in der Decke, durch das der Rauch abzog, ein Feuer. Eine einzige Tür führte nach hinten, sicherlich in weitere Zimmer. Man hörte Frauenstimmen und unterdrücktes Gelächter. Ein Kindergesicht erschien in der Tür. Der Anführer rief das Kind, und ein drei- oder vierjähriger kleiner Knabe stürzte sich in die Arme des Mannes, der offensichtlich sein Vater war. Ptahmoses Gesicht verdüsterte sich. Zum erstenmal dachte er an seine Kinder. Melancholisch verscheuchte er den Gedanken.

»Setz dich«, forderte der Anführer Ptahmose auf.

Er ließ sich vor dem Feuer nieder. Einer der Männer ging nach hinten und brachte verschiedene Schalen aus glasiertem Ton und einen Krug. Er bediente zuerst den Anführer, dann Ptahmose. Der Anführer trank als erster, dann führte auch Ptahmose die Schale an seine Lippen. Es war eine Art mildes Bier.
»Meine Söhne«, sagte der Mann und zeigte auf die vier jungen Männer im Raum. »Ich heiße Hussam.«
»Ich heiße Ptahmose.«
»Sei willkommen, Ptahmose.« Er sprach es *Tamus* aus.
»Warum bist du aus dem Land des Pharao fortgegangen?«
»Ich wollte nicht mehr für ihn arbeiten. Ich war der Leiter der Apiru, die ich lenken sollte. Einen Haufen Rebellen. Eine Arbeit, die immer härter wurde.«
»Du siehst aber nicht schwach aus, Tamus«, erwiderte Hussam, den die Erklärung nicht ganz zu überzeugen schien.
»Die Wahrheit ist, daß man nicht zwei Sachen dienen kann«, sagte Ptahmose.
Der andere wartete.
»Ich mußte dem König dienen. Und zugleich mußte ich der Sache derer dienen, die mir ihr Vertrauen geschenkt haben.«
»Warum hast du dich nicht für eine Sache entschieden?«
Alle fünf hörten aufmerksam zu, die Blicke auf den Fremden geheftet. Man empfängt keinen Unbekannten bei sich, ohne ihn auf Herz und Nieren zu prüfen.
»Hätte ich die Sache des Königs gewählt, so hätte ich grausam zu den anderen sein müssen. Hätte ich die Sache der anderen gewählt, so hätte ich meinen Rang verloren.«
»Welchen Rang hattest du inne?«
»Ich war Prinz«, erklärte Ptahmose und leerte seine Schale. Einer der Jungen füllte sie erneut.
»Prinz?« fragte Hussam. »Wie das?«
»Ich bin der Sohn einer Schwester von Ramses.«
»Also ein Neffe von Ramses.«

Ptahmose nickte. Würden sie auf den Gedanken kommen, Lösegeld für ihn zu erpressen?
»Ramses hat viele Neffen, ganz zu schweigen von seinen Söhnen. Ich werde ihm nicht fehlen.«
»Wie kommt es, daß du die Sprache der Apiru sprichst?«
»Ich mußte mich mit ihnen verständigen können. Ich spreche auch ägyptisch.«
»Kannst du schreiben?«
»Ich kann lesen und schreiben.«
Hussam gab einem seiner Söhne ein Zeichen, und dieser stand auf und verschwand durch die Tür nach hinten. Erneut hörte man Frauenstimmen. In kurzen Abständen waren dumpfe Geräusche zu hören. Der junge Mann kam mit einer schweren Schüssel zurück, die er auf einen Eisenrost über das Feuer stellte; dann setzte er sich wieder.
»Was wirst du jetzt tun?« fragte Hussam.
»Ich weiß es nicht.«
»Wohin willst du gehen?«
»Ich weiß es nicht.«
»Ist das möglich?« fragte Hussam mit einem leisen Lächeln. »Du hattest ein Land, einen Titel, eine Familie, ein Heim, und du verläßt das alles, um ins Nichts aufzubrechen, für nichts?«
Zum erstenmal spürte Ptahmose selbst, wie sonderbar er sich verhielt. Was konnte er diesem Mann antworten? Daß er nie das Gefühl gehabt hatte, all das, was er aufgezählt hatte, zu besitzen? Plötzlich wurde ihm klar, daß er noch nie einen Mann kennengelernt hatte, der seinen Wohlstand verließ, um in die Wüste zu gehen. Sicher war er geflohen, damit man ihn nicht wegen Mordes suchte und degradierte, seiner Macht beraubte. Er war geflohen, um das Kostbarste zu schützen, was er hatte: seine Identität. Aber es ergab sich auch, daß diese Flucht mit seinem tiefsten Sehnen übereinstimmte.
Selbst vor dem Mord hatte er den Wunsch verspürt zu flie-

hen. Er gehörte nicht mehr nach Ägypten. Und er konnte nicht das Oberhaupt von Sklaven sein, die von Flucht träumen. Diese Flucht war eine Erfüllung. Wie sollte er das erklären?

»Kein Mann ist ein Sklave«, antwortete er schließlich nachdenklich. »Um keinen Preis.«

Zum erstenmal an diesem Abend äußerten zwei der Söhne Hussams Worte der Zustimmung. Sie warfen ihrem geheimnisvollen Gast warme Blicke zu.

»Dann muß man König sein!« meinte Hussam und sah Ptahmose durchdringend an.

»König?« wiederholte Ptahmose überrascht.

»Wir sind schon Könige«, sagte einer der Söhne in spaßigem Ton.

»Könige über sechshundert Schafe«, erwiderte der Vater.

»Aber Könige.«

Ptahmose brach in Lachen aus, und die jungen Männer ebenfalls – Einverständnis der Gleichaltrigen. Das Feuer ließ ihm das Blut wieder unter der Haut pulsieren, und der Duft, der aus dem Kessel aufstieg, machte ihn hungrig. Er setzte sich anders hin. Ein junger Mann stand auf und kam mit Tellern und fast schwarzen kleinen Broten wieder. Die Teller waren mit Radieschen, zerstoßenen Gewürzen und einer braunen Suppe gefüllt. Die jungen Männer tunkten ihr Brot hinein, und Ptahmose folgte ihrem Beispiel.

»Bist du verrückt?« fragte Hussam erneut und richtete seinen Falkenblick auf Ptahmose.

»Das hast du mich schon einmal gefragt. Ich hatte nie den Ruf, verrückt zu sein. Ich glaube nicht, daß man mir den Posten, den ich innehatte, anvertraut hätte, wenn ich verrückt gewesen wäre.«

Hussam schien nachdenklich. Lange sah er Ptahmose an und suchte nach einer Erklärung für das, was ihm jeglicher Vernunft zu widersprechen schien. Dann seufzte er, stand auf und entschied, daß das Essen nun wohl gar sei. »Ali, geh

und hol uns Wein«, sagte er zu demjenigen seiner Söhne, der sich offensichtlich um die Bedienung kümmerte.
Ali kam mit einem Krug und einer großen Schale wieder und stellte beides in die Mitte des Zimmers. Dann nahm er, die Hände mit einem Tuch geschützt, den Kessel vom Feuer und stellte ihn auf die Schale. Hussam tauchte ein langes Messer hinein und spießte ein großes Geflügelstück heraus, das er auf den Teller seines Gastes legte, bevor er die anderen bediente. Ptahmose erkannte, daß es die Keule eines Moorschneehuhns war. Im Kessel war eine Suppe aus wildem Getreide, das man im Saft des Moorschneehuhns gegart hatte. Jeder bediente sich davon mit einem großen Schöpflöffel. Sicher, dieses Mahl konnte es nicht mit den erlesenen Speisen in Memphis oder Auaris aufnehmen, aber es war heiß und von unverfälschtem Geschmack.
»Wie fangt ihr die Moorhühner?« fragte Ptahmose.
»Mit dem Netz, so wie auch andere Vögel. Wie fangt ihr sie bei euch?«
»Mit dem Wurfholz«, antwortete Ptahmose.
Diese Technik mußte er erklären, und ebenso, daß dressierte Hunde die Hühner apportierten, wenn sie weit entfernt herunterstürzten. Sie waren voll staunender Bewunderung, und er mußte ihnen versprechen, ein solches Wurfholz zu schnitzen.
Das reiche Essen nach seinem Fasten, der Wein, die Wärme und die Aufregung der Flucht hatten Ptahmose völlig erschöpft. Sein Kopf sackte von einer Seite zur anderen. Ali räumte die Teller ab, und Hussam ordnete an, Ptahmose solle hier schlafen. Eine zusätzliche Matte, ein Schaffell und eine strohgefüllte Rolle als Kopfkissen wurden neben die anderen gelegt. Ptahmose schlief fast schon, als er sich niederlegte. Man blies die Lampen aus.
Nachts wachte er einmal kurz auf, weil ein Körper ihn berührte. Einer seiner Gastgeber, er wußte nicht, wer, hatte ihm den Arm über den Oberkörper gelegt, ein Ausdruck da-

für, daß man ihn als zugehörig betrachtete. Eine Geste naiven, besitzergreifenden Vertrauens, die den Fremden wieder mit der übrigen Menschheit verband. Ptahmose glitt erneut in tiefen Schlummer.
Er träumte. Er träumte, daß er König war, und sogar im Traum staunte er darüber, daß ihm das als die natürlichste Sache der Welt erschien.

10

Kein Mann ist ein Sklave

»Wir sind Hirten«, sagte Hussam am nächsten Morgen zu ihm, als er ihm eine Schale mit vergorener Milch reichte. »Möchtest du mit uns arbeiten?«
Als er sie getroffen hatte, waren sie auf dem Rückweg von Migdol und Sin gewesen, nahe der ägyptischen Küstenstraße, wo sie mit den Händlern fünfhundert auf den Frühjahrsweiden fettgewordene Schafe, Decken und Wolltextilien gegen Getreide, Schmuck und Kupferbarren getauscht hatten.
Die vier jungen Männer, mit denen sie am Vorabend die Mahlzeit geteilt hatten, waren ebenfalls da; offenkundig warteten sie bange auf die Antwort, vor allem Ali, der jüngste.
»Ich möchte gerne mit euch arbeiten«, erwiderte Ptahmose. »Aber ich kann nicht mit euch nach Ägypten ziehen.«
»Das brauchst du nicht«, sagte Hussam. »Wir haben genügend Arbeit, so daß du dich um unsere übrigen Geschäfte kümmern kannst, hier und in Sebiia und Temina.«
Sebiia und Temina... Wo war das nur? »Was muß ich tun?« fragte Ptahmose.
Hussam schüttelte den Kopf. »Was gerade anfällt«, antwortete er mit einvernehmlicher Miene. Dann erklärte er.

Zweimal im Jahr, wenn die Regenfälle im Frühjahr und im Herbst die Weiden wieder ergrünen ließen und die Schafe fett wurden, zogen sie die Küste des Roten Meeres entlang bis Migdol, Sin und Baal-Zefon und zu den Kanaanitern ans Mittelmeer hinauf, die Schafe vor sich hertreibend. Sie waren lange unterwegs, denn die Schafe waren nicht sehr ausdauernd, und man mußte sie lange genug grasen lassen, damit sie nicht wieder abmagerten. Drei Wochen brauchten sie für den Weg, den man normalerweise in fünf oder sechs Tagen zurücklegte. Die Waren, die man im Austausch gegen die Schafe erhielt, wurden dann an die Beduinenstämme des Südens, bis nach Ezjon-Geber an der Grenze des Landes Midian weiterverkauft, außerdem an Kaufleute, die diese Waren bis ins südliche Arabien brachten. »Aber wo sind denn die Schafe?« fragte Ptahmose.

»In unseren Lagern auf der Ebene«, antwortete Hussam. »In Sebiia und Temina. Du wirst sie sehen, wenn du mit uns dorthinziehst. Wir brechen in einigen Tagen auf.«

Sie hatten also mehrere Standorte. Alaat diente ihnen als provisorisches Lager; Sebiia und Temina waren Landgüter, wo sie ihre Zuchtschafe hielten.

»Und eure Frauen?« wollte Ptahmose wissen.

Die Frage brachte sie zum Lächeln. Sie hatten überall Frauen, in Alaat, in Sebiia und in Temina. Und Kinder. Denn die Frauen zogen nicht mit, auch nicht die Knaben unter zehn Jahren.

»Was bleibt euch von eurem Handel?«

»Gold, Silber und Kupfer«, erklärte Hussam. »Nach jedem Zug bekommst du deinen Anteil, ein Zwölftel in Gold, Silber und Kupfer.«

»Ich möchte gern mit euch arbeiten«, antwortete Ptahmose.

Die jungen Männer erhoben sich, um ihn zu umarmen: Samot, *Zufall,* weil er bei Neumond geboren war, Nibbiot, *Prophezeiung,* weil man seine Geburt angekündigt hatte, Rahman, *der Barmherzige,* und Ali, *der Erhabene,* weil er auf der Anhöhe von Alaat geboren war. Hussam umarmte ihn mit einem breiten Lächeln als letzter.

»Kannst du kämpfen?« fragte Hussam. Als Ptahmose nickte, fuhr er fort: »Man muß kämpfen können. Unsere Karawanen werden manchmal angegriffen.«

»Von wem?«

»Von Räuberbanden.«

»Wie verteidigt ihr euch?«

»Mit Messern... mit Säbeln«, erwiderte Hussam, ein wenig erstaunt.

Ptahmose wirkte verblüfft. Um sich mit einem Messer zu verteidigen, mußte man vom Dromedar absteigen, sich mit dem Säbel zu schlagen, schien angesichts geübter Gegner gefährlich.

»Wie würdest du dich schlagen?« fragte Samot.

»Ich würde zunächst versuchen, meinen Gegner auf Distanz zu halten.«

»Wie?«

»Mit Waffen, die aus der Ferne treffen. Bei größerem Abstand, sagen wir dreißig oder vierzig Ellen, mit Pfeil und Bogen. Bei geringerem Abstand mit Lanzen.«

»Das sind nicht unsere Waffen«, meinte Hussam.

»Aber auch nicht die Waffen der Plünderer«, konterte Ptahmose lächelnd. »Das gäbe uns einen Vorteil.«

Dieser Vorschlag verblüffte sie.

»Kann man vom Rücken eines Dromedars aus mit dem Bogen schießen?« fragte Hussam nachdenklich.

»Warum nicht?« antwortete Ptahmose.

»Und woher sollen wir Bogen, Pfeile und Lanzen nehmen?«

»Ihr könntet sie gegen eure Waren eintauschen.«

»Die Ägypter würden uns niemals Waffen verkaufen«, wandte Hussam ein.

Das stimmte in der Tat.

»Und wer könnte uns beibringen, mit dem Bogen zu schießen?«

»Ihr selbst, durch Übung.«
»Könnten wir sie nicht selbst herstellen?« fragte Samot.
Diese Frage machte nun Ptahmose nachdenklich. Da er oft Gespräche zwischen Soldaten mitangehört hatte, wußte er, daß die ägyptischen Bogen und Pfeile aus Zedernholz waren, das aus Kanaan oder von noch weiter kam. Er glaubte, auch noch von anderem Holz gehört zu haben, erinnerte sich aber nicht mehr, ob es Zypressen- oder Eibenholz gewesen war.
»Wir könnten es versuchen«, antwortete er. »Wir bräuchten Zedernholz.«
Der Rhythmus der Tage stumpfte das Zeitgefühl ab. Ptahmose war kaum eine Woche in Alaat, als es ihm vorkam, als habe er schon seit Monaten dort gelebt. Der Tagesablauf änderte sich kaum. Morgens stiegen die jungen Männer zum Meeresufer hinab, badeten zusammen und begeisterten sich für eine stachlige Muschel oder eine Qualle, die auf dem Sand trocknete und im Tode zeigte, daß sie nur eine leere Hülle war. Sie legten Reusen aus und fingen Fische in allen Farben, warfen die ihnen unbekannten zurück, nahmen die anderen aus und stiegen wieder hinauf in den Ort, um sie zum Frühstück zu braten. Hussams Söhne fragten Ptahmose über sein Leben aus.
»Hast du je einen Mann umgebracht?« wollte Ali, der jüngste, wissen, der ein wenig für Ptahmose, dieses Zufallsgeschenk von der anderen Seite des Meeres, zu schwärmen begonnen hatte.
»Ja, einen«, antwortete er.
Er erzählte, wie er dem nächtlichen Mordanschlag in Auaris entgangen war. Beim Zuhören funkelten ihre Augen wie die von Schakalen in der Nacht, wenn sie sich zu nahe ans Feuer heranwagten. Sie drängten ihn, seinen Bericht noch am selben Abend vor ihrem Vater zu wiederholen, und ahmten Ptahmoses Geste nach, wie er dem Mann den Dolch direkt ins Herz gestoßen hatte.

Alaat war nur eine Zwischenstation. Sie beluden die Kamele und brachen nach Sebiia auf. Hussam hatte Ptahmose erklärt, daß man die Wüste nur ertrug, wenn man ein langes, weites Leinenhemd über dem Oberkörper trug und Körper und Kopf mit einem Überwurf aus heller Wolle schützte. In zwei Tagen erreichten sie ihr Ziel. Es war nicht einmal eine Stadt, nur ein Lager von einigen Dutzend Zelten, die um drei Brunnen herum aufgestellt waren. Sie wurden wie verirrte Kinder empfangen, die wieder nach Hause kamen. Lachen und Umarmungen, dann fragende Blicke auf den Neuankömmling.
»Ein Ägypter. Von nun an gehört er zu mir«, antwortete Hussam.
Die Beduinen betrachteten ihn einen Augenblick, dann klopften sie ihm auf den Rücken und nahmen ihn in ihren Kreis auf. Er war jung und schön, und das öffnete wie überall Tür und Tor. Am Abend briet man Schafe am Spieß, schnürte Weinschläuche auf, dann tanzten die Männer einen wilden Tanz, der den Staub unter ihren Absätzen aufwirbelte. Ptahmose saß plötzlich allein da. Seine vier Brüder, Samot, Nibbiot, Rahman und Ali, ebenso wie ihr Vater Hussam, waren zu ihren hiesigen Frauen gegangen.
Ptahmose blieb nachdenklich vor dem Feuer sitzen. Er dachte an Buto, an seine Kinder, an Issar, Lumi, Enoch und Arphaxad, die sicherlich glaubten, er habe sich verirrt und sei tot, verschlungen von Schakalen und Geiern. Prinz Ptahmose, nur noch ein anonymes, ausgebleichtes Skelett irgendwo in der Wüste, abgeschliffen und poliert von Sandstürmen. Er lächelte, dachte an die Ratlosigkeit Hape-nakhts, der Schreiber, des Nomarchen, der Architekten und vielleicht auch des Regenten Ramses, dem man das Verschwinden seines Neffen wohl schon gemeldet hatte.
Miriam würde sich wundern, warum er nicht mehr zu Besuch kam. Vielleicht war sie nach Auaris gegangen, um sich nach ihrem Bruder zu erkundigen. Man wird sie grob behan-

delt und zurückgeschickt haben. »Kein Bruder mehr hier, er ist fort, er ist tot.« Sie wird gejammert, sich die Hände vors Gesicht geschlagen haben. Dann war sie wohl zurückgekehrt in ihr Haus am Stadtrand, ihr Elend ringsumher hinausschreiend.

Und seine Kinder? Von nun an würden sie »die Kinder des Geflohenen« sein. Buto würde sie nach Memphis zurückbringen, wo Nakht sie sicher aufnahm. Sie waren noch klein, sie würden ihren Vater bald vergessen haben.

Das Feuer knisterte. Nur ein alter Mann leistete Ptahmose schweigend Gesellschaft. Er hatte knochige silberhelle Füße, weil sie so ausgetrocknet waren, Hände wie die Wurzeln eines Baumes, den der Sturm ausgerissen hatte, ein Gesicht, aus dem man aufgrund der Falten nichts ablesen konnte. Eine lange Weile blieb er vollkommen unbeweglich sitzen, als habe der Tod ihn hinterhältig übermannt.

»Glücklicherweise gibt es dort oben Götter«, sagte er schließlich mit gleichgültiger, trüber, fast zarter Stimme. Am Ende ihres Lebens haben Männer oft Frauenstimmen und Frauen Männerstimmen.

Ptahmose versuchte die Gesichtszüge des Unbekannten deutlicher zu sehen, erblickte aber nur ein Bündel Kleider, die vom verglimmenden Feuer golden beschienen wurden.

»Welche Götter?« fragte er.

»Es gibt immer Götter«, antwortete der Greis und hob die Hand zu den Sternen.

»Welche Götter?« fragte Ptahmose beharrlich noch einmal.

»Ihr Ägypter habt mehr, als man braucht. Ich war Sklave bei euch, ich weiß es.«

Er nahm einen Zweig aus dem Reisighaufen, der zum Schüren des Feuers bestimmt war, und warf ihn in die ersterbenden Flammen. Es war ein aromatisches, fast nach Moschus duftendes Holz.

»Auch du warst Sklave. Nur Sklaven fliehen.«

Ptahmose war betroffen. *Nur Sklaven fliehen.* Und er hatte

am ersten Abend zu Hussam gesagt: *Kein Mann ist ein Sklave. Um keinen Preis.*
Aber es war beunruhigend zu entdecken, daß er selbst in den Augen eines Unbekannten ein entflohener Sklave war.
»Wo soll ich schlafen?« fragte er, denn man hatte vergessen, es ihm zu sagen.
»Du hast hier bei uns keine Frau. Daher wirst du im Zelt der Alten schlafen«, sagte der Alte. »Ich gehe jetzt dorthin. Folge mir.«
In dieser Nacht, kurz bevor Ptahmose, eingerollt in seine Decke, auf seiner Matte einschlief, hätte er sich fast gewünscht, daß es keine Morgendämmerung mehr gäbe. Aber man konnte nie wissen. Manchmal gab es ein neues Morgenrot.

11

Die Hand der Götter

Als sie von Alaat aufbrachen, hatten sie die Tiere schwer mit Schmuck und ägyptischen Stoffen beladen, vor allem mit dem durchsichtigen, plissierten Leinenstoff, nach dem die Beduinenfrauen ganz verrückt waren. Eine Hälfte hatte man für das Lager Sebiia aufgehoben, die andere für das Lager Temina. Kleider, manchmal mit Gold bestickt, ließen sie vor Begehrlichkeit erstarren, so wie Männer Begehren für ein Mädchen empfinden. Ob alt oder jung, seit der Mittagsstunde kamen sie nacheinander in Hussams Zelt, und noch vor Sonnenuntergang waren der Händler und seine vier Söhne leergekauft, wie Ptahmose staunend beobachtete.
»Gegen Leinen tauschst du Gold ein«, bemerkte er. »Aber wogegen tauschst du den Goldschmuck?«
»Gegen weniger gut verarbeitetes Gold. Für ein Viertel des Gewichtsunterschieds«, antwortete Hussam, der gerade einen Sack voll klingender Metallgegenstände zuband. Es waren mehr oder weniger bearbeitete Stücke aus Gold, Agraffen, Spangen, Armbänder und Ketten, die Hussam auf einer kleinen Waage wog, auf der einen Seite das Schmuckstück, das man ihm reichte, auf der anderen kleine Gewichte aus Bronze.
Diese Verwandlung von Schafen – Fleisch und Wolle – in

Gold ließ Ptahmose nachdenken. Da Hussam diesen Tauschhandel schon seit so vielen Jahren betrieb, mußte er außerordentlich reich sein. Was machte er mit all dem Gold? Bei seinem Tod würde es sicher unter seinen Söhnen und seinen Frauen aufgeteilt werden, aber wozu diente es im Augenblick? Hussam häufte es mit nie versagender Beharrlichkeit, Findigkeit und Gier an. Was wollte er damit kaufen? Und plötzlich kam Ptahmose der Satz in den Sinn, der neulich abends gefallen war: *Man muß König sein.* Hussam wollte Führer eines Stammes sein, Herrscher über ein Gebiet. *Er* wollte König sein. Und dann? Dann würde er ein kleiner Sethos werden, Vater eines großen Ramses, und sicherlich hätte er auch seinen Ptahmose. Er würde große Bauarbeiten in Auftrag geben, eine Armee aufstellen und seine Nachbarn bekriegen.

Es war immer dasselbe. Der Mensch strebte also nur nach Macht.

Seine Gedanken wandten sich wieder den Apiru zu, die ihn gewissermaßen als König haben wollten.

»Und du?« fragte er sich. »Wonach strebst du?« Doch er kannte die Antwort, sie war ganz einfach: Er wollte endlich den Feuerstrahl sehen ...

Er brach zu einem Spaziergang auf und gelangte auf Hügel, die noch grün waren, obwohl die Regenzeit seit drei Wochen beendet war. Die Weiden erstreckten sich um Sebiia herum, und Ptahmose sah die Zuchtschafe, die man nicht verkauft hatte, bewacht von einigen Hirten. Vielleicht wollte Hussam König von Sebiia werden? Und zweifellos auch von Temina. Und warum nicht auch von Alaat, während seiner Aufenthalte dort?

Ptahmose kehrte um und machte eine Runde durch das Lager. Kaum zweihundert Zelte, geschützt von groben Mauern, in die Länge gezogene Steinhaufen aus denselben großen Blöcken wie bei den Befestigungen in Alaat, jedoch ohne Mörtel. Diese Menschen hier hatten wohl keine Fein-

de, oder aber es gab bei ihnen nichts zu stehlen. Frauen waren damit beschäftigt, Wolle zu spinnen, andere arbeiteten an niedrigen, sehr einfachen Webstühlen, wie er sie auch von Auaris her kannte. Andere mühten sich damit ab, große Getreidemühlen zu drehen. Eine Frau, die vor ihrem Zelt saß und Sesam zerstampfte, um Öl daraus zu gewinnen, sah zu ihm auf.
»Du bist Tamus, der Freund Hussams?« rief sie ihm zu.
Er blieb lächelnd stehen, kaum daran gewöhnt, auf diese Art angesprochen zu werden. Es war eine Matrone mit antimongeschminkten Augen.
»Du bist schön und du bist stark«, sagte sie. »Wirst du dir eine Frau bei uns nehmen?«
Er brach in Lachen aus. »Ich bin gerade erst angekommen.«
»Der Tag bricht an, und schon ist es Mittag«, erwiderte sie.
»Ich habe zwei Töchter, sie sind schön und gesund.«
»Wenn sie so sind, wie du sagst, werde ich sie bestimmt sehen.«
Er würde sich eine Frau nehmen müssen. Aber konnte man eine Frau nehmen, wenn man keinen eigenen Herd hatte? Und wo sollte er seinen eigenen Herd gründen?
Am selben Abend, als sie im Zelt zu Abend aßen, warf Hussam Ptahmose einen kleinen Beutel zu und brachte ihm schmale Rundstämme aus einem Holz, das Ptahmose nicht kannte.
»Zypressenholz«, erklärte Hussam. »Kannst du daraus einen Bogen und Pfeile schnitzen?«
Ptahmose blickte zu dem Kaufmann auf. »Ich werde es versuchen«, sagte er. Er nahm den Beutel und schüttelte ihn, um den Inhalt zu erraten, und begriff: Es war Gold. Erneut sah er Hussam an. »Ich bin erst seit ein paar Tagen bei euch«, sagte er. »Du hast mich ernährt und mich beherbergt. Dieses Gold gehört mir nicht.«
»Du lehnst es ab, Gold zu nehmen?« fragte Hussam erstaunt.

»Ich lehne nicht ab, was man mir schuldig ist. Ich lehne nur ab, was man mir nicht schuldig ist.«
Hussam setzte sich lächelnd neben ihn. »Jetzt glaube ich es, daß du ein Prinz warst.« Seine vier Söhne kamen und setzten sich im Kreis um sie. Frauen brachten Kessel, Brot, Wein und Becher; Hussam bediente alle. Es gab gewürztes Hammelragout. Hussam schien guter Laune.
»Meine Frau ist schwanger«, teilte Ali mit.
»Meine auch«, sagte Samot.
»Sie verweigert sich mir.«
»Sie hat recht«, erklärte Samot. »Man soll den Lauf des Mondes nicht unterbrechen.«
Ptahmose lächelte.
»Drei Frauen bieten dir ihre Töchter an«, teilte Hussam Ptahmose mit.
»Ist es bei euch der Brauch, daß die Gazellen den Jäger jagen?« fragte Ptahmose.
Alle lachten. »Ja, das ist Brauch«, gab Hussam zu. »Aber nichts hindert dich daran, deine Gazelle selbst auszuwählen.«
»Ich habe noch nicht genügend Gold, um sie zu bezahlen«, wandte Ptahmose ein.
»Ich leihe es dir«, bot Hussam an.
»Ich auch!« rief Ali.
»Willst du keine Frau?« fragte Hussam, den Blick auf Ptahmose gerichtet.
»Soll ich einen Mandelbaum am Wegrand pflanzen?« erwiderte Ptahmose.
»Wohin führt dich dieser Weg?«
»Der Herr wird es mir sagen.«
»Der Herr?«
Ptahmose deutete mit dem Finger gen Himmel.
»Und dein Kopf nützt dir also nichts?« fragte Hussam in herausforderndem Ton.
Der Gedanke traf Ptahmose. Sollte er ewig auf ein Zeichen

des Herrn warten? Sollte er bis ins Unendliche am Meeresufer warten, bis sich der Feuerstrahl zeigte? Er hatte sich schon geweigert, die Apiru auf eine unsinnige Flucht aus dem Königreich zu begleiten, weil er auf ein außerordentliches Ereignis gewartet hatte, auf ein Zeichen von oben. Würde er selbst nie handeln, außer unter dem Druck der Ereignisse, so wie bei seiner Flucht? Und was wollte er aus seiner Freiheit machen, die er nun hatte?

»Geht es dir bei uns nicht gut?« fragte Hussam. »Meine Söhne haben dich innerhalb weniger Stunden als Bruder anerkannt, und ich habe dich wie einen Sohn aufgenommen.«

»Habe ich nicht gesagt, daß ich mit euch arbeiten möchte?« antwortete Ptahmose. »Das muß euch im Augenblick genügen. Man soll die Frucht nicht pflücken, bevor sie reif ist.«

»Der Sommer naht«, erwiderte Hussam lächelnd. »Brauche nicht zu lange, um zu reifen.«

Am nächsten Morgen brachen sie nach Temina auf, begleitet von weiteren vier Männern, die dort Geschäfte zu tätigen hatten. Hussam rechnete damit, daß sie am nächsten Abend dort sein würden. Der erste Tag verlief ohne Zwischenfälle. Doch am zweiten Tag, kurz vor Mittag, runzelte Hussam die Brauen und deutete auf eine Staubwolke, die sich über dem Pfad erhob. »Räuber!« schrien die Reiter der Karawane einer nach dem anderen. Säbel blitzten aus den Sätteln hervor. Ptahmose hatte nur seine Dolche. Er erinnerte sich an die Berichte der ägyptischen Soldaten, die solche Attacken beschrieben hatten, wenn sie aus den Kupferminen zurückkamen. Blitzschnell fiel ihm ein, welche Taktik man anwandte, um sie abzuwehren. Eilends glitt er von seinem Pferd und jagte es mit einem Klatsch auf die Kruppe in Richtung der Berge.

»Was machst du da?« schrie Hussam. »Steig schnell wieder auf!«

»Nein, so kann ich besser kämpfen. Steigt auch ab! Gebt

den Dromedaren den Befehl zum Niederlegen, sonst schneiden die Banditen ihnen die Sprunggelenke durch!«
Schnell wie der Wind ritten die Räuber auf kleinen Pferden auf sie zu. Es waren zehn, wie man von weitem sah, und auch sie hatten die Säbel gezückt. Ptahmose stürzte auf sie zu, während Hussam und die anderen ihm nachschrien, er solle zurückkommen. Der erste Reiter der Räuberbande wirbelte mit seinem Säbel herum. Als er kaum noch drei Ellen von Ptahmose entfernt war, warf dieser dem Pferd eine Handvoll Sand in die Augen. Das geblendete Tier bäumte sich auf und warf seinen Reiter ab, der schmerzhaft auf die Seite fiel, bevor Ptahmose auch ihm eine Handvoll Sand in die Augen warf. Der Mann fuchtelte immer noch wild mit seinem Säbel herum, rieb sich die Augen und fiel wieder zu Boden. Ptahmose sprang mit einem Satz nach hinten, um dem Säbel eines zweiten Reiters auszuweichen, stieß dem bereits zu Boden gefallenen Räuber den Dolch in die Brust, zog die Waffe wieder heraus und stellte sich dem zweiten Angreifer. Mit einem Streich durchschnitt er die Zügel des Pferdes, schlüpfte unter dem Kopf des Tieres durch und packte den Reiter am Bein. Während dieser um sein Gleichgewicht kämpfte, stieß ihm Ptahmose den Dolch durch die Wade. Der Mann heulte auf, und Ptahmose warf ihn mit einem heftigen Stoß zu Boden, ohne sein Bein loszulassen, drehte ihn auf den Bauch und stieß ihm das Messer in den Rücken.
Aus den Augenwinkeln sah er, daß Hussam und die anderen – angefeuert durch sein Beispiel – in der Zwischenzeit ebenfalls zum Angriff übergegangen waren. Hussam, der am Boden mit einem der Räuber kämpfte, versuchte den Arm seines Gegners, mit dem dieser den Säbel hielt, abzuwehren, während ein anderer ihm einen Hieb versetzen wollte. Doch Ptahmose warf sich dazwischen, packte den Räuber an den Beinen und warf ihn um. Der Säbel flog aus der Hand des Angreifers, und mit einer Schnelligkeit, die Ptahmose nie

bei sich vermutet hätte, stieß er ihm den Dolch in den Rücken und in die Lenden. Gleich darauf stürzte er sich auf einen neuen Angreifer, gerade in dem Moment, in dem ein anderes Pferd sich vor ihm aufbäumte. Diesmal wurde er von Ali gerettet. Ptahmoses Beispiel folgend, warf er dem Reiter Sand in die Augen, riß ihn zu Boden und schnitt ihm die Kehle durch.
Die sechs überlebenden Plünderer kehrten um und waren nur noch als Staubwolke auf dem Pfad zu erkennen. Keuchend sahen die Reiter der Karawane einander an, unfähig, ein Wort herauszubringen. Hussam hatte eine lange Schnittwunde am Schenkel. Nibbiot war im Gesicht und am Hals verletzt, doch es schienen nur oberflächliche Wunden zu sein. Einer der Männer aus Sebiia war von einem Pferdehuf am Arm getroffen worden und befürchtete, der Knochen sei gebrochen. Ptahmose riß das Hemd eines der Getöteten in Streifen, wusch Hussams Wunde mit Wasser aus seiner Feldflasche aus und band sie fest ab. Der Stoff saugte sich voll Blut, doch dann schien die Blutung gestillt zu sein. Nibbiot wusch die Wunde des Mannes aus Sebiia aus, und Ptahmose suchte einen möglichst gerade gewachsenen Ast, um den Arm mit Hilfe weiterer Stoffetzen provisorisch zu schienen. So hatte er es in Memphis gesehen.
Er wischte sich mit dem Handrücken die Stirn ab und betrachtete den Schauplatz. Er hatte drei Männer erdolcht. Nun hatte er in seinem immerhin noch recht kurzen Leben schon fünf Männer getötet.
Sie untersuchten die Leichname. Ptahmose nahm ihnen ihre Gold- und Kupferamulette ab. Dann band er ihre Säbel zusammen und befestigte sie am Sattel seines Pferdes.
»Ein Pferd fehlt«, bemerkte er.
»Eines haben sie mitgenommen«, erklärte Ali.
Hussam und seine Söhne sahen ihn schweigend an.
»Was starrt ihr so auf mich?« fragte Ptahmose.
Die Antwort kam von Ali. Der junge Mann warf sich mit ei-

ner raschen Bewegung in seine Arme und begann zu weinen, zitternd wie ein Kind. Ptahmose schlang ihm den Arm um die Schultern.

»Wo hast du kämpfen gelernt?« fragte Hussam, als sie sich alle wieder gefaßt hatten.

»Muß man es lernen?« erwiderte Ptahmose und lachte nervös. »Ich glaube, jeder Mann kann aus seinem Instinkt heraus kämpfen.«

»Du bist mutig und schnell wie ein Raubtier«, stellte Hussam fest. »Und du bist listig. Ich wäre nie auf den Gedanken gekommen, zu Fuß gegen einen Reiter zu kämpfen. Ich dachte, du hättest den Verstand verloren. Aber die Hand Gottes ruht auf dir.«

Der Herr hat seinen Blick auf dich geworfen, hatte ein Apiru namens Abel gesagt, in einem früheren Leben.

»Du hast uns gerettet«, sagte Rahman. »Zu dieser Stunde hätten wir zumindest zwei Tote unter uns.«

»Mit Bogen und Lanzen hätten wir vielleicht keinen einzigen Verletzten«, erwiderte Ptahmose. »Aber wir haben drei Pferde dazugewonnen«, fuhr er lächelnd fort. »Die Dromedare sind unverletzt. Und ich habe auch meinen Gewinn«, schloß er und zeigte Hussam die klimpernden kleinen Schmuckstücke aus Gold und Kupfer, die er den Räubern abgenommen hatte.

Sie tranken und aßen ein wenig. Dann schleiften sie die Leichname an den Rand des Pfades, bedeckten sie mit Sand und Steinen, banden die Pferde an den Dromedaren fest und machten sich wieder auf den Weg. Als sie in Temina ankamen, war im Westen nur noch eine kleine goldene Scheibe am Horizont zu sehen, wie die längliche Scheibe einer Melone, die bald von der Dunkelheit verschlungen würde.

12

Die Flamme

Ptahmose trieb einen Keil aus Feuerstein in das Stück Zypressenholz, das Hussam ihm gebracht hatte. Dann schlug er kräftig mit einer Keule zu, und der Keil trennte einen Splitter ab, drei Ellen lang und dick wie ein Handgelenk.
Ali, der neben ihm hockte, sah aufmerksam zu. Seit dem Überfall folgte er ihm wie ein Schatten und verließ ihn nicht einmal beim Schlafen. Ptahmose prüfte die Geschmeidigkeit des abgesplitterten Holzes, indem er es über das Knie bog, zuerst nach der einen, dann nach der anderen Seite. Er atmete den aromatischen, ein wenig fetthaltigen Geruch des Holzes ein. Dann bearbeitete er es mit seinem Bronzedolch, um es zunächst an einem Ende zuzuspitzen. Mühsam schabte er feine Späne ab, denn das Holz war hart, von dicht gepreßter Struktur. Ab und zu hielt er inne, um seine Arbeit zu überprüfen. Er hatte noch nie einen Bogen von der Nähe betrachtet, geschweige denn bei seiner Herstellung zugesehen; er mußte sich ganz auf seine oberflächliche Erinnerung verlassen.
Sie hatten den Aufenthalt in Temina verlängert, damit Hussams Verletzung heilen konnte. Ein alter Mann im Lager hatte ihn mit einem Umschlag aus gekochtem Wegerich, der in heißes Öl getaucht wurde, behandelt. Hussam hinkte

und wollte erst weiterziehen, wenn er wieder bei Kräften war, denn der Weg, der noch vor ihnen lag, war lang. Bei einem zweiten Angriff von Räubern bestand die Gefahr, daß er sich weniger behende bewegen konnte und die Auseinandersetzung nicht so glücklich endete wie die vorige.

Ein Schatten fiel neben Ptahmose auf den Sand. Er blickte auf und sah Hussam, der mit schleppendem Schritt auf ihn zukam. Der Kaufmann setzte sich neben ihm auf den Boden und streckte das verletzte Bein aus.

»Wie kommt es, daß die Räuber zu Pferde und nicht auf Dromedaren gekommen sind?« fragte ihn Ptahmose. Pferde waren auf den sandigen Ebenen des Sinai weit weniger beweglich.

»Sie kennen die Gegend«, antwortete Hussam. »Sie wissen, wo die festen Pfade sind, daher können sie auf Pferden reiten. Blitzangriff ist ihre Taktik.«

»Woher kommen sie?«

»Meistens von den Hochebenen. Ihre Wachposten verständigen sie von dort oben, wenn eine Karawane vorbeizieht. Es sind Leute aus unseren Stämmen, die man aus irgendeinem Grund verjagt hat, ein Streit um Frauen, um ein Erbe oder wegen Trinkerei, der nicht beigelegt werden konnte. Man hat sie ausgestoßen, und ihre einzige Möglichkeit, ihr Leben zu fristen, ist die Plünderei. Sie greifen fast nie Karawanen an, die Schafe treiben, da sie wissen, daß diese kein Gold haben, weil die Schafe ja noch nicht verkauft sind. Und mit den Schafen können sie nichts anfangen.«

»Wovon ernähren sie sich?«

»Ich weiß es nicht. Fische, Gazellen, Hasen, Manna von Tamarisken.«[1]

»Was ist das?« fragte Ptahmose.

»Ich werde es dir zeigen. Man findet es auf den Sträuchern der Wüste. Man pflückt es, zerstampft es zu einer Art Mehl, mit dem man Pfannkuchen backen kann.«

»Und was trinken sie?«

»Es gibt überall Wasser. Man muß nur graben, sechs bis acht Ellen tief, dann findet man Wasser. Es ist oft brackig, aber immerhin trinkbar.«
»Wie graben sie diese Brunnen? Haben sie Schaufeln?« fragte Ptahmose.
»Meistens benutzen sie die Brunnen, die wir an unseren Rastplätzen gegraben haben. Sie sind Faulpelze. Nichts Fauleres als ein Dieb«, erklärte Hussam verächtlich.
»Haben sie einen Ort, wo sie sich zusammenfinden?«
»Nein, sie haben weder Haus noch Herd.«
»Auch keine Frauen?« wollte Ptahmose wissen.
»Ehrlose Menschen haben keine Frauen«, belehrte ihn Hussam.
Ptahmose blickte leicht ironisch zu ihm auf. Hussam begann zu lachen.
»Ich beobachte dich nun seit einer Woche«, sagte Hussam. »Jetzt glaube ich, daß ich dich ein wenig besser kenne.«
Ptahmose schwieg, den Blick auf seine Arbeit geheftet. Er hatte ein Ende des künftigen Bogens zugeschnitzt, das andere mußte er noch bearbeiten und dem Ganzen noch eine leichte Krümmung verleihen, was eine knifflige Sache sein würde.
»Du bist wie ein Feuerstein«, bemerkte Hussam. »Man schlägt auf dich, und eine Flamme schießt hervor. Ich habe gesehen, wie du auf den Angriff der Räuber reagiert hast. Man hätte meinen können, du hättest dich dein Leben lang gegen solche Attacken verteidigt, dabei war es die erste. Du hast sofort gewußt, was zu tun war. Nachdem du den ersten Reiter geblendet hast, hast du dich auf ihn gestürzt und ihn blitzschnell erdolcht. Ich habe gesehen, wie du den anderen aus dem Sattel geworfen hast, indem du ihm deinen Dolch ins Bein gestoßen hast. Auch den hast du im Nu überwältigt und erstochen. Aber du warst doch nie in der Armee, oder?«
»Nein. Ich glaube nicht, daß man so etwas in der Armee lernt«, erwiderte Ptahmose gleichgültig.

»Woher weißt du es dann?«

»Ich würde es dir gerne sagen, Hussam, aber ich weiß es nicht.«

Hussam schien nachdenklich. »In dir brennt eine außergewöhnliche Flamme«, sagte er ernst.

Eine Flamme. Genau die Flamme, die zu sehen er so sehr erwartete.

»Eine Flamme, die darauf wartet emporzuschlagen«, fuhr Hussam fort. »Aber wann? Auf welches Zeichen hin?«

Ali sah Ptahmose an, als wolle er ihn mit seinem Blick entzünden. Sein Gesicht glühte. In der vergangenen Nacht hatte er sich wie ein Liebhaber an Ptahmose geklammert. Er war ein wenig beunruhigend und zugleich rührend, dieser junge Mann, der sich ihm so hingab, ein freiwilliger Sklave, von Leidenschaft ergriffen.

»Meine Söhne hast du in Bann geschlagen, Tamus. Die Leute aus Sebiia, die dich im Kampf gesehen haben, sind überzeugt, daß eine göttliche Macht dich beherrscht. Sie schwören auf dich. Ich habe es dir schon gesagt, und ich sage es noch einmal. Die Hand der Götter liegt auf dir. Aber worauf wartest du?«

»Ich warte, das ist wahr«, antwortete Ptahmose und unterbrach seine Arbeit. »Ich warte auf ein Zeichen.«

»Auf ein Zeichen der Götter, hast du gesagt.«

»Auf ein Zeichen des Herrn«, berichtigte Ptahmose.

»Und was machst du dann?«

»Der Herr wird es mir sagen.«

»Du glaubst, daß dein Herr mit dir sprechen wird?«

Ptahmose betrachtete das Profil des Bogens und mühte sich ab, in der Mitte eine Verdickung herauszuschnitzen. Schließlich richtete er den Blick seiner goldbraunen Augen auf Hussam und sagte: »Wenn er mir ein Zeichen geben muß, spricht er doch zu mir, nicht wahr?«

Gegen Abend hatte Ptahmose seinen Bogen annähernd fertiggestellt. Seine Arme und Hände schmerzten von der Arbeit. Er wusch sich mit Alis Hilfe, der ihm mit einem schaumigen Extrakt den Rücken massierte, den man aus einer fettlösenden Pflanze gewann und mit dem man auch die Wolle behandelte. Anschließend rieb ihm der junge Mann die Haut mit pflanzlichem Roßhaar ab und übergoß ihn mit Wasser. Wie jeden Abend staunte Ptahmose darüber, daß es das Gehirn erfrischen und die Gedanken klarer machen konnte, wenn man den Körper wusch. Hatte man denn das Gehirn auf der Haut? Gleichzeitig überlegte er, womit er den Bogen spannen könnte und wie er Pfeile herstellen sollte. Er hatte gesehen, daß die Leute in Sebiia und Temina getrocknete Schafsdärme verwendeten, um ihre Zelte zusammenzunähen. Damit würde er es morgen versuchen.

Er hatte erwartet, daß er an diesem Abend wie immer zusammen mit Hussam, seinen Söhnen und vielleicht ein oder zwei Verwandten oder Freunden essen würde, doch Hussam und seine Söhne nahmen ihn zum großen Zelt des Oberhaupts von Temina, zu Nimr Ibn Subar mit. Etwa dreißig Personen standen darin. Ibn Subar war ein großer, barscher Mann um die Fünfzig, der bei einem Kampf gegen Plünderer ein Auge verloren hatte. Stehend empfing er die Ankömmlinge und umarmte Ptahmose. »Unsere Unterkünfte stehen allen Mutigen offen«, sagte er mit volltönender Stimme. »Von diesem Abend an, Tamus, soll der Gast unseres Bruders Hussam unser aller Bruder sein.«

»Unser aller Bruder«, wiederholten die anderen, als sei es ein Gebet.

»Schnell wie ein Falke, kühn wie ein Löwe, listig wie eine schwarze Schlange«, fuhr Ibn Subar fort, »hat er das Leben derer gerettet, die ihn in der Wüste aufgenommen hatten, hat ihren Besitz und ihr Vieh verteidigt, hat die Hunde in die Flucht geschlagen und drei Pferde erbeutet. Als Zeugnis unserer Bewunderung und unser aller Dankbarkeit überreiche ich ihm diesen Schmuck.«

Aus einem Beutel nahm er einen goldenen Brustschmuck,

wie Ptahmose ihn noch nie gesehen hatte: Eine dreifache Goldkette, unterbrochen von rundgeschliffenen roten Edelsteinen, hielt eine als Relief gearbeitete Goldscheibe, die einen Reiter darstellte, der ein Raubtier mit seiner Lanze durchbohrte. Ptahmose legte sich den Schmuck um den Hals und verneigte sich vor Ibn Subar. Das Oberhaupt hob die Hände, forderte die Gäste auf, sich zu setzen, und wies Ptahmose den Platz zu seiner Rechten zu.
Dann verschwamm alles immer mehr. Die Geräuschkulisse der Gespräche, der Wein, die Wärme...
Als er am nächsten Tag erwachte, stand die Sonne schon hoch, das erkannte er an dem Licht, das durch den Zelteingang fiel. Ali lag so reglos neben ihm, daß Ptahmose ihn mit der Hand berührte, um sich zu vergewissern, daß er lebte. Die Matten Hussams und Rahmans auf der anderen Seite des Zeltes waren leer, aber Samot und Nibbiot schliefen noch. Ptahmose setzte sich auf und versuchte sich an den vergangenen Abend zu erinnern. Alle hatten viel getrunken. Dann waren sie plötzlich draußen vor einem Altar aus Steinen gewesen, auf dem ein noch höherer Stein lag, beleuchtet von zwei dreiarmigen Leuchtern. Ptahmose erinnerte sich deutlich an diesen Stein. Ganz oben war ein Kreis eingeritzt, in dessen Mitte man menschenähnliche Züge erkennen konnte.
Die Anwesenden hatten Häupter und Arme zum Himmel gehoben. Etwa zwei- oder dreihundert Männer, weit mehr als jene, die beim Mahl anwesend gewesen waren. Eine noch sehr schmale Mondsichel stand am Himmel. Ein Schrei der Anwesenden war nach oben gestiegen; in Ptahmoses Kopf schien er die ganze Wüste zu erfüllen. »Sin, Gott des Himmels, wir sind deine Diener!«[2]
Ptahmoses Brust vibrierte. Der Wein war mit Drogen versetzt gewesen.
»Sin, Gott der Fülle, möge deine Macht uns stark machen!«
Er sah die Szene wieder vor sich. Ein Mann war an den Altar

getreten; zwei andere hatten ihm ein Schaf gebracht. Ptahmose erkannte Ibn Subar. Die beiden Männer hatten das Schaf auf den Altar gelegt, und Ibn Subar hatte ihm die Kehle durchgeschnitten. Die Anrufungen der Männer übertönten das Blöken. Ptahmose kam es vor, als hätten diese Anrufungen sehr lange gedauert. Und während sie immer lauter wurden, als kämen sie nicht aus der Kehle, sondern aus dem Bauch der diese Feier zelebrierenden Männer, während sie immer inbrünstiger wurden, in einem unwiderstehlichen Rhythmus skandierten, begannen die Männer sich auf den Beinen zu wiegen. Ptahmose hatte gesehen, wie Ibn Subar den Kopf des Widders über die Häupter der Anwesenden hob. Die Anrufungen waren noch lauter geworden, wilde Schreie von Hunderten von Männern, die sich keuchend von links nach rechts, von vorn nach hinten wiegten, ein rauher Schrei, der sich bei jedem Keuchen ihren Kehlen entrang. Immer wilder wurden die Bewegungen der Männer, und Ptahmose war mitgerissen worden. Nicht nur wurde ihm dabei die Luft aus der Brust gepreßt, sondern auch seine ganze Seele. Er war nur noch Rhythmus und Trunkenheit... Er erinnerte sich, daß er Männer gesehen hatte, die zusammenbrachen.
Die Flamme, die er einst erblickt hatte, die Flamme, nach der er so sehnlichst gesucht hatte, würde wieder erscheinen, ja, sie würde wieder erscheinen, diesmal in ihrer ganzen Herrlichkeit...
Die Flamme!
Rings um ihn her fielen die Männer zu Boden. Keuchend und stöhnend blieben sie auf dem Rücken liegen.
Auch er war gestürzt. Die Kälte des Sandes, die Hitze des Himmels. Unbestimmbare Erinnerungen überlagerten sich in seinem Kopf. In der Nacht war er aufgewacht. Ali hatte sich über ihn gebeugt und ihn aufgerichtet. Auf dem Wüstenboden um sie herum waren Männer gelegen, die wie tot schienen. Ptahmose und Ali waren ins Lager zurückgekehrt.

Sin. Der Mondgott. War er es gewesen, der die Flamme hatte erscheinen lassen? Aber das war nicht Ptahmoses Gott. Wer war denn nun sein Gott, den er den Herrn nannte?
Ptahmose erhob sich schwer und schlug den Zeltvorhang zurück. Die Sonne blendete ihn, so daß er die Augen schließen mußte. Seine Lider senkten einen roten Schleier über die Welt. Eine Weile blieb er so, dann schwankte er. Hussam stützte ihn und reichte ihm eine Schale Milch und ein Stück Brot.
Fragend blickte Ptahmose Hussam an. Zu viele Dinge las er in seinen Augen oder glaubte er zu lesen.
Die Menschen kann man nichts fragen, sie sehen nur die Verschiedenartigkeit der Welt.
Ein wenig später am Tag fragte Ptahmose Hussam trotzdem, ob Sin ihr großer Gott sei. Hussam dachte einen Augenblick nach.
»Nein, wir haben einen anderen.« Er sprach langsam, als enthülle er ein Geheimnis. »Er ist der Beschützer von uns allen. Unser Vater.«
»Ihr sprecht nicht über ihn«, stellte Ptahmose fest.
»Das ist wahr.«
»Wie heißt er?«
Hussam brauchte wieder eine Weile, bevor er antwortete. »Ich sage es dir, weil du es bist, aber sonst nennen wir seinen Namen nicht vor Fremden. Wir nennen ihn Ya'uk. Er hat uns alle erzeugt. Er bewacht uns. Vielleicht war er es, der dich zu uns geschickt hat.«
Dann sah er Ptahmose aus lächelnden Augen an, um ihm zu bedeuten, daß er nun genug gesagt habe.

13

»Der König der Dämonen«

Der Bogen hatte nun eine zufriedenstellende Form. Und die getrockneten Schafsdärme hatten genau die Elastizität und Festigkeit, die Ptahmose sich gewünscht – oder vielmehr, sich vorgestellt hatte, da er noch nie in seinem Leben einen Bogen benutzt hatte. Nachdem er an beiden Enden des Bogens tiefe Einkerbungen geschnitzt hatte, knotete er den Schafsdarm, mit dem er den Bogen spannen wollte, in einer der beiden fest. Als er dann den zweiten Knoten anbrachte, schnellte der Darm heftig zurück und verletzte Ptahmose am Handgelenk. Er versuchte es erneut, diesmal mit drei Längen Schafsdarm, die er fest zusammengedreht hatte. Die so entstandene Spirale ließ die Schnur elastischer werden, so daß man sie etwas kürzen mußte; außerdem mußten die Kerben tiefer ausgeschnitten werden, da die Knoten nun dicker waren.
Die nun dreifache Darmschnur war einerseits kräftig genug, um das geschmeidige Holz gebogen zu halten, ließ ihm aber andererseits genügend Spielraum, so daß man sie spannen konnte.
Ptahmose brachte die Schnur mehrmals hintereinander zum Schwingen. Jedesmal war ein lautes Sirren zu hören, das Ali faszinierte. Nun fehlte noch ein Pfeil, damit man den Bogen erproben konnte. Ptahmose dachte an die Bin-

sen, die an einem Sumpfloch wuchsen. Sie waren ausreichend dick, lang und gerade gewachsen. So schnitt er eine ab, spitzte sie zu und versah sie mit einer Fiederung aus Falkenfedern. Doch als er den Bogen unter Alis vor Bewunderung und Bangigkeit trunkenen Blicken spannte und schließlich die Schnur losließ und den Pfeil abschoß, wurde er enttäuscht. Der Pfeil war keineswegs der geraden, fehlerlosen Bahn gefolgt, die Ptahmose in seiner Jugendzeit beobachtet hatte, wenn die königlichen Garden in der Wüste auf Gazellen schossen. Er flog höchst willkürlich, denn er war zu leicht, so daß der Wind ihn ablenken konnte. Ptahmose suchte ihn im Gras.

Wie sollte er ihn schwerer machen? In Ägypten waren die Pfeile aus Zedernholz, doch Ptahmose hatte kein Holz mehr, um einen zu schnitzen, und zudem bräuchte er mehrere, wenn er eine wirkliche Waffe haben wollte. Hussam, dessen Wunde vernarbte, beabsichtigte, in zwei Tagen aus Temina aufzubrechen, und Ptahmose wollte mindestens sechs oder sieben Pfeile haben, bevor sie sich auf den Weg machten. Er hegte keinen Zweifel daran, daß die Räuber, auf die sie gestoßen waren, versuchen würden, sich zu rächen, und sicherlich zahlreicher auftauchten als das erste Mal.

Ptahmose versuchte daher, die hohle Binse schwerer zu machen, indem er sie mit Sand füllte. Doch in Höhe der Knoten waren im Innern des Binsenstengels Scheidewände, so daß der Sand nicht weiterrieseln konnte. Ptahmose fielen die Spieße ein, an denen die Bewohner von Temina ihr Geflügel brieten, und Ali nahm ihn mit zum Zelt von Ibn Subars Köchen. Ptahmose erhitzte einen Spieß bis zur Weißglut und steckte ihn ins Innere der Binse, bis er die beiden Knoten durchstoßen hatte. Nun konnte er den Stengel mit feinem Sand füllen. Das Ende verschloß er mit einer Paste aus Staub und Schafsblut. Eine Stunde später war die Masse getrocknet und Ptahmose konnte einen erneuten Versuch unternehmen.

Diesmal schien ihm die Flugbahn des Pfeils richtig. Ali stieß Freudenschreie aus und hüpfte auf und ab, was Ptahmose zum Lachen brachte. Er maß die Länge der Flugbahn – vierzig Schritte, also etwa fünfzig Ellen. Nun mußte er noch prüfen, ob der Pfeil tatsächlich eine Waffe oder nur ein Fluggeschoß war. Obwohl sie im Feuer gehärtet worden war, erschien ihm die Spitze des Schilfrohrs nicht fest genug, um einem Mann eine tödliche Wunde beizubringen. Er richtete die Waffe gegen einen Baum. Der Pfeil traf die Zielscheibe, prallte zurück und fiel auf den Boden. Er hatte nur die Rinde angeritzt.
Ptahmose wühlte in seiner Tasche und untersuchte die Amulette, die er den Räubern abgenommen hatte. Zwei davon waren kleine Kupferfigürchen, lang wie zwei Fingerglieder. Ptahmose wußte nicht, welche Gottheiten sie darstellten; für ihn bedeuteten sie nur eine einzige, nämlich sein Leben. Man mußte ihnen nur noch die richtige Form geben. Suchend blickte er sich nach einem Stein um, der hart genug war, um die Amulette damit zurechtzufeilen, und machte sich sofort an seine neue Aufgabe.
Ali schien entrüstet. »Aber... das sind unsere Götter!« stieß er hervor.
»Deine Götter sind Kupferstückchen?« fragte Ptahmose mit gespieltem Erstaunen.
Darauf wußte Ali keine Antwort.
»Nein, Ali«, fuhr Ptahmose fort, »das sind nicht deine Götter. Es sind nur Abbilder deiner Götter.«
Ali sah ihn aus runden Augen an. »Aber die Bilder...«
»Ali«, erklärte Ptahmose und hielt ihm das zweite Amulett hin, damit er es zufeilte, »das Wort *Fuß* ist nicht dein Fuß. Wenn ich das Wort *Fuß* geschrieben habe und daraufschlage, tut das niemandem weh.«
Um seine Worte mit einem Beispiel zu untermalen, schrieb er den ägyptischen Begriff für *Fuß* in den Sand und schlug mit einem Stein darauf.

Ali brach in Gelächter aus, nahm das Amulett und fiel Ptahmose um den Hals. »Ich wäre gern dein Sohn!« rief er.
Bei Sonnenuntergang waren die beiden Amulette so zugefeilt, daß sie in den Finger stachen.
»Ich werde sie morgen an den Pfeilen befestigen«, sagte Ptahmose zu Ali. »Aber versuche doch, noch mehr Amulette für mich zu finden.«
Wenn schon zu sonst nichts, so konnten diese unbekannten Götter zumindest dazu dienen, ihr Leben zu schützen.
Ptahmose sagte sich, daß sie zu zweit, selbst wenn sie noch weitere Amulette auftrieben, vor ihrem Aufbruch keine ausreichende Menge zufeilen konnten. Er mußte noch andere Männer mit dieser Arbeit beauftragen.
Es war unglaublich, was diese Leute an Amuletten besaßen, eigene und solche, die das Resultat von Tauschgeschäften waren. Ali erzählte so lebhaft von den angestellten Versuchen, daß er seine Brüder mühelos davon überzeugen konnte, fünf weitere Amulette für Pfeilspitzen zu opfern und sie nach der von Ptahmose gelehrten Methode zu schärfen.
Schon vor Sonnenaufgang stand Ali auf und weckte Ptahmose.
»Die Pfeile!« flüsterte er ihm zu, während die anderen noch schliefen. »Die Spitzen! Wir müssen sie ausprobieren, das hast du gesagt.«
Es war nicht ganz einfach, die Spitzen am Ende der Binsen zu befestigen. Ptahmose mußte sie mit der gleichen Paste aus Blut und Staub, die er am Tag zuvor benutzt hatte, verkitten und mit Schafsdärmen festbinden. Wenn der Versuch nicht überzeugend ausfiel, sagte er sich, würde der Weg gefährlich sein.
Der Tag brach an. Er spannte seinen Bogen und erinnerte sich an seine Konzentrationsübungen, denen er sich am Meeresstrand in der Nähe von Auaris hingegeben hatte, um den Feuerstrahl zu sehen. Er zielte auf denselben Baum wie am Vortag. Mit einem leisen Schwirren flog der Pfeil durch

die Luft, dann hörte Ptahmose das Geräusch, als er sich in den Stamm bohrte. Ali war losgelaufen, um das Ergebnis zu sehen, und Ptahmose gesellte sich langsam zu ihm. Der Pfeil war durch die Rinde in das Holz gedrungen; es war nicht leicht, ihn herauszuziehen.
Ich bin auch ein Pfeil, sagte er sich. Aber er wußte immer noch nicht, auf welches Ziel er zuflog.
Am Ende des Tages hatte er sieben Pfeile. Abends ließ er von einer der Frauen im Lager ein Lederfutteral mit einem Riemen nähen, das er am Gürtel befestigen konnte, und sorgsam verwahrte er die Pfeile darin. Zwölf Stunden später beluden Hussam, seine vier Söhne und zwei Kompagnons die Dromedare mit den Waren, die noch verkauft werden mußten, sowie mit den Zelten und den Lebensmitteln für ihre Rasten. Auch die vier Säbel von den Räubern – einer davon gehörte Ptahmose – und Schleudern mit ausgewählten Steinen nahmen sie mit. Beim ersten Angriff hatten sie die Schleudern nicht verwenden können, erklärte Hussam, weil sie überrascht worden waren, und eine Schleuder bei einer Entfernung von weniger als siebzig Ellen nutzlos war.
Zwei der erbeuteten Pferde blieben in Temina, eines wollte Ptahmose unbedingt mitnehmen, angebunden an seinem Dromedar. Von allen aufgefordert, ritt er ganz vorn in der Karawane, gleich hinter Hussam, der den Pfad kannte und dessen Dromedar sie normalerweise anführte. Fünf Tage trennten sie von ihrem nächsten Ziel.
Der erste Tag verlief normal. Ptahmose überwachte den Kamm der Hochebenen entlang ihrer Route. Nachts suchten sie Schutz in einer windgeschützten Gebirgsspalte. Ihr Feuer war nur von der Ebene aus zu sehen. Trotzdem wechselten sie sich jeweils zu zweit als Wachen ab.
Am Morgen des nächsten Tages entdeckte Ptahmose das Manna der Tamariskenbüsche, von dem Hussam gesprochen hatte. Es waren durchsichtige Körnchen, die man leicht von

der Rinde dieser Büsche abschaben konnte und die im Mund weich wurden, wenn man sie nicht sofort zerbiß.

Plötzlich nahm Ptahmose einen winzigen Punkt wahr, der sich in seinem Blickfeld bewegte. Instinktiv sah er auf, und auf dem Kamm einer Hochebene vor dem Gebirge, das seit ihrem Aufbruch immer höher wurde, erkannte er einen Punkt, winzig klein, aber es war weder ein laufendes Tier noch ein Vogel, sondern ein Mensch.

»Wir werden bald angegriffen werden«, kündigte er Hussam an. »Wie lange dauert es, bis man von dort oben herunterkommt?« Er zeigte auf den Punkt, wo er die Silhouette gesehen hatte, die nun verschwunden war.

»Ich weiß nicht«, antwortete Hussam besorgt. »Vielleicht eine Stunde.« Er rief die anderen und teilte ihnen mit, daß Ptahmose einen Späher entdeckt hatte.

»Wir haben die Kämme auch überwacht, aber niemanden gesehen«, wandten sie ein.

»Ich habe ihn gesehen, und ich bin sicher, daß sie diesmal zahlreicher sein werden«, erklärte Ptahmose fest. »Sie werden uns nicht schonen, denn das ist ein Rachefeldzug. Verlieren wir keine Zeit. Wir sollten uns zum Fuß des Gebirges zurückziehen, dann finden sie uns nicht auf der Route. Wenn sie überrascht sind und sich zerstreuen, um nach uns zu suchen, wird es für uns leichter sein, sie anzugreifen.«

»Das haben wir noch nie gemacht«, meinte Hussam nach einigem Nachdenken. »Aber ich habe gesagt, daß die Hand der Götter auf dir ruht. Ich habe gesehen, was du fertigbringst. Ich vertraue dir die Verantwortung für die Karawane an.«

Sie bogen also in Richtung der Berge ab. Nach einer halben Stunde fanden sie mehrere große Felsen, die eine natürliche Deckung boten. Ptahmose ordnete an, sie sollten anhalten und die Reittiere hinter den Felsen niederlagern lassen.

»Wir müssen vom Pfad aus unsichtbar sein«, fügte er hinzu

und führte das Pferd ein wenig weiter fort, um es ebenfalls hinter einem Felsen festzubinden, der es verbarg.

Dann erkundete er die Örtlichkeit und fand etwa vierzig Ellen hinter dem Pfad einen Felsen, hinter dem er den Räubern auflauern konnte. Er ging zu den anderen und erklärte ihnen, wenn er den Arm hebe, habe er die Räuber bemerkt. Er nahm Pfeil und Bogen, den Säbel und etwas Wasser und kehrte zu dem Felsen zurück.

Nicht ganz eine Stunde verging, bis Ptahmose den Arm hob. Diesmal waren es achtzehn. Zuerst ritten sie im Galopp vorbei, dann kamen sie langsamer und vereinzelt zurück, da sie ihre Opfer nicht gefunden hatten. Schreie wurden laut. Mit Blicken suchten sie das Gebirge ab. Im Licht erkannte Ptahmose ihren Anführer, einen noch jungen Mann auf einem Rappen. Warum wurde man Räuber? fragte sich Ptahmose. Weil man das Leben der anderen verachtete, so wie die Ägypter das Leben der Apiru verachteten?

Er ergriff den Bogen und einen Pfeil, legte den Pfeil mit der Fiederung an, spannte den Bogen und versuchte, sich in den Zustand zu versetzen, in dem er gewesen war, als er zum ersten Mal den Pfeil mit der Kupferspitze ausprobiert hatte. Ein Zustand, in dem die Seele im Körper zu schweben schien. Er wartete, und die erwünschte Geistesverfassung kam über ihn. Er zielte. Der Pfeil schwirrte los und durchbohrte den Mann auf Höhe der Nieren. Mit einem schrillen Schrei fiel der Räuber vom Pferd. Ptahmose sagte sich kaltblütig, daß er den Pfeil ein wenig nach oben richten müsse. Die Spitze war wohl zu schwer, denn er hatte auf die Brust gezielt. Wildes Geschrei ertönte. Reiter und Pferde stoben verwirrt hin und her oder drehten sich auf der Stelle. So wie der Mann gefallen war, konnten sie nicht sagen, aus welcher Richtung der Pfeil abgeschossen worden war. Ptahmose ergriff einen neuen und kroch ins Gebüsch. Nur dreißig Ellen trennten ihn von dem Räuber, der am nächsten war. Der zweite Pfeil flog los und durchbohrte die Kehle des Mannes.

Dieser ließ seinen Säbel fallen und schrie auf, dann schoß ihm das Blut aus dem Mund. Mit der Hand wollte er sich den Pfeil aus dem Hals reißen, doch er schwankte und stürzte aus dem Sattel.
Diesmal hatten die anderen bemerkt, woher der Pfeil gekommen war. Bevor Ptahmose begreifen konnte, was geschah, sah er einen der Reiter nur ein paar Schritte von sich entfernt, und fast im gleichen Augenblick stieß dieser einen Schmerzensschrei aus, schlug um sich und fiel vom Pferd, den Säbel in der Hand. Es war Ali, der nur den Sturz des Räubers abwartete, um ihm den Dolch in den Bauch zu stoßen. Rasch machte er dann einen Satz nach hinten, um dem letzten Säbelhieb des Sterbenden auszuweichen. Ali hatte aus dem Beispiel seines Helden gelernt.
Die Räuber hatten sich wieder zusammengeschlossen, um das Dickicht zu durchsuchen. Ptahmose schoß einen dritten Pfeil ab, der sein Opfer mitten in die Brust traf. Verblüfft riß der Räuber den Mund auf und stürzte nach hinten.
Vier Tote, dachte Ptahmose, vierzehn waren noch übrig.
»Nach hinten!« schrie er Ali zu und rannte mit gesenktem Kopf zu den Felsen. Ein Reiter holte ihn ein, den Säbel in der Faust, doch als der Säbel ihn treffen sollte, warf sich Ptahmose auf den Boden, den Bogen an sich gepreßt, und rollte sich herum; dann kam er wieder auf die Beine und rannte zu einer etwa zwanzig Ellen entfernten Baumgruppe, wohin der Reiter ihm nicht folgen konnte. Der andere setzte ihm dennoch nach und versuchte, um die Bäume herumzureiten. Doch das Dickicht grenzte an wuchtige Felsbrocken und war nicht zu umreiten. Geschützt durch die Bäume, spannte Ptahmose seinen Bogen und folgte dem Räuber langsam mit dem Blick. Er sah das wutverzerrte Gesicht, die zusammengekniffenen Augen, die Narbe auf der Stirn und wartete, bis das Opfer sich ihm zuwandte. Dann der vor Entsetzen geweitete Blick, als der Pfeil losflog, der geöffnete Mund, der Säbel, der zu Boden fiel, die beiden Hände, die

den Pfeil umklammerten, der ihm den Unterleib durchbohrt hatte.
Fünf, und noch dreizehn übrig, dachte Ptahmose. Er hatte nur noch drei Pfeile. Er blickte über das Schlachtfeld. Die Räuber kreisten nun Ali ein, der von einem Felsen aus mit Steinen nach ihnen warf. Einer traf einen der Reiter am Kopf, und er taumelte. Zwei der Banditen sprangen vom Pferd, um den umzingelten Felsen zu erklettern. Ptahmose kam aus dem Dickicht heraus, um zu versuchen, Ali zu schützen. Ein weiterer Stein traf einen der Räuber in dem Augenblick am Kopf, als er auf der Höhe von Alis Füßen angelangt war, und Ptahmose fragte sich, woher er geflogen war. Hussam, sagte er sich. Die Schleuder! Lautlos stürzte der Mann ab. Ein dritter Stein verfehlte den zweiten Räuber, der den Felsen erklommen hatte und nur noch ein paar Schritte von Ali entfernt seinen Dolch zückte. Aber zwei weitere Mitglieder der Karawane waren aus ihrem Schlupfwinkel gekommen. Ptahmose erkannte Rahman und Nibbiot, die Ali zu Hilfe eilten. Das genügte als Ablenkung. Den Bruchteil eines Augenblicks wandte der Mann seine Aufmerksamkeit ab, und Ali nutzte dies, um sich flach auf den Boden zu werfen und ein Bein des Räubers, der am Rand des Felsens stand, nach oben zu reißen. Er taumelte nach hinten und stürzte mit einem Aufheulen, das von den Felswänden widerhallte, zwischen seine berittenen Kumpane. Die erschrockenen Pferde stampften mit ihren Hufen auf ihn.
Sieben, und noch elf übrig, zählte Ptahmose erneut. Zwei Pfeile hatte er noch. Einige Reiter hatten ihn in dem Augenblick erblickt, als er seine Deckung verlassen hatte und sich auf einer kleinen Anhöhe befand, auf die man auch zu Pferde leicht gelangen konnte. Fünf der Reiter umzingelten die drei Brüder auf ihrem Felsen, die anderen sechs stürmten auf Ptahmose zu, der plötzlich einen Mann an seiner Seite erblickte. Es war Hussam, den Säbel in der Hand.
»Geh in die Knie!« rief Ptahmose, während die Pferde auf

sie zukamen. Aus den Augenwinkeln sah er, wie Hussam seinen Säbel einem der Pferde in die Flanken stieß, das sich vor Schmerz aufbäumte, seinen Reiter abwarf und ihn zerquetschte, als es zur Seite stürzte. Der erste Reiter, der ihn erreichte, bekam einen kräftigen Säbelhieb ins Bein. Ptahmose hörte einen Schrei, war aber damit beschäftigt, gegen den verletzten Reiter zu kämpfen. Er machte einen Satz nach hinten. Der Mann hinkte. Ptahmose stürzte sich auf ihn und durchschnitt ihm mit einem Säbelhieb die Hand. Der Mann fiel zu Boden. Ein anderer Reiter war bei ihm angelangt, und Ptahmose spürte den Wind des durch die Luft sausenden Säbels. Er duckte sich unter das Pferd und packte den so hinterrücks überfallenen Räuber nach der bereits bewährten Methode am Bein. Doch ein zweiter war schon hinter ihm und wollte ihn enthaupten, als Ptahmose, der seinen Säbel von unten nach oben zwischen die Beine des Reiters stieß, den zweiten auf seinem Rücken spürte und vom Gewicht der beiden Räuber niedergestoßen wurde, ohne zu wissen, daß auch der zweite tot war, erdolcht von einem Kompagnon Hussams, der herbeigeeilt war.

Die vier übrigen Reiter waren zurückgewichen und wollten den Rückzug antreten. Ptahmose sah zur gleichen Zeit Hussam, der in seinem Blut auf dem Boden lag, und den Rücken des letzten flüchtenden Reiters. In einem Anfall von Wut stürzte er ihm nach, erwischte ihn am Mantel, riß ihn zu Boden und enthauptete ihn mit einem Streich.

Alle überlebenden Reiter, insgesamt acht, waren geflohen. Mehr als die Hälfte der Ihren hatten sie verloren. Die Säbel trieften vor Blut. Langsam kehrte Ptahmose zu Hussam zurück, bei dem die anderen niedergekniet waren. Er war tot, mit dem Säbel durch die Brust gestochen; Blut strömte aus seinem Mund über seinen Hals und auf den Boden.

»Er wollte mich retten«, sagte Ptahmose. »Er hat mich gerettet.« Und er dachte, daß Hussam nun niemals König werden würde.

Er weinte und erinnerte sich daran, daß er schon lange nicht mehr geweint hatte. Hussam war der einzige gewesen, den er wie einen Vater empfunden hatte. Als die vier Brüder seine Tränen sahen, nahmen sie ihn in den Arm.
Die Sonne stand am Zenit. Eine Stunde brauchten sie, um den Räubern ihre Sachen abzunehmen und die Pfeile herauszureißen, die Ptahmose wieder mitnehmen wollte. Zwei waren zerbrochen, hatten aber immer noch ihre kostbaren Spitzen. In der Hitze konnten sie Hussams Leichnam nicht mitnehmen, da ihr nächstes Ziel noch vier Tage entfernt lag. Mit Hilfe ihrer Säbel gruben sie daher ein Grab, legten den Leichnam des Kaufmanns hinein und errichteten eine kleine Steinpyramide, um den Ort wiederzufinden. Dann warfen sie die Leichen der Räuber in eine Art natürlichen Graben und bedeckten sie mit Ästen und Steinen. Das tote Pferd zogen sie ins Dickicht.
Ihre Hände waren voller Blut, und sie rieben sie mit Sand ab.
»Ein wenig weiter finden wir einen Fluß«, erklärte Rahman. »Dort können wir uns waschen.«
»Die Pferde können wir verkaufen, nicht wahr?« fragte Ptahmose.
Samot nickte heftig. »Und sie sind viel wert!«
»Wir verkaufen sie an unserem nächsten Ziel. Acht sind es.«
»Mein Vater hat gesagt, daß er dir die Verantwortung für die Karawane anvertraut«, erklärte Samot. »Sie steht dir zu. Du hast uns vor dem sicheren Tod gerettet.«
»Ich kenne den Weg nicht«, erwiderte Ptahmose, »aber ich übernehme gerne die Aufsicht. Macht unter euch aus, wer Hussams Nachfolge antritt, und ich folge ihm.«
»Du bist der Älteste«, sagte Rahman zu Sabot.
Die anderen stimmten mit einem Kopfnicken zu.
Als sie nach El Safran kamen, stellten sie erstaunt fest, daß ihnen die Schilderung ihres Kampfes gegen die Räuber vor-

ausgeeilt war. Die überlebenden Banditen hatten erzählt, sie seien auf den König der Dämonen und seinen Trupp gestoßen, die sie zweimal in die Flucht geschlagen hätten. Zum ersten Mal seit Hussams Tod mußten die Angehörigen der Karawane lachen. Als man sie fragte, warum, zeigten die vier Brüder und Hussams Kompagnons auf Ptahmose und prusteten los: »Das ist der König der Dämonen, und die Dämonen sind wir!«

Ptahmose wunderte sich sehr, daß die Dorfbewohner über ihre beiden Scharmützel Bescheid wußten. Nibbiot erklärte ihm, daß die Räuber, wenn sie eine schlechte Zeit hinter sich hatten, manchmal ihre Dienste als Bewacher von Karawanen anboten.

Entmutigt und zu Tode verängstigt hatten die Räuber angekündigt, sie wollten nun darauf verzichten, die Gegend auszuplündern. Das Oberhaupt von El Safran verlangte Ptahmose zu sehen, und da er ihn schön fand, erklärte er, Ptahmose sei im Gegenteil ein vom Mond zum Schutz ehrbarer Leute geschickter Gott, und gab noch am selben Abend ein Fest, wie man es in dem Dorf noch nie gesehen hatte. Das Oberhaupt tanzte höchstpersönlich und ruhte nicht eher, bis Ptahmose mit ihm tanzte, was dieser auch tat.

Sie standen einander gegenüber, zehn Schritte entfernt, hoben zuerst den einen, dann den anderen Fuß und klatschten zum Klang der Trommeln, deren Rhythmus bis in die Lenden ging, in die Hände. Sie neigten sich zur einen, dann zur anderen Seite, nach vorn und nach hinten und drehten sich langsam um die Trommler. Eine schmale Hirtenflöte mit fünf Tönen begleitete diese Äußerung von Fröhlichkeit, Gesundheit und Freundschaft. Dann gesellten sich andere Männer dazu, Ali als erster, und die Runde wurde größer und immer größer, bis schließlich alle Männer von El Safran vor den leuchtenden Augen der Frauen tanzten.

Der Tanz war ein solcher Erfolg, daß Ptahmose eine unerwartete Anzahl von Heiratsanträgen bekam, und zudem Schmuck als Geschenk von den erleichterten Kaufleuten, die zumindest für eine gewisse Zeit von der Gefahr, ausgeplündert zu werden, befreit waren.

Ptahmose kam es vor, als sei er vor Jahren aus Ägypten aufgebrochen und habe Geschmack am Junggesellenleben gefunden. In Wirklichkeit waren seit seiner Flucht kaum zwei Wochen verstrichen, und er sagte sich, diese reisenden Kaufleute, zu denen er nun gehörte, seien im Grunde ewige Junggesellen; ihre wahren Gefährten waren die Dromedare und der Himmel. Er hatte sich ihrem Vorbild angepaßt. Er stellte sich einen Frauenkörper vor und erinnerte sich nur an diese kurzen Augenblicke, in denen der Körper sein Kostbarstes, eine Flüssigkeit der Seele, in einen anderen Körper verströmte. Einen wunderbaren Augenblick lang starb man, um seinen Stamm fortzupflanzen. Alles übrige war zweitrangig.

»Zu welchem Stamm ich wohl gehöre?« murmelte er zu sich selbst.

Er dachte an die Menschen, die er verlassen hatte, und die Anspruch auf ihn erhoben. Dann schüttelte er den Kopf. Nein, er würde nicht, er konnte nicht der König von Sklaven sein. Wenn er den Befehl übernehmen mußte, dann über ein freies Volk. Freiheit, die Freiheit über alles.

14

Zippora

Die Reise der Karawane schien endlos. Es war keine Reise mehr, sondern eine Lebensweise, erfüllt von Himmel, Wolken, Felsen und Sand, von kräftigen, stachligen Büschen und Luft. Von Freiheit.
Ptahmose überlegte, daß er niemals mehr nach Auaris zurückkehren könnte. Der Himmel schmiedet die Menschen, dachte er. Der Himmel des Tages reinigt Körper und Geist, der Himmel der Nacht befruchtet sie. Die Leute in den Städten wußten nicht, daß die Mauern, zwischen denen sie leben, sie vor der Zeit in Mumien verwandelten. Er hatte sich in die Wüste verliebt, in die Berge, die auf dem Weg der Karawane zu ihrem letzten Ziel an Höhe gewannen und gewaltigen Ansammlungen von Palästen und Tempeln glichen, wie Sethos oder Ramses sie niemals errichten lassen könnten. Am Morgen waren sie goldgelb, abends kupferrot. Welcher König könnte Paläste errichten, die je nach Tageszeit ihre Farbe wechselten?
Und diese Weite! Wenn man König sein sollte, dann König dieser Weite, die berauschender war als jeder Wein ...
Es schien ihm, daß er nun rein und stark genug war, daß der Feuerstrahl ihm endlich erscheinen könnte, ohne daß

Gefahr bestand, daß er zittern und ohnmächtig werden würde.

Sie litten unter Wassermangel, und zweimal mußten Nibbiot und Rahman ihre Schaufeln benutzen. Einmal gruben sie fünf, ein anderes Mal sechs Ellen tief und ließen einen Eimer an der Schnur bis auf den Grund des Lochs hinab. Sie zogen ihn dann voll wieder herauf, doch das Wasser war brackig. Daraufhin machten sie sich auf die Suche nach einem Busch, von dem sie mehrere Zweige abbrachen, die sie schälten und in das Wasser tauchten. Es bildete sich an der Oberfläche ein weißer, klebriger Film, der von dem geschälten Holz freigesetzt worden war.

Nach etwa einer Stunde war dieser Film nach unten gesunken, und das Wasser war trinkbar, vorausgesetzt, man schüttelte den Eimer nicht.

»Gibt es überall Wasser?« fragte Ptahmose.

»Nein«, antwortete Rahman. »Sieh dir das Gelände an, in dem wir uns befinden. Es bildet eine Art Becken. Wenn es regnet, staut sich hier das Wasser und versickert schließlich in dem porösen Boden. Von dort unten verdunstet es nicht mehr. Man muß eine Senke suchen oder ein Gelände mit einem leichten Gefälle.«

Sechs Wochen nach ihrem Aufbruch aus Temina erreichten sie Ezjon-Geber. Während der letzten acht Tage waren sie am Meer entlanggeritten, da die Stadt sich am Ende eines Golfes des Roten Meeres am Ufer erhob. Der Schimmer ihrer rosafarbenen Mauern spiegelte sich im türkisblauen Wasser. Schwarze Schiffe schaukelten im Hafen, und Ptahmose dachte zurück an den Hafen, den Ramses am Ufer des *Großen Schwarzen* bauen lassen wollte.

Sie befanden sich hier, erklärte Nibbiot, an der Grenze des Gebiets der Midianiter im Süden und der Edomiter im Norden. Was das für Menschen waren, wollte Ptahmose wissen. Hirten, Kaufleute und manchmal Räuber. Das Volk von Edom wurde allerdings von Fürsten regiert.

Zweimal im Jahr war Hussam immer hierhergekommen, um Waren zu kaufen, die noch kostbarer waren als die ägyptischen Woll- und Leinenstoffe, fast so kostbar wie Schmuck: Weihrauch und Myrrhe, die mit dem Schiff aus den weiter südlich gelegenen Anrainerländern des Meeres kamen; Korallen, rote, blaue und grüne Edelsteine aus den fernen Ländern Hind und Serendib jenseits der Meere. Außergewöhnliche Edelsteine! erklärte Nibbiot. Manche schienen einen lebendigen Stern in sich einzuschließen. In Ezjon-Geber stieß man auf einige der reichsten Kaufleute der Welt.

Aber womit wollten sie das alles bezahlen? fragte Ptahmose. Die Geschäfte waren gut gelaufen, antwortete Nibbiot, und die den Räubern abgenommenen Pferde hatten sie zu einem hohen Preis verkauft. »Du bist auch reich«, erklärte Nibbiot.

Ein wenig später, als sie am großen Brunnen der Stadt ihre Feldflaschen füllten, meinte Nibbiot zu Ptahmose: »Dein Name ist ägyptisch. Die Ägypter sind hierzulande nicht überall willkommen. Ich denke, du solltest deinen Namen ändern.«

»Wie soll ich mich dann selbst wiedererkennen?« lachte Ptahmose.

»Du könntest verdächtig erscheinen und dir ohne Grund Feinde machen.«

»Wie willst du mich nennen?«

»Moses.«

»Aber das bedeutet nichts, nur *Sohn* auf ägyptisch«, wandte Ptahmose ein.

»Was macht das aus, niemand weiß es«, erwiderte Nibbiot und stöpselte seine Flaschen zu.

Als sie die anderen Brüder befragten, meinten diese, sie hatten es nicht zu sagen gewagt, aber sein Name habe in El Safran tatsächlich Verdacht erregt, und sie hatten schwören müssen, daß der Fremde einer der Ihren sei.

»Moses«, wiederholte Ptahmose nachdenklich.
»Wir nennen dich nur noch so, Moses«, erklärte Ali und nahm ihn am Arm.
Sie machten es also wie die Apiru. Dieser Zufall gab ihm zu denken. Wenn er Ptah verlor, den großen Schöpfer, der die Welt dank seiner Sprache und seines Mutes aus dem Nichts geholt hatte, Ptah, den »ersten Gott«, wie man ihn auch nannte, verlor er noch ein wenig mehr von Ägypten. *Sohn.* Nun mußte sich der Sohn einen anderen Vater suchen.
Am ersten Abend schlugen sie ihr Lager am Stadtrand auf. Am nächsten Tag besuchten sie verschiedene Kaufleute, um sie von ihrer Ankunft zu verständigen und sie zu fragen, welche Waren sie ihnen anzubieten hatten. Bei einem dieser Besuche sah Moses einen der von Nibbiot geschilderten Edelsteine. Es war ein großer blauer, durchsichtiger Stein, in dessen Inneren eine weiße Flamme funkelte, ein sechszackiger Stern. Ptahmose war ergriffen; diese Flamme war so nahe an der Flamme, die er suchte, die er erträumte.
»Ein Saphir aus Serendib. Zehn Maß Gold«, erklärte der Kaufmann, ein dicker, blasser Mann.
Zehn Maß Gold! Ein Vermögen. Doch Moses konnte seine Augen nicht von dem Stein abwenden.
»Wie viele Maß Gold hat dieser Brustschmuck?« fragte er und holte den Schmuck hervor, den Ibn Subar ihm geschenkt hatte.
Der Kaufmann schätzte den Brustschmuck mit einem bewundernden Blick ab, dann prüfte er ihn genauer.
»Dein Schmuck ist schöner als dieser Stein«, meinte er bedauernd.
Er legte ihn auf eine Waagschale und verkündete, es seien fünfzehn Maß, die Hälfte davon müsse man aber abziehen, weil die Steine weniger wert seien. Doch er willigte ein, für diese Steine zweieinhalb Maß Gold zu berechnen.
»Weißt du, wer dieser Mann ist?« fragte Ali den Kaufmann.
»Er ist der Mann, der seit Sebiia die Räuber in die Flucht

geschlagen hat. Dieser Brustschmuck hier ist die Belohnung, die Ibn Subar, das Oberhaupt von Sebiia, ihm für diesen Dienst, den er der Gegend erwiesen hat, geschenkt hat.«
Der Kaufmann blickte zu Moses auf, lächelte, seufzte und legte den Brustschmuck und den Stein auf den kleinen Zedernholztisch, der ihm für seine Geschäfte diente.
»Du bist also Moses, von dem es heißt, er sei der König der Dämonen. Du hast uns wahrhaftig einen großen Dienst erwiesen«, erklärte er. »Aber ich muß meinen Lebensunterhalt verdienen. Ich kann dir diesen Stein nicht schenken.«
»Nimm doch den Brustschmuck«, erwiderte Moses.
Der Kaufmann schüttelte den Kopf. »Nein, auch deinen Brustschmuck nehme ich nicht, denn du hast ihn mit deiner Tapferkeit erworben. Ich kann etwas Unbezahlbares nicht gegen etwas Bezahlbares tauschen.«
Er zog einen kleinen Beutel unter dem Tisch hervor und nahm einen Ring daraus; er war mit einem Saphir geschmückt, der zwar kleiner war, in dem aber eine ähnliche Flamme wie in dem anderen Stein funkelte. Er nahm ihn zwischen Daumen und Zeigefinger, drehte ihn zum Licht, um den Stern zur Geltung zu bringen, und reichte ihn dann Moses.
»Er gehört dir«, sagte er.
Moses streifte ihn sich über den Zeigefinger, wo Könige ihre Ringe trugen. Ihm schien es, als habe der Stein seine Seele verändert. Von nun an würde ihm der Stern gehören, er könnte ihn zu jeder Stunde befragen und sich an ihm sattsehen. Die vier Brüder sprachen dem Kaufmann ihre Anerkennung aus.
»Möge es dir nun möglich sein, uns vor den Ägyptern zu schützen«, sagte der Kaufmann, als die Besucher sich verabschiedeten.
Moses lachte kurz auf. Als sie draußen waren, sagte Ali zu ihm: »An dem Tag, an dem du deinen Namen geändert hast,

Moses, hast du diesen Stein als Geschenk erhalten. Das ist ein Zeichen.«
Die vier Brüder erklärten, sie müßten zu einem Händler ein wenig außerhalb der Stadt gehen, der ihren Vater immer mit Weihrauch und Heilkräutern beliefert hatte. In kaum einer Stunde waren sie dort; etwa dreißig Zelte in einem grünen Tal am östlichen Ufer des Flusses Araba.
Der Kaufmann empfing sie überrascht: Wo war denn Hussam? Als sie ihm mitteilten, daß er tot sei, schlug er sich zum Zeichen der Trauer die Hände gegen die Wangen. Dann blickte er auf Moses. War er ein Bruder von ihnen, den er nicht kannte? Ein Kompagnon? Ein Adoptivbruder, erwiderten sie, der, den die Wüstenräuber den König der Dämonen nannten. Der Kaufmann bot seinen Besuchern Wein an, und die Verhandlungen begannen. Moses verstand nichts von Weihrauch und hatte auch nicht vor, damit zu handeln. Letztendlich langweilte ihn das Geschäft. Dieser unablässige Tauschhandel schien ihm ohne Sinn und Zweck, und auch seine Zuneigung zu Hussams Söhnen, darüber wurde er sich klar, konnte ihn nicht dazu bringen, ihnen auf unbegrenzte Zeit auf ihren Karawanenzügen zu folgen.
Aber was wollte er dann? Er betrachtete den funkelnden Stern an seinem Zeigefinger, als ob dieser es ihm zeigen könnte. Traurigkeit überkam ihn, und er entfernte sich vom Zelt des Kaufmanns. Er wanderte in das angrenzende Weideland, blieb dann stehen und betrachtete lange den Himmel, der gegen das Meer zu silbrig wurde und über dem Tal von einem sanften Blau war.
»Was sucht der Fremde?«
Die Stimme war tief, reich an mitschwingenden Untertönen. Ein Mann stand neben ihm. Langsam und leise war er auf dem Gras herangekommen. Moses, vertieft in die Betrachtung des Himmels, hatte ihn nicht gehört. Der Mann war etwa in Hussams Alter, aber größer und majestätischer

in seinem gestreiften Wollkleid und einem mit hellem Schaffell eingefaßten Mantel. Moses richtete den Blick auf erstaunlich helle Augen, wie er sie noch nie gesehen hatte und von denen er gehört hatte, sie seien Menschen aus dem geheimnisvollen Norden eigen. Ein dichter kupferfarbener Bart, viereckig zurechtgestutzt und von weißen Haaren durchzogen. Dichtes Haar, ebenfalls ordentlich geschnitten.

»Ich suche nichts«, antwortete Moses. »Ich betrachte dieses Land. Es ist schön.«

»Ist das, aus dem du kommst, weniger schön?« fragte der Mann.

»Ich habe kein Land mehr«, erwiderte Moses, wie mit Bedauern.

Der Mann musterte ihn aufmerksamer.

»Du siehst aber nicht wie ein Räuber aus«, meinte er lächelnd. »Bist du Kaufmann?«

»Ich bin mit Kaufleuten hergekommen, aber weder verkaufe ich noch kaufe ich«, antwortete Moses.

»Bist du Soldat?«

»Nein. Ich habe keinen, der mir Befehle erteilt«, meinte Moses nach einer Weile.

»Dann willst du also König sein«, sagte der Mann.

Moses lächelte.

»Ich könnte nur König über mich selbst sein.«

»Du wartest also auf dein Schicksal?« fragte der Mann weiter.

»Wenn man das Schicksal nennt, ja, dann warte ich darauf.«

Der Mann schien neugierig. »Hier ist ein junger und starker Mann«, erklärte er ein wenig pathetisch. »Er hat offensichtlich Verstand, doch er hat weder König noch Land, verkauft nicht und kauft nicht, ist weder Soldat noch Räuber. Man kann sein ganzes Leben verbringen, ohne auf einen solchen zu stoßen. Nimmst du meine Gastfreundschaft auf ein Glas Wein an? Ich heiße Jitro. Ich verkaufe weder Weihrauch noch Heilkräuter. Der Mann, den deine Begleiter aufgesucht

haben, ist mein Schwager, er gehört zu meiner Sippe. Ich besitze Herden und Land. Davon ernähre ich mich und meine Familie, und den Überschuß verkaufe ich.«
Er hatte mit gesuchter Langsamkeit gesprochen. Die Sprachbeherrschung und die ungewöhnliche Hellsichtigkeit dieses Mannes ließen Moses vermuten, daß er nicht die ganze Wahrheit sprach. Es waren seltsame Leute, diese Midianiter, dachte Moses und erinnerte sich an das Redetalent des Seemanns, den er am Ufer des *Großen Schwarzen* kennengelernt und der ihm die unbekannten Kräuter und Körner geschenkt hatte. Moses nickte und nannte seinen Namen. Mit einer Geste lud ihn der Mann in ein großes Zelt ein, das kaum hundert Schritte entfernt auf einem kleinen Hügel lag, umgeben von Gebüsch, aber auch von Obstbäumen. Nachdem sie sich gesetzt hatten, klatschte Jitro in die Hände. Ein junger Mann erschien, zweifellos ein Sklave, sagte sich Moses, der das ein wenig gebeugte Rückgrat bemerkte. Der Sklave brachte einen Krug mit kühlem Wein und zwei syrische Gläser, dann bediente er die beiden Männer.
Auch ein junges Mädchen kam. Als sie Moses sah, schien sie sprachlos.
»Komm herein«, sagte Jitro zu ihr. »Ich habe einen Gast, Moses, der von nirgendwoher kommt und nirgendwohin geht. Das ist meine Tochter Zippora.«
Ein schwebender Körper, fünfzehn oder sechzehn Jahre alt, fast fließend unter dem hellblauen Wollkleid. Ein gebräuntes, aber doch helles Gesicht, das noch heller schien, weil sie die Augen ihres Vaters hatte. Bronzefarbenes Haar. Eine Kette aus großen blauen Perlen. Ein Traum aus Honig und Himmel. Doch vor allem ihre Art, die Füße auf den Teppich zu setzen, die sowohl Behendigkeit als auch Sicherheit verriet. Sie betrachtete Moses einen Augenblick scharf, schätzte den Unbekannten ab.
»Verzeih mir«, sagte sie zu ihrem Vater, »ich komme später wieder.«

Jitro wandte sich an seinen Gast. »Moses, wo bist du geboren?« fragte er.
»In Ägypten.«
»Ich dachte es mir, wegen deines Namens. Er bedeutet *Sohn* auf ägyptisch, nicht wahr?« Als Moses nickte, fuhr er fort: »Manchmal erhalten wir Besuch von ägyptischen Kaufleuten. Sie überqueren das Meer auf großen Schiffen und versuchen, die Kaufleute des Sinai zu umgehen, indem sie hier direkt Weihrauch und Myrrhe kaufen. Sie sind auf Luxus erpicht. Zumeist antworten wir ihnen, daß die Ernte noch nicht da ist, oder aber, daß sie schon verkauft ist. Nur noch die Reste überlassen wir ihnen.«
»Warum?«
»Sie haben vor, uns alle zu unterwerfen. Alle Völker des Sinai und Arabiens, ebenso wie die Völker Edoms und Kanaans. Man hat mir erzählt, daß sie an den Ufern ihres großen Flusses sagenhafte Städte errichtet haben, Tempel, die hoch sind wie Berge, goldgeschmückte Paläste. Ist das wahr?«
»Es ist wahr.«
»Wir wollen den Handel mit den Duftessenzen lieber den Völkern unserer Gegend vorbehalten. Sie sind weniger herrisch.« Jitro nahm einen Schluck Wein und fragte plötzlich: »Wessen Sohn?«
»Wie?«
»Dein Name. Dein vollständiger Name.«
»Ptahmose.«
»Du hast gut daran getan, ihn abzukürzen. Ich habe es dir schon gesagt, wir sind den Ägyptern nicht sehr gewogen. Warum bist du geflohen?«
Würde man ihm bis in alle Ewigkeit diese Frage stellen? Er hatte bereits Hussam geantwortet. Sein Blick spiegelte wohl seinen Ärger wider. Er trank einen Schluck Wein.
»Gut, du willst nicht antworten«, sagte Jitro. »Ein Ägypter verläßt nie sein Land, es ist ein schwerfälliges Volk. Nur

Nomaden verlassen ein Land für ein anderes. Bist du ein Apiru?«
»Mein Vater war Apiru«, antwortete Moses, von diesem Verhör aus der Fassung gebracht.
»Wie man mir gesagt hat, leben viele Apiru in Ägypten. Ist das wahr?«
»Dreißig- bis vierzigtausend.«
Jitro beugte sich vor, um Moses nachzuschenken. Er hielt den Blick gesenkt. »Alles Sklaven, sagt man mir.«
»In der Tat.«
»Du gehörtest also nicht zu ihnen.«
Moses begann zu lachen.
»Deine Art«, meinte Jitro.
Moses wartete auf die Erklärung, doch er erriet sie schon.
»Du hast nicht die Art eines Mannes, der gehorcht hat. Dein Blick ist stolz, fast hochmütig. Deine Hände sind nicht die Hände eines Arbeiters auf dem Feld oder auf den Baustellen. Täusche ich mich?«
»Nein«, bestätigte Moses.
»Deine Mutter war also von hohem Rang.«
Moses nickte. Er strich sich mit den Händen über die Augen und lachte erneut, erstaunt darüber, daß ein menschliches Wesen so durchsichtig sein konnte. Jitro beschrieb ihm sein Leben, als würde er es bereits kennen.
»Du weißt, wie viele Apiru in Ägypten leben. Also hattest du mit ihnen zu tun. Ich vermute, du hattest ein hohes Amt inne. Kurz, dieses und jenes ging nicht zusammen«, fuhr Jitro fort, nachdem er sein Glas geleert hatte. »Du bist also gegangen. Und gehst nirgendwohin.«
»Warum sagst du das?«
»Weil ich schon lange lebe, Moses. Ich habe noch nie einen Mann gesehen, der die Landschaft so betrachtet, wie du sie betrachtet hast. Weder Ägypter noch Apiru noch Edomiter. Auch keinen Mann bei uns. Sie befragen die Wolken, um zu wissen, welches Wetter es morgen geben wird, oder sie su-

chen ein Schiff oder eine Karawane am Horizont. Du aber hast auf etwas anderes gewartet.«

Moses dachte über diese Worte nach, trank seinen Wein, kostete eine der Feigen aus der Schüssel vor ihm, eine kleine weiße Feige mit einem moschusähnlichen Geschmack, den die Feigen Ägyptens oder des Sinai nicht hatten.

»Auch du wartest auf etwas, Jitro«, sagte er schließlich. »Du hast einen so scharfen Blick, weil du auf etwas wartest.«

Nun war es an Jitro zu lachen.

Moses hörte, daß man draußen nach ihm rief. Er stand auf, ging hinaus und winkte. »Nibbiot! Ali!«

Sie sahen ihn und kamen auf ihn zu.

»Wir kehren zurück«, sagten sie. »Wir haben dich gesucht.«

Jitro hob den Zeltvorhang, und sie blickten zu ihm. Ali begriff als erster die Situation. »Man könnte meinen, daß du hierbleibst«, fragte er mit beunruhigtem Blick.

»Ich lade ihn dazu ein«, sagte Jitro.[1]

Sie schienen fassungslos. Sie hatten nie mehr daran gedacht, ohne den Fremden zu leben, der sich ihnen vor kaum drei Wochen angeschlossen hatte.

»Moses«, sagte Ali, ein wenig vorwurfsvoll.

»Kommt morgen wieder«, antwortete Moses und nahm Alis Arm. »Wir haben heute abend Dinge zu besprechen.«

Er begleitete sie bis zu dem großen Baum, wo sie ihre Dromedare angebunden hatten, und ließ das seine grasen. Die Brüder hatten die Köpfe gesenkt. Sie umarmten ihn, und vielleicht verbargen sie ihre Tränen. Vielleicht verbarg er auch die seinen.

Als er zu Jitros Zelt zurückkam, hoffte er, Zippora zu sehen, und sei es nur für einen Augenblick. Er fand Jitro, der auf den Sklaven zeigte.

»Er hilft dir beim Waschen, wenn du willst. Ich erwarte dich zum Abendessen. Du wirst meine Söhne kennenlernen.«

Nicht weit vom Zelt entfernt, diente ein winziger Pavillon

ohne Dach aus ungebrannten Ziegeln als Waschhaus. Der Boden war ein mit glatten Steinen gepflastertes Becken. Das Wasser, das der Sklave Moses über den Rücken goß, war heiß und duftete nach Weihrauch, und der Himmel wurde dunkelblau.

15

Durst

Mitten in der Nacht erwachte er. Die tiefen Atemzüge Jitros und seiner Söhne übertönten das Rauschen des Windes draußen, aber nicht die vertrauten Schreie der Eulen und, weiter entfernt, das Heulen der Schakale. Er drehte sich auf den Rücken, und so wie der Schläfer morgens mit dem Fuß die Decke wegstößt, verscheuchte er die Dunkelheit von seinem Geist.
Er hatte den nächtlichen Schlaf immer mit dem Grab verglichen. Der Körper liegt dabei in derselben Stellung, nur die Seele erwacht zu einem höheren Leben und betrachtet sich in ihrem eigenen Spiegel. Er wollte den Stern seines Rings sehen, aber den konnte er nur bei Tage sehen, nur dann konnte er ihn an den anderen Stern, die andere Flamme erinnern – an die Flamme, die in ihm selbst funkeln mußte.
Er dachte an die Söhne seines Gastgebers. Zwei gesunde, kräftige Burschen, ihrem Vater wie aus dem Gesicht geschnitten, aber aus keinem von ihnen würde man je die Funken schlagen können, die um ihn herum knisterten. Jitro war ein schneidender Feuerstein. Doch warum hatte er ihm spontan seine Gastfreundschaft angeboten? Was erwartete er?
Zum ersten Mal seit langer Zeit, vielleicht seit Ägypten,

sehnte er sich nach einer Gefährtin. Nicht nur nach einem Frauenkörper, sondern nach einem Körper, in dem sich bereits ein Teil seiner Seele befand. Eine wahre Gefährtin, keine Konkubine. Bisher hatte er nachts nur das weibliche Geschlecht besessen, und am Tag das Rauschen einer zweitrangigen Geschäftigkeit, Körperpflege, Geplapper und Klatsch. Spasmus der Lust und Nutzlosigkeit. Er wünschte sich eine ernste Frau. Er dachte an Zippora. Er hatte den Verdacht, sie sei am Tag zuvor nur deshalb in das Zelt gekommen, um ihn zu mustern. Weibliche List. Eine für ihn zweifellos schmeichelhafte List, aber ohne weitere Bedeutung.
Zippora: eine menschliche Lampe. Eine Lampe in einem Alabastergefäß.
Er hätte sie am liebsten sofort gefragt. Aber sie schlief auf der anderen Seite mit ihrer Mutter und den Dienerinnen im Frauenzelt. Die Gesetze der Gastfreundschaft waren hermetischer als alle Mauern. Er mußte sich mit Geduld wappnen. Er hatte Durst, erhob sich und ging barfuß hinaus, um aus einem der Krüge zu trinken, die zum Kühlen auf der Mauer um das Zelt standen. Es war Vollmond, und die Nacht war kühl, aber er leerte fast einen ganzen Krug und stellte fest, daß das Wasser mit Weihrauch gewürzt war. Beim Trinken bemerkte er, daß sein Ring einen Mondstrahl eingefangen hatte, so daß der Stern sich belebte. Er betrachtete ihn einen Augenblick. Dann wanderte sein Blick über den Halbkreis des Weidelandes, das sich unter dem Hügel ausbreitete. Es schien ihm, als würde er ganz in der Nähe ein ungewöhnliches Geräusch vernehmen. Als er den Krug auf die Mauer zurückstellte, begriff er, daß er genau dieses Geräusch gehört hatte, fast der Widerhall eines Geräusches. Es mußte von der Seite des Frauenzeltes gekommen sein. Er sah nach. Tatsächlich stand eine weibliche Gestalt vor einer Mauer. Er sah nur ihren Rücken, erkannte sie aber sofort. Es war sie. Sie hatte im selben Augenblick Durst verspürt wie er. Nahm sie seine Anwesenheit wahr? Plötzlich, fast brüsk,

drehte sie sich um und sah ihn, wie er etwa zehn Schritte entfernt dastand.

Reglos verharrten sie in dieser Gegenüberstellung im eiskalten Mondlicht. Dann kehrte sie in das Zelt zurück.

Auch er ging zu seinem Lager und hatte Mühe, wieder einzuschlafen.

16

Das Feuer

Der Morgenwind blies scharf. Drüben über dem Meer, jenseits des Hafens, tanzten freche kleine Wolken aus dem Norden, als wären sie stolz darauf, daß sie gar nicht in diese Jahreszeit gehörten. Unter der Baumgruppe am Fuß des Hügels pickte ein Rabe vorsichtig am Kopf eines Dromedars herum, das sich von dem Vogel ganz ungerührt putzen ließ.
Schmerz und Angst hatten das Gesicht der Frau getrübt. An anderen Tagen wäre sie schön gewesen. Ihre Haut war zart, ihr Haar üppig. Doch die Nachtwachen hatten ihren Blick erlöschen lassen. Zippora, die neben ihr stand, senkte den Kopf und betrachtete sorgenvoll den drei oder vier Monate alten, bläßlichen Säugling, den die Frau im Arm hielt. Moses ließ den Blick von der einen zur anderen gleiten und fühlte mit schneidender Schärfe die erschreckende Zerbrechlichkeit der Dinge.
»Ich werde meinen Vater holen«, sagte Zippora.
Die Frau wandte ihr Gesicht Moses zu. »Im Namen deines Vaters, ich flehe dich an, mach, daß er meinen Sohn am Leben läßt.«
Im Namen deines Vaters. Er wußte nicht, was er antworten sollte. Jitro kam mit halb geöffnetem Mund herbei, als halte

er sich zurück, unangenehme Dinge zu sagen. Die Frau stieß einen leisen Schrei aus.

»Seit zwei Tagen trinkt er nicht mehr«, erklärte sie. »Er schreit nicht mehr. Er bewegt sich kaum. Er ist mein Erstgeborener. Wenn er stirbt, werde ich verstoßen. Ich gebe dir all meinen Schmuck, ich flehe dich an, mach, daß er am Leben bleibt, mach, daß er wieder gesund wird.«

Jitro beugte sich über das Kind. »Deine Milch ist schlecht«, sagte er. »Gib das Kind zu einer Amme.« Er blickte auf die Frau. »Und reinige dich!«

Die Frau wandte kaum das Gesicht ab.

»Ich bitte dich um deine Fürsprache«, murmelte sie.

»Selbst wenn das Kind nicht mehr im Bauch der Frau ist, bleibt es bis zum sechsten Monat mit der Mutter verbunden. Wenn die Mutter unrein ist, ist das Kind bedroht. Du weißt, was ich meine.«

Die Frau schloß die Augen und seufzte. »Ich tue, was du sagst, Jitro.«

Jitro wandte sich an seine Tochter. »Das Messer«, sagte er. »Und einen Sack.«

Zippora trat ins Zelt und kam mit einem kleinen Hanfsack und einem Messer zurück, dessen Anblick Moses erzittern ließ. Die Frau schlug die Kapuze ihres Mantels zurück und neigte den Kopf nach hinten, als biete sie ihren Hals der geschärften Klinge dar, die Jitro in der Hand hielt. Moses schluckte, bereit, sich einzumischen, sei es auch unter der Gefahr, die ihm gewährte Gastfreundschaft zu verlieren. Er sah Zippora an; sie schien angespannt, erwartete aber wohl keinen Mord, sei er auch rituell. Jitro trat hinter die Frau. Er packte das Haar der Frau, als wolle er den Kopf nach hinten ziehen, um die Kehle besser durchschneiden zu können.

Doch er schnitt nur das Haar ab. Strähne um Strähne, alles schnitt er ab und warf es in den kleinen Sack, den Zippora ihm aufhielt. Die Frau hielt die Augen bei dieser Züchtigung geschlossen. Als sie den Kopf wieder hob, sah sie wie

ein Knabe aus. Sie schlug sich wieder die Kapuze über den Kopf. Tränen quollen aus ihren Augen.
»Wenn du das Kind der Amme gegeben hast, nimm ein kaltes Bad«, befahl Jitro. »Sieh den Sohn deines Mannes nicht mehr an.«
Er ging ins Zelt und kam einen Augenblick später mit einem kleinen Beutel in der Hand wieder, den er der Frau gab.
»Sag der Amme, sie soll dieses Pulver in die Milch geben, die sie trinken muß, bevor sie stillt.«
»Und deine Fürsprache?« fragte die Frau mit leiser, fast rauher Stimme.
»Heute abend«, antwortete Jitro.
Einen Augenblick verharrte sie reglos, als grüble sie über den Tod nach.
»Verlier keine Zeit. Geh nach Hause. Such die Amme auf«, befahl Jitro.
Langsam drehte sie sich um und machte sich auf den Rückweg. Jitro verschloß den Sack mit einer Schnur, die Zippora ihm reichte, bevor sie verschwand. Er warf Moses einen ernsten, fast bitteren Blick zu. Dann rief er nach dem Sklaven, verlangte eine Kanne Wasser und ein Tuch, ließ sich Wasser über die Hände gießen, wusch sie und trocknete sie sorgfältig ab.
Moses blieb noch in der Aufregung gefangen, die ihn bei dieser Szene ergriffen hatte, aber auch unter dem Eindruck, den die Enthüllung von Jitros öffentlicher Persönlichkeit auf ihn machte. Der liebenswürdige und gastfreundliche Patriarch, den er am Vortag kennengelernt hatte, hatte sich unter seinen Augen in einen autoritären Richter, in den Wahrer einer Macht, vor der es keinen Ausweg gab, verwandelt. Über wen und worüber war er König?
»Die Schafe sind klüger«, erklärte Jitro und setzte sich auf eine Bank vor dem Zelt. »Sie wünschen sich nicht, zu jeder Jahreszeit und zu jeder Stunde herumzuhuren. Und wenn sie es sich wünschen, dann bleibt es beim Wunsch.«

Erneut rief er nach dem Sklaven und ließ Wein und zwei Gläser bringen. »Der Hirte von Menschen zu sein, ist ein mühsames Leben.« Er reichte Moses, der ihm zu Füßen saß, ein Glas, schenkte ihm ein und bediente sich dann selbst.

»Sie heiratet einen Mann, dessen erste Frau alt geworden ist, verdorrt«, fuhr er fort. »Sie empfängt und bringt einen Jungen zur Welt. Der älteste Sohn ihres Mannes begehrt sie, und sie gibt sich ihm hin. Sie vernachlässigt ihr Kind. Es wird krank, und sie kommt und heult mir vor, daß sie verstoßen wird.«

»Woher weißt du das alles?« fragte Moses. Aber eigentlich erriet er es. In solchen Gemeinschaften, ebenso wie in Auaris und sicher überall, wußte man alles.

»Ich bin ihr Oberhaupt«, antwortete Jitro. »Die Leute kommen und teilen mir mit, wer welche Verstöße oder Fehler begangen oder abgeleugnet hat. Sie wissen, daß jede Verfehlung unweigerlich eine Störung der Ordnung nach sich zieht, unter der die gesamte Gemeinschaft zu leiden hat. Zum Beispiel, wenn ein Mann sein Wort nicht hält. Das löst einen Streit zwischen zwei Familien aus, die durch Heiraten verbunden sind. Brüder werden entzweit, Clans bilden sich, Leute ziehen fort, um sich woanders niederzulassen, man streitet sich um Weiderechte. Die Spaltung verschärft sich, es nimmt kein Ende. Es ist besser, sich an eine Autorität zu wenden und den Riß baldmöglichst zu kitten.«

»Du bist also ihr Oberhaupt«, wiederholte Moses.

»Mein Vater war schon ihr Oberhaupt. Und mein Großvater. Es ist einige Generationen her, seit wir uns hier niedergelassen haben.«

»Was ist die Fürsprache, um die diese Frau dich gebeten hat?«

Jitro schenkte sich erneut Wein ein und warf Moses einen seltsamen Blick zu. »Ein Opfer, das die Unversehrtheit des Gesetzes wiederherstellt.«

»Das Gesetz?«
»Habt ihr denn in Ägypten keine Gesetze?«
Es gibt keine Gerechtigkeit, die nicht von den Göttern kommt, hatte Sethos ihm einst gesagt.
»Die Richter brachten keine Opfer dar«, erwiderte Moses.
»Du bist also Oberhaupt, Richter und Magier?«
»Was macht ein Richter?« fragte Jitro zurück. »Er wendet ein Gesetz an. Woher kommt das Gesetz? Von den Göttern. Ein Richter ist immer Magier.«
Das waren fast die Worte Sethos'.
»Die menschliche Natur kann die Gesetze nicht ersinnen und sie kaum verstehen«, fuhr Jitro fort. »Wenn man die Menschen die Gesetze verfügen ließe...« Er hob den Arm zu einer unvollendeten Geste.
»Aber wer kennt sie?« fragte Moses.
»Die Fürsprecher«, antwortete Jitro.
»Die Götter haben sie dir also mitgeteilt?«
»Sie haben sie meinen Vorfahren diktiert.«
»Hier?«
»Im Norden, woher wir alle kommen«, erklärte Jitro.[1]
»Ihr kommt von Norden?«
»Die Apiru ebenfalls«, konterte Jitro. »Aber was bedeutet das! Das Wesentliche ist, daß wir die Gesetze haben.«
Moses schwieg einen Augenblick. Obwohl er seit seiner Jugend angenommen hatte, daß die Götter Garanten der Gerechtigkeit seien, hatte er doch nie sagen hören, daß sie die Gesetze denjenigen, die mit ihrer Anwendung betraut waren, direkt eingaben. Dieser Gedanke verblüffte ihn.
»Wie können die Götter sich offenbaren?« fragte Moses.
»Sie sprechen in uns, wenn wir unsere Stimmen zum Schweigen gebracht haben«, erklärte Jitro.
Moses war sprachlos. Seine innere Stimme zum Schweigen bringen, war das nicht, worum er sich schon in Ägypten bemüht hatte, wenn er sich in sich selbst versenkte, um jegliches Denken aufzuheben und zu versuchen, den Feuerstrahl

zu sehen? War es nicht das, was er immer noch machte, wenn er Muße dazu hatte? War der Feuerstrahl nicht die Gottheit, auf die er wartete? Und nun entdeckte er, daß die Götter auch eine Stimme hatten.
Sein Gesichtsausdruck machte Jitro neugierig.
»Ist es der Apiru oder der Ägypter, der über meine Worte so überrascht zu sein scheint?« fragte er.
Moses bewegte die Hände und bemühte sich, eine Antwort zu finden.
»Der Feuerstrahl... Es muß das Feuer der Gottheit sein, die in dir wohnt, nicht das Feuer der Erde...«, wiederholte er spontan Nesatons Worte.
Jitro sah ihn scharf an. Moses faßte sich allmählich wieder.
»Das waren die Worte eines ägyptischen Priesters, Nesaton...«
»Dein Lehrer?«
»Ich habe ihn erst am Ende seines Lebens kennengelernt«, antwortete Moses bedauernd.
»Was hat er dich gelehrt?«
Moses blickte hilflos zu Jitro auf; er hatte zu viel zu sagen.
»Meine Stimmen zum Schweigen zu bringen...«, antwortete er.
»Um die Stimme der Götter zu hören?«
»Um die Gottheit zu sehen.«
»Hast du sie gesehen?«
»Ich komme dicht heran... dann entgleitet sie mir.«
Jitro seufzte und beugte sich zu Moses. Er betrachtete ihn mit seinen hellen Augen, als sähe er ihn zum ersten Mal. Dann richtete er sich wieder auf und füllte erneut die beiden Weingläser.
»Wie oft?«
»Ich weiß nicht... Mehrere Male.«
Wieder kehrte Schweigen ein.
»Das ist allerdings kein Brauch der Apiru«, sagte Jitro. »Sie sind vor langer Zeit fortgegangen. Dort unten in Ägypten

war niemand, der sie hätte führen können. Sie haben wohl die Glaubenslehren der Ägypter angenommen.«[2]
Moses dachte an die verängstigten Menschen, mit denen er sich abends getroffen hatte und die von Flucht träumten. Und an all die anderen, die sich auf den königlichen Baustellen plagten; warum wollten sie fliehen? Aus Würde? Um ihre Götter wiederzufinden? Er hatte es nie verstanden. Er wußte nur, daß sie Götter verehrten, die nicht immer die Götter der Ägypter waren, denn er hatte gesehen, daß sie an Hanf- oder Leinenschnüren Amulette um den Hals trugen, in denen er Götter oder Göttinnen des Ostens erkannte, zumeist einen Donnergott oder eine Göttin der Fruchtbarkeit.
»Die Apiru des Nordens«, fuhr Jitro fort, »haben die Götter der Kanaaniter und der Assyrer angenommen.«
»Die Apiru des Nordens?« fragte Moses. Er erinnerte sich, daß es tatsächlich auch anderswo Apiru gab. Warum kamen sie ihren versklavten Brüdern nicht zu Hilfe?
»Im Norden von Araba und Edom. In Kanaan«, erklärte Jitro. »Hast du geglaubt, alle Apiru seien in Ägypten?«[3]
»Haben sie einen König?« fragte Moses.
»Weder Könige noch Städte. Es sind bewaffnete – übrigens schlecht bewaffnete – Banden, die ständig im Widerstreit mit den Kanaanitern liegen.«
Der Sklave brachte auf einem Tablett aus Zedernholz die Speisen. Moses und Jitro aßen schweigend.
Mose Gedanken schweiften ab, zu Zippora. Wie die eines Reiters, der von einer Rast in einer Oase träumt, unter Palmen und Wassergeplätscher.
Abends entzündete Jitro auf dem Hügel, auf dem sein Zelt stand, ein Feuer auf einem einfachen, viereckigen Stein, einem Block, der ihm bis zur Taille reichte. Moses beobachtete ihn von weitem. Als das Feuer entfacht war, goß Jitro ein wenig Milch, dann ein wenig Wein darauf. Dann streute er duftende Substanzen darüber, deren bläulicher Rauch vom Wind zu Moses geweht wurde. Zum Schluß warf er den

kleinen Sack darauf, in den er am Morgen das Haar der Frau gesteckt hatte. Einige Augenblicke lang prasselte das Feuer heftig, und Moses fragte sich, ob die Frau dort, wo sie sich befand, irgendeine Wirkung spürte.

Er ging zu Jitro. Dieser wandte sich zu ihm: »Die Reinigung«, erklärte er. »Nur das Feuer reinigt. Nur die Gottheit reinigt. Nur das Feuer verzehrt die Materie. Nur das Feuer trägt den Geist.«

Am nächsten Morgen kamen die Söhne Hussams zurück. Traurig stiegen sie von ihren Reittieren.

»Du kannst wiederkommen, wenn du möchtest. Du bist unser Bruder«, sagte Ali und schloß ihn in die Arme.

Moses holte den Bogen und die Pfeile, die er noch hatte, und gab sie ihm. »Du hast mir zugesehen. Versuche, so einen Bogen nachzuschnitzen, mehrere sogar. Und viele Pfeile. Ihr werdet diese Waffen brauchen, solange ihr mit euren Karawanen unterwegs seid.«

Nibbiot reichte ihm einen Beutel, und Moses erriet den Inhalt. Er schüttelte den Kopf.

»Das ist dein Anteil«, beharrte Nibbiot.

»Ihr habt mir eure Gastfreundschaft gewährt. Das war mein Anteil.«

Mit gesenkten Köpfen blieben sie stehen.

»Zieht nun weiter«, sagte Moses. »Bewahrt die Erinnerung an fröhliche Tage.«

Sie ritten auf ihren Dromedaren davon, und er blickte ihnen nach, bis sie den kleinen, bewaldeten Engpaß hinter sich ließen, der zu ihrem Pfad führte.

Kurz darauf, während er immer noch auf den Engpaß starrte, sah er die Frau vom Vortag auf einer Eselin heranreiten. Sie hatte kein Kind im Arm, und Mose Herz zog sich zusammen. Sie stieg ab und kam auf ihn zu; er wagte es nicht, sie zu fragen. Er sah sie an.

»Das Kind trinkt«, sagte sie. »Es hat wieder Farbe. Ich möchte Jitro sehen.«

»Besser nicht«, erwiderte er.
»Dann gib ihm das«, bat sie ihn und holte einen Beutel aus ihrem Mantel. Das leise Klirren verriet ihm, daß er Schmuck enthielt.
»Besser nicht«, wiederholte er.
Sie senkte den Kopf und blieb eine lange Weile schweigend stehen. »Warum?« fragte sie dann.
»Es gibt Dinge, die man nicht bezahlen kann. Und andere, die du bereits bezahlt hast.«
»Bist du neu hier?«
»Ja.«
»Du redest bereits, als wärst du sein Sohn.« Sie steckte den Beutel wieder in ihren Mantel und ging zurück zu ihrer Eselin.

17

Das Öl der Lampe

Acht Tage später, bei abnehmendem Mond, trafen sie sich vor dem Brunnen, der Jitros Gebiet versorgte. Sie trug zwei Kupfereimer, in denen sie Wasser holen wollte, um sich zu waschen. Moses hatte sich erboten, die zahlreichen Krüge zu füllen, die immer bereitstanden, um den Durst im Männerzelt zu löschen; der Sklave hatte einen von Jitros Söhnen in die Stadt begleiten müssen.
»Der Fremde ist also nicht mehr fremd«, erklärte sie in ruhigem Ton, den Blick direkt auf Moses geheftet.
»Wenn du es sagst.«
»Mein Vater sagt es.«
»Seine Weisheit ist mein Lehrer.«
»Er sagt, du hast ein Licht.«
»Er hat Öl in meine Lampe gegossen.«
»Du hast also die Lampe schon besessen.«
»Meine Lampe bist du.«
»Deine Lampe hat also zwei Leuchter.«
»Sie gibt mir jedoch nur eine Flamme.«
»Dann suche den zweiten Docht.«
»Er ist hier, vor mir«, erklärte er. »Ich zünde ihn in meinen Träumen an. Es ist die Flamme, die ich mit geschlossenen Augen sehe.«

Sie warf ihm einen Blick zu und beugte sich vor, um den ersten Eimer langsam über den niedrigen Rand in den Brunnen gleiten zu lassen. Er trat neben sie, um ihr beim Heraufziehen zu helfen, ebenso beim zweiten Eimer. Bei jedem Heraufziehen streifte sein Armmuskel Zipporas Brust, doch sie wich nicht zurück. Vielleicht zitterte ihr Mund.
»Man müßte dieses Wasser über mich gießen«, lächelte er, als er sich aufrichtete, »und dann müßte man mich in den Brunnen tauchen, und selbst das würde nicht genügen.«
Sie begann zu lachen.
»Die Ägypter sind redegewandt«, meinte sie.
»Der Docht eines Apiru brennt nur in gutem Öl«, antwortete er.
Er stellte sich ihr gegenüber und legte ihr zart die Hand auf die Brust, die er gestreift hatte. Sie bewegte kaum wahrnehmbar den Kopf nach hinten, doch ihr Körper blieb unter dieser angedeuteten Zärtlichkeit reglos. Sie atmete schneller.
»So sei es«, sagte sie, den Blick immer noch in den Blick Mose getaucht. »Sag es meinem Vater.«
»Alles ist also in Ordnung«, antwortete er. »Die Milch fließt von den Sternen herab, und die Bäume singen für unsere Nacht.«
Sie bückte sich, um die beiden Eimer zu nehmen, und er strich ihr über den Kopf. Sie richtete sich auf, und er sah ihr nach, bis sie auf dem Hügel war. Mit den beiden Gewichten, die sie trug, wirkte ihr Gang noch tänzelnder als gewöhnlich. Als er sich bückte, um endlich die Krüge zu füllen, begann er zu singen, das erste Mal seit langem. Es kam ihm sogar vor, als singe er zum ersten Mal in seinem Leben.
»Ich habe mich schon gefragt, wann du mich darum bitten würdest«, sagte Jitro am selben Abend nachdenklich. »Zehn Männer haben um Zipporas Hand angehalten, aber anscheinend haben wir auf dich gewartet.«

»Wir?« fragte Moses erstaunt.
»Ich habe dich auch erwartet«, erwiderte Jitro seufzend.
»Den Mann mit der Flamme. Einen Mann, der die Flamme in sich trägt. Es gibt nur wenige. Sie sind selten, so wie Sternschnuppen.« Dachte er an seine Söhne? Nach einer Weile fuhr er fort: »Ich glaube, Zippora ist schon seit langem deine Frau. Sie war dazu bestimmt, es zu sein. Sie hat es gewußt, als sie dich gesehen hat.«
Acht Tage später wurden sie vermählt. Jitro ließ ihnen ein Zelt in der Nähe des seinen errichten. Ein Zelt aus weißer, gut gefütterter Wolle mit Pfeilern aus lackiertem Pinienholz.
Als das Hochzeitsfest beendet war, als die letzten Gesänge, die letzten Tänze, der letzte Widerhall der Tamburine und Kastagnetten vorbei, der Wein getrunken, die Honigkuchen mit Sesam gegessen und die Fackeln erloschen waren, wurde der, den man den König der Dämonen genannt hatte, von Angst ergriffen. Hatte er seine inneren Stimmen zu gut zum Schweigen gebracht? Ein erstarrter Bogenschütze auf einem stampfenden Pferd. Sie lagen beide nackt auf einem breiten, hellgoldenen Schaffell, umarmten sich, überschütteten sich mit Zärtlichkeiten, bewunderten einander; die Küsse hatten ihnen die Worte von den Lippen verscheucht. Er beobachtete dieses Gesicht, das sich veränderte, diesen Körper, der zu zittern begann, und gehörte endlich der, die sich hingab. Der erste Pfeil flog. Seine Hände bedeckten Zipporas Körper, ihre Brüste, ihre Seiten, den Bauch, die Schenkel. Er hätte sich ganz in sie einhüllen mögen. Sie küßte ihm die Hände, biß sie, er küßte ihr die Füße.
Er schoß alle Pfeile ab, den Körper bis zur Weißglut erhitzt, als hinge sein Leben davon ab. Wie er gesagt hatte, Zippora war das Öl seiner Lampe. Er hatte zu lange nur sich selbst gehört. Nun gab er sich hin. Von nun an hatte das Leben keinen Sinn, wenn er nicht alles gab. Er begann zu leben. Der Ägypter hatte sich in der Nacht verzehrt, und mit ihm

die Sklaverei, all das war nur noch ein Basrelief auf einer staubigen Mauer, bedeckt mit kaum zu entziffernden Zeichen.
Am Morgen sprach er die Worte eines Mädchens, aber er bereute sie nicht. »Ich werde mich nur dir hingeben.«

III

Eine Stimme in der Wüste

1

»Der König Ägyptens ist tot!«

Sechs Monate waren vergangen. Die zweite Regenzeit nahte. Seit einigen Tagen wehte ein beißender Wind, der die Tiere nervös machte und den Schlaf der Menschen störte.
Laich und Iddo, die beiden Söhne Jitros, kamen vom Hafen zurück. Sie gesellten sich zum Mittagsmahl ihres Vaters, der bemerkte, wie lebhaft ihr Gesichtsausdruck war. Sie hatten Kaufleute aus Ägypten getroffen, erklärten sie, die offensichtlich große Neuigkeiten mit sich brachten. Neuigkeiten, die Moses interessieren müßten, sagten sie.
Der Sklave suchte ihn auf den Weiden, wo er mit den Hirten die Hammel, Mutterschafe und Lämmer zählte, die man bald nach Osten treiben mußte, wo die Wiesen nach dem Regen fruchtbar wurden.
»Der König von Ägypten ist tot!« verkündete Laich.
Moses setzte sich. »Sethos ist tot?« fragte er. »Woher weißt du das?«
Laich erklärte, das sei alles, was er von den midianitischen Händlern, die vom *Großen Schwarzen* und vom *Großen Grünen* kamen, hatte erfahren können. Sie waren noch am Hafen, um ihre Schiffe und Segel zu reparieren, da die Überfahrt stürmisch gewesen war; sie hatten keine Zeit gehabt,

um mit ihm zu sprechen. Moses könne zu ihnen gehen; wenn sie ihre Geschäfte erledigt hatten, würden sie ihm sicherlich mehr sagen. Moses beendete hastig sein einfaches Mahl unter Jitros nachdenklichem Blick und nahm dann sein Pferd, um zum Hafen zu reiten.
Dort fand er auch die Kaufleute, etwa zwanzig an der Zahl, darunter die Matrosen, die sich um die Schiffe kümmerten, die anscheinend übel zugerichtet worden waren. Sie schimpften wie die Teufel, wie man so sagte.
Moses nahm den beiseite, der ihm am vernünftigsten schien, und bot ihm einen Krug syrischen Weins gegen eine Stunde seiner Zeit an. Überrascht nahm der andere an.
»Was willst du?«
»Daß du mir alles berichtest, was du auf deiner Fahrt gesehen hast.«
»Eine grauenhafte Fahrt. Wir waren kaum zwei Tage von Ezjon-Geber aufgebrochen, als der Wind von Norden aufkam. Das Meer tobte gewaltig, mit mannshohen Wellen. Der Wind aus Nordosten, der Wind der bösen Geister. Wir mußten unsere Säcke unter dem Deck verstauen, aber auf Holzbrettern, damit sie nicht feucht wurden. Wir konnten nicht ins offene Meer segeln; Gegenwind. Also sind wir die Küste entlanggerudert. Glücklicherweise hat sich der Sturm vor dem Schilfmeer gelegt, sonst wären wir nicht weitergekommen. Trotzdem haben wir elf Tage gebraucht, normalerweise brauchen wir nur sechs. Und kein Trinkwasser mehr. Wir mußten das Regenwasser auffangen. Kaum waren wir angekommen, hat der Sturm wieder losgelegt, und wir sind festgesessen. Einziger Trost: Eine Abordnung von Einbalsamierern, angeführt von einem Priester des Tempels von Auaris, hat uns die ganze Ware abgekauft. Alles. Sofort bezahlt, in Gold und in Kupfer. Da haben wir erfahren, daß der König von Ägypten seit einer Woche tot ist...«
»Sethos?«

»Ja, Sethos, so heißt er. Einundzwanzig Jahre Herrschaft. Jetzt haben sie einen neuen König. Ramses. Der Sohn vom vorigen.«

Sethos war seit ungefähr zwei Wochen tot. Moses stellte sich die düstere Arbeit der Einbalsamierer vor, wie sie den Bauch aufschnitten, um nacheinander die Eingeweide des Leichnams herauszuholen und mit Würzstoffen in Kanopen zu legen; wie sie mit Nadeln, die durch die Nase eingeführt wurden, das Gehirn herausholten und schließlich das Innere des Toten mit Natron und Säften einrieben... Und das alles im ekelhaftesten Gestank. Er schauderte. Und das ganze Land hallte sicher vom Geschrei der vielen Klageweiber wider.

»Wie war es in Auaris?«

»Das nackte Chaos. Überall Baustellen, und wegen des Regens ein Meer von Schlamm.«

»Und die Apiru?«

»Die Apiru? Dasselbe wie immer, sie arbeiten wie das Lastvieh. Und bei dem Regen!«

Der Händler nahm aus seinem Beutel ein Blatt von der Art, wie sie der midianitische Hafenarbeiter Moses einst am *Großen Schwarzen* angeboten hatte. Er rollte es eng zusammen, ging zu einem Geflügelhändler, der seine Ware am Hafen briet, beugte sich über den Rost und zündete sein Blatt an. Den Rauch einatmend, kam er zurück. »Das erfrischt den Geist. Eine Pflanze aus Asien.«

Moses nickte. »Ich weiß. Was gibt es noch?«

»Nichts. Das Land ist während der vierzig Tage der Einbalsamierung des Königs in Trauer. Wir haben uns schon zum Aufbruch fertiggemacht, als ein zweiter Sturm losbrach und sogar das *Große Schwarze*, das sonst doch ruhig ist, in Aufruhr war. Weitere vier Tage sind wir dort festgesessen. Bei der Rückfahrt ein sehr ungünstiges Meer...«

Der Kaufmann fuhr mit dem Bericht seiner Mühsal fort, doch Moses hörte nicht mehr zu. Nichts hatte sich dort also verändert. Es bestand eher die Gefahr, daß die Dinge noch schlimmer wurden, wenn der größenwahnsinnige Ramses, der den Glanz seiner Macht beweisen wollte und mit aller Kraft überall und vor allem in Unterägypten bauen ließ, Alleinherrscher war.

Doch wollten die Apiru wirklich fliehen? Zum ersten Mal quälten Moses Zweifel. Es waren ein paar Männer, gepackt vom Traum der Freiheit, die mit ihm über Flucht gesprochen hatten und ihn als Anführer wollten; die anderen waren sicher im ägyptischen Boden verwurzelt und stellten sich kein anderes Land vor. Enttäuschung ergriff von ihm Besitz, und zugleich spürte er einen Geschmack von Asche. Doch gerade diese Bitterkeit erstaunte ihn. Wovon hatte er da geträumt, ohne es selbst zu wissen? Daß er den Auszug der Apiru anführen würde? Welche Einfalt! Dies war seine zweite Enttäuschung, und er kehrte mit finsterer, fast sarkastischer Laune zu Jitro zurück.

Jitro verstand ihn gut. Während der folgenden Tage verzichtete er zwar darauf, das Thema anzuschneiden, doch eines Abends fragte er Moses schließlich: »Was hast du vom Tode des Pharaos erhofft?«

Moses stammelte. »Ich hatte gedacht... ich hatte geglaubt, daß die Apiru... Ich weiß nicht. Ich hatte gedacht, daß sie, begünstigt vom Tod des Königs, rebellieren würden. Vielleicht.«

»Es geht ihnen gut, wo sie sind«, meinte Jitro.

Diese Behauptung verblüffte Moses.

»Aber sie sind Sklaven!« rief er.

»Was ein gebildeter Prinz denkt und was das Volk der Apiru denkt, ist nicht dasselbe. Und überhaupt, wo sollen sie hin, wenn sie fliehen?«

»Nach Kanaan, oder nicht? Dahin, wo sie herkommen...«

»Dann würden die Kanaaniter sie niedermachen. Sie sind es nicht mehr gewohnt zu kämpfen. Wie viele von ihnen könnten mit einer Lanze umgehen? Jedesmal, wenn die

Apiru, die in Kanaan geblieben sind und die es immerhin gewöhnt sind zu kämpfen, den Kanaanitern den Krieg erklären, erleiden sie eine vernichtende Niederlage. Sie sind weder Krieger noch Eroberer. Es geht ihnen besser dort, wo sie sind.«

Moses war niedergeschmettert. »Sklaven«, sagte er. »Du hast sie nicht gesehen, du warst kein Sklave. Du kannst nicht wissen...«

Jitro betrachtete Moses sorgenvoll. »Hast du dich für einen Sklaven gehalten?« fragte Jitro.

»Nein... Aber in gewisser Weise... Nein, ich war kein freier Mann. Ich stand unter dem Befehl des Königs und seines Sohnes...«, antwortete Moses langsam.

»Hältst du dich jetzt für den Befreier der Apiru?«

»Manche von ihnen wollten, daß ich sie aus Ägypten herausführe. Ich weiß nicht, ob die anderen fortwollen. Im Grunde haben sie sich vor Jahrhunderten für Ägypten entschieden... Wenn das Leben weniger hart für sie wäre... Nein, ich weiß nicht, ob ich der Befreier der Apiru sein kann. Ob ich dazu die Kraft habe.«

Jitro fuhr sich mit den Fingern über die Augen. »Wir kennen die Geschichte ihrer Ankunft in Ägypten«, sagte er müde. »Die Stämme der Apiru und unsere waren ständig verbunden. Auf dem Sinai, in Kanaan, in Edom, in Moab, bis nach Tadmor, Mari, Assur, Babylon... Sie konnten sich dank der Reize ihrer Frauen niederlassen.«

»Wie?« rief Moses.

»Als der erste der Apiru, der vor langer Zeit nach Ägypten gegangen ist, Abraham, an der Landesgrenze war, sagte er zu seiner Frau Sara: ›Du bist eine schöne Frau. Wenn die Ägypter dich sehen, werden sie sagen: Das ist seine Frau. Sie werden mich umbringen und dich am Leben lassen. Sag also, du seist meine Schwester, damit sie mich gut behandeln.‹ Und so war es der Fall. Sara hatte den Pharao bezaubert, so daß er Abraham Geschenke machte: Schafe, Rinder, Esel, Eselin-

nen, Diener und Dienerinnen. Bis er den Betrug feststellte und Abraham und seine Frau aus dem Land bringen ließ.«[1]
Moses sah Jitro bestürzt an.
»Aber das war nicht das einzige Mal, daß Abraham zu dieser List gegriffen hat«, fuhr Jitro fort. »Als Abraham nach Kanaan zurückkehrte, machte er mit Sara, die von Abimelech, einem kanaanitischen König, entführt worden war, dasselbe. Auch dieser stellte den Betrug fest, hat Abraham aber dennoch erlaubt, sich im Land niederzulassen.«[2]
Nun mußte Moses sich mit der Hand über die Augen fahren.
»Das hatte anscheinend Familientradition«, erklärte Jitro, »denn Isaak, Abrahams Sohn, hat es wieder so gemacht. Derselbe König hatte Isaaks Frau entführen lassen und sie wieder freigelassen, als er begriff, daß sie dessen Frau war. Auch Isaak hat er erlaubt, sich im Land niederzulassen.[3] Moses, ich betrachte dich nicht nur als Schwiegersohn, sondern als meinen eigenen Sohn. Ich sehe, daß dich das Schicksal der Apiru in Ägypten sehr bekümmert. Ich möchte, daß du weißt, welch gigantische Aufgabe es wäre, sie dort herauszuholen. Laß dich nicht von der Unzufriedenheit täuschen, die sie dir gegenüber bekundet haben. Ebensogut könnte man einen Berg versetzen, aber in diesem Fall läufst du Gefahr, daß der Berg auf dich niederstürzt.«
Verärgerung stieg in Moses auf. Er versuchte, sie zu unterdrücken, doch sie sprudelte nach oben wie kochendes Wasser. Es war dieselbe Wut, die ihn dazu gebracht hatte, den ägyptischen Vorarbeiter umzubringen und die Räuber mit solcher Entschlossenheit zu erdolchen. Dieselbe Wut, die ihn dazu getrieben hatte, dem einen Räuber nachzulaufen und ihm aus Rache und Wut den Kopf abzuschlagen.
»Ich kann sie nicht in den Händen dieser Leute lassen!« rief er zornig. »Ramses!« schrie er und schüttelte die Fäuste, das Gesicht wutverzerrt. »Ramses!« wiederholte er mit geballter Faust. Mit einem Satz sprang er auf, ergriffen von einer

Erregung, die sein Gesicht rot anlaufen und ihm Blut in die Augen schießen ließ.
Jitro verschränkte die Hände über den Knien und betrachtete ihn kalt. »Moses, es ist nicht deine Opferbereitschaft für die Apiru, die dich antreibt.« Seine feierliche Stimme ließ Moses erstarren. »Es ist Rachsucht.«
»Rachsucht?« wiederholte Moses.
»Rachsucht gegen die Ägypter. Es ist Ramses, den du haßt.«
»Ich hasse Ramses wegen der Leiden, die er anderen auferlegt...«
»Du bist aus Ägypten geflohen, weil du es nicht mehr ertragen hast, für Ramses zu arbeiten.«
Der Zorn in Moses ließ nach.
»Hast du seinen Vater gehaßt?«
»Nein. Aber das war, bevor ich die Apiru kennengelernt habe...«
»Es ist Ramses, den du haßt. Ramses und das, was er repräsentiert. Ihm widersetzt du dich.«
Auf diese Feststellung gab es keinen Widerspruch. Sprachlos wandte sich Moses seinem Schwiegervater zu. »Du hast recht«, sagte er leise. »Ich verabscheue Ramses, aber trotzdem...«
Zippora und ihre Mutter kamen und teilten mit, daß sie mit Weizen gefüllte Wachteln gebraten und zusammen mit den Dienerinnen ein Festmahl zubereitet hatten, um an diesem Abend die Geburt von Laichs zweitem Sohn zu feiern. Moses setzte sich wieder; er hatte diese Geburt bereits vergessen, trotz der Schreie der Gebärenden und der Hebamme, die ihn lange vor Morgengrauen geweckt hatten. Zippora hielt sich unwillkürlich den Bauch, der sich wölbte. Die Geburt ihres eigenen Kindes würde in drei Monaten stattfinden. Moses blickte zu Zippora auf und lächelte sie an. Aber sie hatte die bekümmerte Miene ihres Gatten gesehen und warf ihm einen fragenden Blick zu. Dieser Augenblick der Besorgnis wurde durch die Ankunft Laichs und Iddos ver-

scheucht, die vom Hafen zurückkamen. Laich hatte für seine Frau eine Goldkette gekauft.
Hier war das Leben, hier auf dem Land in der Nähe von Ezjon-Geber. Die heroischen Träume verflüchtigten sich. Moses stand auf, um zu seiner Frau zu treten.

2

Das Grauen

Moses hatte es sich angewöhnt, einmal in der Woche zum Hafen zu gehen und dort auf die Ankunft der Schiffe zu warten. Durch Gespräche mit Kaufleuten, Schiffseignern und Matrosen war er über die Zeiten der Ankunft und Abfahrt, die Routen und die Waren informiert... Er hatte schließlich sogar gelernt, wie man ein Segel reparierte, wie man einen Schiffsrumpf innen kalfaterte, aus welchem Holz man die besten Masten und Ruder schnitt (Kiefer aus Moab und Eiche aus Syrien), wie man Segel aufgeite und vieles mehr.
Er paßte vor allem die Schiffe aus Norden ab, die arabische und asiatische Gewürze an die Ägypter verkauften, doch er hörte auch gerne den Kaufleuten zu, die aus dem Süden Afrikas kamen, aus Punt und Kusch, oder vom anderen Ende der Welt, aus Quîn, Serendib, Barygaza oder Barbaricum, und manchmal in Ezjon-Geber nur Zwischenstation machten. Stundenlang sah Moses zu, wie schwarze Sklaven, nackt, schlaksig und zornig, Käfige mit exotischen Vögeln, die singen, pfeifen oder sprechen konnten, Affen, die ihn zum Lachen brachten und zugleich mit einer schwer bestimmbaren Angst erfüllten oder Geparden mit geschminkten Augen ausgeladen wurden... Spielzeug für Erwachsene!
Nach dem Entladen kamen die Matrosen zusammen, um zu

essen und zu trinken. Mädchen brauchten sie nicht zu suchen, sie kamen von selbst zu ihnen, da sie wußten, daß die Matrosen nach den langen Wochen der Abstinenz ausgehungert waren, so daß man von ihnen leicht ein Schmuckstück bekommen konnte. In der Zwischenzeit hatte Moses sich an übertriebenen Schilderungen von feuerspeienden Drachen, von Affen, die größer waren als Menschen oder von Fischen, die höher waren als Tempel, sattgehört. Die Welt war riesig, es gab auch anderswo glanzvolle Könige, Ägypten war nicht das einzige Reich der Erde.
Bei einem dieser Ausflüge nach Ezjon-Geber machte er eine seltsame Erfahrung. Am Ende seines gewohnten Weges durch die Straßen und das Gassengewirr des Hafens kam er gerade bei den Kais an, als er bemerkte, daß die Menschen bei seinem Näherkommen flohen. Er verstand nicht, was geschah, er sah nur die Leute, die von Entsetzen ergriffen wurden, Schreie ausstießen und sich in den nächstgelegenen Häusern einschlossen. Floh man vor ihm? Und warum? Und nun erstarrte auch er vor Grauen. Ein Mann, der die ganze Zeit neben ihm gewesen war und auf den er bisher überhaupt nicht geachtet hatte, wandte sich ihm zu. Sein Gesicht war kein Gesicht mehr, sondern eine große Wunde. Anstelle der Nase zwei schleimige Löcher, über denen blutige, gelbe Augen die Welt nicht mehr zu sehen schienen. Dieses Geschöpf stützte sich auf einen Stock, mit dessen Hilfe es sich mühsam fortbewegte, auf den Sohlen der Füße rutschend, von denen einer mehrere Zehen verloren hatte. Es zog eine Hand aus dem Mantel, und es war keine Hand mehr, sondern ein Stumpf. An jedem Finger fehlten ein oder zwei Glieder. Der Mann wandte sich Moses zu und sprach. Moses hörte nicht, was er sagte, denn ebenfalls von Entsetzen ergriffen lief er auf die Kais zu und bemühte sich, eine größtmögliche Entfernung zwischen sich und diese Erscheinung aus dem abscheulichsten Jenseits, das man sich vorstellen konnte, zu legen. Eine Tür öffnete sich, eine Frau

zog ihn nach drinnen und schloß die Tür wieder. Mehrere Personen befanden sich in dem Zimmer, bleich und versteinert vor Angst.

»Hat er dich berührt?« fragte ein Mann.

»Nein«, erwiderte Moses.

»Dank sei Baal!«

Moses verstand, daß man ihn sofort hinausgejagt hätte, wenn das Ungeheuer ihn berührt hätte.

»Was ist das?« fragte er.

»Ein Aussätziger«, erklärte der Mann.

Ein Aussätziger. Moses hatte in den Erzählungen der Ammen am Abend manchmal darüber sprechen hören, aber noch nie einen gesehen. Er betrachtete die Menschen im Zimmer; seit damals in Auaris, als der Himmel rot geworden war, hatte er keine solche Panik mehr gesehen. Ein beinahe nackter Matrose stand gegen die Wand gepreßt, man sah das Weiße seiner Augen. All diese Leute hier waren vom Anblick des Aussätzigen gepackt worden und hatten Unterschlupf gesucht, wo sie konnten. Über einer Feuerstelle blubberte ein Kessel. Die Frau, die Moses hereingelassen hatte, war wohl gerade dabei gewesen, das Mittagessen zu bereiten, als die gräßliche Erscheinung auftauchte. Sie preßte die Nase an den Türspion und stieß einen Schrei aus.

»Er ist da! Vor dem Haus! Nur fünfzehn Schritte entfernt!«

Einer der Männer stand auf, um ebenfalls hinauszuspähen.

»Er ist vorbeigegangen«, sagte er.

»Aber wo geht er hin?« fragte ein anderer.

»Man muß ihn umbringen, man muß ihn umbringen!« schrie ein junger Mann am Rande der Hysterie.

»Um ihn zu töten, müßte man ihn berühren«, sagte ein Greis.

Die Frau schlug sich vor Bestürzung gegen die Wangen.

»Verbrennt ihn!« stöhnte sie.

»Man könnte eine Fackel auf ihn werfen, dann würde er Feuer fangen«, schlug der junge Mann vor.

»Nicht hier in der Stadt«, widersprach der Alte. »Das müßte man in der Wüste tun.«
Der Mann, der am Türspion war, öffnete die Tür und steckte den Kopf hinaus. »Er ist fort«, sagte er.
»Man sieht ihn nicht mehr?«
»Ich sehe nur noch eine Gestalt, die sich bewegt, das ist sicherlich er, dort drüben. Er bewegt sich auf die Hügel zu.«
Sie öffneten die Tür. Die Frau holte eilig Blätter und warf sie ins Feuer. Würziger Rauch erfüllte das Zimmer. Moses trat hinaus. Aus mehreren Häusern kam Rauch. Eine Frau holte sich eine Sandale zurück, die sie auf der Flucht vor der Schwelle eines Hauses verloren hatte. Leute hatten sich auf den Kai gewagt; alle sahen in dieselbe Richtung, die, in die der Aussätzige verschwunden war.
»Er geht auf die Brunnen zu!« schrie ein Mann. »Er wird die Brunnen vergiften!«
Weitere Schreie wurden laut. Moses hatte genug gesehen. Er kehrte zu seinem Pferd zurück und machte sich auf den Heimweg.
Am nächsten Tag berichtete Iddo ihm und Jitro, daß Männer aus Ezjon-Geber den Aussätzigen verfolgt hatten, als er zu den Brunnen ging. Sie hatten in brennendes Werg gehüllte Steine auf ihn geworfen und ihn lebendig verbrannt. Seine Überreste hatten sie in ein Loch geworfen, auf das sie einen großen Steinbrocken rollten.
»Aussatz und Pest«, sagte Jitro finster, »sind die beiden Zeichen für den Zorn der Götter.«

3

Gerschom

In einer bestimmten Nacht am Ende der neun Monate von Zipporas Schwangerschaft schliefen weder Moses noch Jitro.
Jitro war damit beschäftigt gewesen, mehrere Wasserkessel zu säubern, indem er sie lange erhitzte und ein feines Pulver hineinwarf, dessen Geheimnis nur er kannte. Als die Hebamme um die sechste Stunde des Nachmittags gekommen war, hatte man ihr zu essen gegeben und Jitro hatte zu ihr gesagt: »Bevor du meine Tochter berührst, reinigst du dir die Hände mit dem Wasser, das ich darübergieße. Wenn sie entbunden hat, kommst du hierher zurück. Die Dienerinnen bringen dann einen ersten Kessel hinein, und mit diesem gereinigten Wasser wirst du das Kind waschen. Der zweite Kessel dient dazu, meine Tochter zu waschen.«
Sie öffnete den Mund, wohl sicher, um einzuwenden, daß sie ihr Metier verstehe, aber sie kannte auch Jitro und verzichtete darauf, mit ihm zu diskutieren. Sie hielt den Mund.
Sie warteten um ein Feuer versammelt vor dem Zelt, Jitro, sein Schwager, der Gewürzhändler, bei dem Hussams Söhne eingekauft hatten, Laich und Iddo, die Diener und Moses. Jitros und Laichs Frauen, seine Schwester, die Hebamme und die Dienerinnen waren im Zelt. Die Geburt des ersten

Kindes von Moses und Zippora war ein Ereignis. Um Mitternacht alarmierte sie ein kurzer Schrei; die ersten Wehen. Moses ging vor dem Zelt hin und her. Die Hebamme kam heraus, und Jitro erhob sich. Mit einem kleinen Krug schöpfte er Wasser aus einem der Kessel und goß es der Hebamme über die Hände.
»Trockne sie nicht ab«, sagte Jitro. »Geh.«
Die Schreie wurden lauter und häufiger. Zur dritten Stunde vor Morgengrauen hörten sie deutlich die Stimme der Mutter Zipporas: »Dank sei Astarte!« Dann kam sie heraus und verkündete, daß es ein Knabe sei. Die Dienerinnen holten den ersten Wasserkessel, dann den zweiten. Laich und Iddo umarmten Moses. Moses dachte an die Kinder, die er in Ägypten gelassen hatte, und weinte zum ersten Mal. Er war nur ein Spielzeug in den Händen unbekannter Mächte und empfand seine Schwäche.
»Wie wirst du ihn nennen?« fragte Iddo.
Moses dachte einen Augenblick nach.
»Gerschom«, sagte er dann. Gast im fremden Land.
War dieses Kind nicht ein Gast im fremden Land? Und der Vater? Im Morgengrauen trat er endlich in das Zelt. Zipporas Mutter döste. Eine Dienerin schlief erschöpft auf dem Boden ausgestreckt. Als Moses herantrat, öffnete Zippora die Augen. Das Kind lag an sie gekuschelt, in feines Leinen gewickelt.
»Ich bin es, den du auf die Welt gebracht hast«, sagte er.
Sie lächelte, nahm seine Hand und legte sie auf ihr Herz. So schlief sie ein, und Moses nahm seine Hand erst fort, als die Sonne hoch am Himmel stand. Er ging hinaus, um seine Notdurft zu verrichten und zu trinken und zu essen. Er betrachtete die Landschaft und sagte sich, es sei eine fruchtbare Erde. Er hätte gerne jemanden an seiner Seite gehabt, um ihm seine Freude mitzuteilen, wie an dem Tag, als er stolz über die Einsetzung in sein neues Amt aus Sethos' Palast gekommen war. Sein Blick schweifte bis nach

Norden, doch er sah nur die Berge, deren vereiste Gipfel in der Sonne glitzerten.

Er glaubte jemanden sagen zu hören, er habe doch eine große Familie, doch er meinte, die Müdigkeit trübe ihm den Geist, und er ging in Jitros Zelt, um sich niederzulegen.

4

Der brennende Dornbusch

Gerschom war nun drei Jahre alt, und das Leben hatte den Verlauf eines friedlichen Flusses angenommen. Jitro hatte einen Teil seiner Tätigkeit als Patriarch an Moses abgegeben, die Aufsicht über die Getreidefelder und den Kontakt zu den Bauern, außerdem die Verwaltung der Herden. Moses mußte sich um die Einstellung von Schnittern während der Ernte und Helfern beim Einbringen kümmern, außerdem um die Aufteilung des Getreides, das den Händlern verkauft werden sollte, und dem, das man für das Brot der Sippe bis zur nächsten Ernte zum Mahlen gab; um die Auswahl der Hirten, die die Herden auf die Sommerweiden führten, um ihre Verpflegung und ihren Schutz. In der Gegend waren Schafdiebe aufgetaucht, und Moses hatte sie schon zweimal verfolgen müssen. Diese Diebe stahlen pro Mann nur ein oder zwei Schafe auf einmal, die sie zusammenschnürten und auf ein Dromedar luden, mit dem sie zurück in die Wüste verschwanden, aber da sie zu viert oder fünft kamen und ihre Diebeszüge häufig waren, erlitt Jitro doch beachtliche Verluste.

So hatte Moses gelernt, mit einer Schleuder umzugehen. Als er einen dieser Diebe mit einem Stein am Rücken traf, während der andere die Flucht ergriff, ging er zu dem Räuber,

um zu sehen, ob er tot oder lebendig war. Er fand ihn stöhnend auf dem Rücken liegen; der Stein hatte ihm wahrscheinlich ein oder zwei Rippen gebrochen. Moses war verblüfft über das Alter des Diebes, höchstens vierzehn oder fünfzehn Jahre. Als der Junge Moses herankommen sah, richtete er sich dennoch auf und zog mit herausfordernd verzerrter Miene einen Dolch aus dem Gürtel. Moses ging ruhig auf ihn zu und befahl: »Gib mir deinen Dolch.«
Der andere ging auf Moses los, der wartend stehenblieb und ihm dann einen kräftigen Tritt in den Unterleib versetzte. Vor Schmerz krümmte sich der Dieb zusammen, und das Messer fiel ihm aus den Händen. Moses gab dem Bengel einen Faustschlag ins Gesicht, so daß er schimpfend wieder auf den Rücken fiel.
»Ich habe dir doch gesagt, du sollst mir deine Waffe geben«, erklärte Moses. Er nahm den Dolch, schnitt rasch lange Streifen aus dem Hemd des Jungen und band ihm schonungslos die Arme hinter dem Rücken zusammen, dann fesselte er ihm die Beine, lud ihn auf das Dromedar und nahm den Dieb und das Tier mit zurück zu Jitro.
Als die verblüfften Diener den Dieb vom Kamel hoben, war er bleich vor Schmerz und Ärger über seine Niederlage. Jitro erschien und begriff, was geschehen war. Er blinzelte Moses bewundernd zu.
»Er ist verletzt«, erklärte Moses. »Willst du ihn behandeln?«
Verängstigt und immer noch gefesselt saß der Dieb mit nacktem Oberkörper auf dem Boden. Jitro untersuchte seine Verletzung. Er verlangte heißes Wasser, wusch das Blut ab und etwas später legte er über heißen Wegerichblättern, die man in Öl gekocht hatte, einen Verband um die Brust des Jungen an, der sich trotz der Schmerzen nicht zu mucksen wagte.
Moses band seine Fesseln los und befahl ihm aufzustehen. Der Junge kam schwankend auf die Beine, die Augen vor

Angst weit aufgerissen. Das Gesicht eines struppigen Fuchses. Bewundernd beobachteten die Diener die Szene.
»Ich müßte dir die Kehle durchschneiden«, sagte Moses. »Oder dir die rechte Hand abhacken.« Der Junge röchelte angstvoll. »Von jetzt an stehst du in meinem Dienst. Hast du verstanden?« Der andere nickte. »Du hast die Beine frei, um davonzulaufen, aber wenn du wieder mit deiner Dieberei anfängst, bist du tot. Hast du verstanden?« Erneutes Nicken. »Du hast die Aufgabe, die Herden von Jitro – von dem Mann, der vor dir steht – gegen deine Kumpane zu beschützen. Hast du verstanden? Sprich!«
Doch der Dieb sprach nicht, er warf sich Moses zu Füßen und begann zu schluchzen. Er küßte ihm die Füße und benetzte sie mit seinen Tränen. Moses hob ihn wieder auf.
»Wie heißt du?«
»Stitho.«
»Gebt ihm zu essen«, befahl Moses den Dienern. »Er wird bei euch schlafen; jetzt gehört er zu uns. Zeigt ihm, wo er sich waschen soll, damit er sauber ist.«
»Ganz entschieden stehst du unter dem Schutz der Götter«, sagte Jitro.
Moses drehte sich abrupt um. »Warum sagst du das?« fragte er mit erstickter Stimme.
»Weil du eine höhere Kraft besitzen mußt, um auf diese Weise das Schlechte in Gutes zu verwandeln. Das ist das Vorrecht der Männer, die von den Göttern bestimmt sind. Du besitzt die Kraft der Anführer, Moses.«
Er betrachtete seinen Schwiegersohn lange.
Du stehst unter dem Schutz der Götter. Moses vibrierte innerlich, als schüttle ihn ein Beben.
Sein Einfluß auf den Dieb Stitho schien magisch zu sein. Wenn Moses je einen Sklaven gehabt hatte, dann diesen. Kaum hatte er sich von seiner Verletzung erholt und seine Rippen waren wieder verheilt, als sich die Verehrung, die man in seinem Gesicht las, auf direktere Art zeigte. Bei je-

dem Wetter schlief er vor dem Zelt seines Herrn, erfüllte ihm jeden geringsten Wunsch, und wenn er Zeit hatte, ließ er Gerschom, der vor Vergnügen schrie, auf seinem Rücken reiten.

»Was hast du mit diesem Jungen angestellt?« fragte Zippora. »Du hast ihm nicht das Leben gerettet, sondern seine Seele. Es ist fast beängstigend, wie sehr er dir ergeben ist. Bist du ein Zauberer?«

Manchmal begleitete Moses Stitho auf seinen Runden zur Überwachung der Weiden und ihrer Umgebung.[1] Ein- oder zweimal sahen sie die früheren Komplizen des Jungen und schlugen sie in die Flucht.

Eines sehr heißen Nachmittags gegen Ende der Sommerweide, als der weiße Himmel kurz vor dem Schmelzen schien, zog Stitho das Dromedar unter eine Baumgruppe, streckte sich aus und schlief ein. Moses band sein Pferd an einen der Bäume und machte sich auf die Suche nach bestimmten Pflanzen, auf die sein Schwiegervater ihn hingewiesen hatte. Die Hitze war so stark, daß ein weißes Feuer vom Boden aufzusteigen schien und die Steine wie weißglühend waren. Am Horizont und am Fuß der Berge wogte die stehende Luft, als wäre sie flüssig.

Da erblickte Moses einen Dornbusch, dessen Anblick ihn wie angewurzelt stehenbleiben ließ. Flammen flackerten über den wie lackiert glänzenden Blättern, aber dennoch blieb der Busch unversehrt. Das war übernatürlich. Moses flimmerte es vor den Augen. Er fixierte den Busch, sein Kopf dröhnte. Dieser Busch war ein Zeichen Gottes oder der Hölle.

»Ich bin das, was du suchst«, hörte er. »Ich bin die Flamme, die du suchst.« Moses wagte es nicht, sich dem Busch zu nähern, aus Angst, sich zu verbrennen, aber diesmal bis ins tiefste Innere seiner Seele. »Du hast mich gefunden«, sagte die Stimme, »ich bin der Gott deiner Vorfahren.« Moses bedeckte sich das Gesicht mit seinem Mantel und versuchte zu sprechen, doch seine Stimme versagte. »Ich bin dein Herr.« Moses keuchte schweißbedeckt, seine Lider waren nur ein roter Schleier über seinen Augen. Die Stimme war unwiderstehlich, selbst wenn er sie nicht hören wollte; sie hallte in seinem Kopf wie Donner.

»Man muß die Deinen aus Ägypten befreien«, fuhr die Stimme fort.

»Wie soll ich sie befreien?« stöhnte er, während die Stimme immer noch in ihm nachklang. »Ich habe nicht die Macht...«

»Ich befehle dir, sie in meinem Namen zu befreien«, sagte die Stimme, deren Fülle sich über die Wiesen ausbreitete und in einem gewaltigen Dröhnen bis zu den fernen Bergen vibrierte.

Was geschah da nur, wer war dieser Gott, wer war diese Macht, wer bloß würde dieser Erscheinung, dieser Stimme je glauben... Und die Stimme sprach zu ihm: »Ich bin der, der ist... Sag ihnen, ich bin Dieser...« Das Grollen dieser Stimme war ohrenbetäubend; Moses taumelte. »Sie werden mir nicht glauben«, sagte er schwach. »Sag ihnen, ich bin der, der ist, ich bin das Sein!« befahl die Stimme, und Moses fiel auf die Knie. In seiner Verwirrung ließ er seinen Stab fallen, und entsetzt stellte er fest, daß der Stab sich auf dem Boden zu schlängeln schien. Er war eine Schlange geworden! Er stieß einen Schrei aus. »Nimm den Stab«, befahl die Stimme. Moses beugte sich vor und nahm den Gegenstand voller Furcht und Abscheu, aber er war wieder ein Stück Holz geworden... Er war fern von den Apiru, er war verloren in dieser Wüste, wie sollte er dieses Land verlassen... Er fühlte sich plötzlich schwach, hilflos... »Aaron... Aaron wird dir helfen«, sprach die Stimme. »Es werden Ereignisse eintreten, die du nicht vorhersiehst, Ereignisse, die dir helfen werden... Ich bin der Herr dieses Volkes, und es ist Mein Volk...«

Das Volumen der Stimme schwoll nun an, als befände sich

Moses inmitten eines unablässigen Donners. Die Stimme verwandelte sich in ein dröhnendes Grollen, und eine grauenerregende Kraft warf Moses zu Boden. Er wußte, dies war die höchste Macht; er blieb auf den Knien, das Gesicht am Boden, und wartete, bis der Zorn verschwand. Allmählich kehrte wieder Stille ein. Moses spürte nur noch die glühende und immer noch vibrierende Erde und seine Stirn darauf, wie auf der Glut eines Feuers.[2] Er erhob sich langsam, auf seinen Stab gestützt, hielt sich den Kopf und taumelte bis zu der Baumgruppe. Dort ließ er sich zu Boden gleiten, verstört, und verlor das Bewußtsein.

Er kam wieder zu sich, als er eine Hand auf der Brust und etwas Kühles an den Lippen spürte. Stitho beugte sich über ihn und goß ihm aus der Feldflasche langsam ein paar Tropfen Wasser in den halboffenen Mund. Besorgnis stand auf dem Gesicht des jungen Mannes.

»Herr, mein Herr, wie fühlst du dich?« fragte Stitho.

Moses antwortete nur mit einem Blick. Nach einer Weile setzte er sich auf, an den jungen Mann geklammert. Er fühlte sich schwach, verwirrt, unfähig, an etwas anderes zu denken als an das, was er gesehen und gehört hatte.

»Du hast zuviel Sonne abbekommen«, meinte Stitho.

Moses packte die Flasche und trank in langen Zügen. Allmählich nahm die Welt wieder ihre normale Farbe an. Am Stand der Sonne erkannte Moses, daß seit seiner Vision zwei oder drei Stunden vergangen waren. Aus Norden wehte eine Brise, und langsam kam sein Geist wieder zu sich.

»Zuviel Sonne«, wiederholte Stitho und kühlte Moses mit einem feuchten Tuch die Stirn. »Wir müssen jetzt zurück.«

»Ich habe die Sonne gesehen«, murmelte Moses, während er mühsam auf die Beine kam.

Während des ganzen Rückwegs hallten die gehörten Worte in seinem Kopf nach: *Ich bin der, der ist.*

Zu Hause angekommen, legte er sich nieder; Zippora war beunruhigt. Sie hatte Stithos Erklärungen gehört, der Mose

Zustand einem Sonnenstich zuschrieb, aber sie glaubte nur halb daran. Sie setzte sich schweigend neben ihn und nahm seine Hand.

»Ich bin nicht krank«, sagte er schwach. »Ich bin auf eine riesige Kraft gestoßen. Eine göttliche Kraft, der kein Sterblicher gegenüberstehen kann. Ich bin ein Mensch, ich muß mich ausruhen.«

Hin und wieder hallte der himmlische Donner noch in seinem Kopf nach, so daß er krampfhaft zuckte. Moses stöhnte kurzatmig, mit offenem Mund.

Von Zippora alarmiert, kam Jitro, um nach Moses zu sehen. Er schien besorgt. »Was hast du gesehen?« fragte er.

»Ich habe das Licht gesehen, ich habe das Feuer gesehen, aber vor allem habe ich die Stimme gehört.«

»Was hat sie gesagt?«

Moses wandte Jitro den Kopf zu: »Ich bin der, der ist.« Er sagte nichts von dem Befehl, den er erhalten hatte. Vielleicht war es ihm nicht erlaubt, das zu verraten.

»Nun hat die Hand der Götter dich ergriffen«, sagte Jitro.

Nun mußte er noch die anderen überzeugen, alle anderen.

Sag ihnen, ich bin das Sein.

5

Der Besucher

Wie? Wie denn nur? Wochenlang dachte Moses darüber nach, wie er die Mission erfüllen sollte, die ihm – wovon er immer stärker überzeugt war – die himmlischen Mächte aufgetragen hatten. Sollte er nach Ägypten zurückkehren? Sicher, er könnte mit dem Schiff über das Rote Meer bis zum *Großen Schwarzen* fahren und von dort aus versuchen, das Bewußtsein der Apiru für das große Vorhaben des Herrn zu wecken.
Doch es gab zwei Hindernisse. Erstens würde man ihn sofort erkennen, und selbst wenn das Geschwätz der beiden Erdarbeiter über den Mord an dem Vorarbeiter nicht nach ganz oben gedrungen sein sollte, selbst wenn man ihn nicht vor Ramses selbst zerren würde, wären seine Handlungsmöglichkeiten minimal. Auf jeden Fall galt er als Flüchtling. Der Nomarch, der Schurke Hape-nakht – oder wer auch immer sein Nachfolger als Spion für Memphis war – und ganz sicher der Oberpriester würden ihn nicht schonen. In Ungnade gefallen, unter strenger Aufsicht nach Memphis geschickt, wäre er ein Niemand, ohne königliches Ansehen, ohne Einfluß bei den Apiru. Eine schlimmere Niederlage könnte es nicht geben!
Das zweite Hindernis war die Trägheit der Apiru. Jitro hatte

es gesagt: Sie waren keine Krieger. Sicher, hier und da gab es ein paar Männer, wie jene, die ihn einst gebeten hatten, das Kommando zu übernehmen, die ihm widerspruchslos folgen würden, sogar mit Begeisterung. Aber was sollte er den anderen sagen? Daß ihm der Allmächtige erschienen war? Sie würden ihn fragen, warum der Allmächtige ihre Flucht nicht erleichterte.

Und es gab ein drittes Hindernis, das Moses nach und nach erkannte: Wie sollte er dreißig- oder vierzigtausend Menschen, Männer, Frauen, Kinder, Alte, aus dem Königreich herausbringen?

Der Anblick Zipporas und seines Sohnes erleichterte seine Qualen kaum. Was hatte er mit diesem überspannten Abenteuer zu schaffen, da doch sie um ihn waren, die erste Frau, die seine Seele stillte, und das erste Kind, das er als freier Mann gezeugt hatte.

Frei? Er hatte es gehofft, er hatte es geglaubt, er hatte sich ein paar Monate lang darüber gefreut. Aber da war noch die Stimme. Da war das Licht. Was war ihm nur eingefallen, am Strand des Meeres zu meditieren und dann darauf zu warten, daß der Feuerstrahl Wirklichkeit wurde...

Das Schlimmste war, daß weder Zippora noch Jitro ihm bei seinen Qualen irgendwie helfen konnten. So irrte er mit zerstreutem Blick am Hafen umher und horchte wie ein Gestrandeter auf alles, was erzählt wurde.

Eines Tages legte ein Matrose ihm die Hand auf die Schulter, als er gerade mit einigen Kaufmännern und Seeleuten ein improvisiertes Mahl in einem Lagerhaus einnahm: Krabben, Fisch, den man rasch ausgenommen und auf der Glut gegrillt hatte, Roggenbrot und Käse mit Öl. Die kalte Jahreszeit nahte, die Winde aus Norden begannen zu wehen und die Wolken ballten sich wild zusammen. Das Wasser am Hafen kräuselte sich, das ferne Meer war schaumbedeckt.

»Moses, jemand will zu dir. Du bist doch Moses, nicht wahr?«

Er drehte sich um und sah einen Mann, den er zugleich erkannte und doch nicht erkannte. Doch der andere stürzte sich gleich auf ihn, Tränen freudiger Aufregung im Gesicht.
»Ptahmose!«
Verwirrt stand Moses auf, und sofort schloß der andere ihn in seine Arme. »Moses! Erkennst du mich nicht? Ich bin Aaron. Dein Bruder Aaron!«
»Aaron!«
Die anderen Gäste, überrascht von solchem Gefühlsüberschwang, hatten den Kopf gehoben.
»Aaron.« Er fühlte sich schwindlig. »Wie bist du hierhergekommen?«
Der andere hob die Arme gen Himmel; das war eine Geschichte für sich.
»Wenn das dein Bruder ist«, warf einer der Seemänner ein, »dann sag ihm, er soll sich setzen. Der Fisch reicht für alle.«
Aaron ließ sich das nicht zweimal sagen, er kam fast um vor Hunger und Durst.
»Moses, ich komme aus Auaris.« Er leerte sein Glas mit einem Zug. Moses betrachtete den schmerbäuchigen Mann mit der Stirnglatze und schätzte ihn auf etwa vierzig Jahre. Vierzig Jahre! Ungefähr fünfzehn Jahre älter als er. »Ich habe ein Schiff gefunden, das vom *Großen Schwarzen* aus gefahren ist«, erzählte Aaron. »Drei Wochen. Und was für ein Wetter! Zwanzigmal habe ich gedacht, wir würden untergehen!«
Zungenfertig war Aaron. Ihn hatte die ganzen Jahre über nicht die Suche nach dem Feuerstrahl beschäftigt. Er unterhielt die Matrosen, die nicht an so mitteilsame Gestalten gewöhnt waren, sie, die ihre Worte zählten wie der Arme die Bohnen auf seinem Teller. Moses versuchte seine Angst zu verbergen. *Aaron wird dir helfen*, hatte die Stimme gesagt. Und prompt war Aaron gekommen, wie vom Himmel gefallen.
»Was hast du in Auaris gemacht?« fragte er. »Ich dachte, du seist in Memphis.«

»Man hat mich nach Auaris abgeordnet«, antwortete Aaron.
»Aber sag mir, du sprichst unsere Sprache mittlerweile fließend. Man hatte es mir in Auaris gesagt, aber ich habe es nicht geglaubt.«
»Gut genug, um mich verständlich zu machen.« Aber wenn Moses Aaron zuhörte, erkannte er, daß sein eigener Akzent rauher war als der Aarons, wie bei den Menschen der Wüste. Aaron sprach weicher.
»Es war das erste Mal, daß ich auf dem Meer gefahren bin«, erklärte Aaron. »Du weißt ja, wie das ist!«
»Nein«, erwiderte Moses ruhig, »ich bin auf dem Landweg gekommen.«
»Auf dem Landweg? Es gibt einen Landweg?«
Moses ließ das Gespräch laufen. Er würde später erfahren, warum Aaron diese ausgefallene und zugleich vorherbestimmte Reise unternommen hatte.
»Weißt du, daß Sethos tot ist? Weißt du das?«
»Ich weiß es«, erwiderte Moses und fragte sich, ob Aaron wirklich sein Bruder war. Sie waren so unterschiedlich. Es fing schon damit an, daß Moses nicht so unmäßig trank. Aber schließlich war Aaron nur sein Halbbruder.
»Ramses ist absoluter Herrscher im Land. Du müßtest es sehen! Er läßt im Norden von Auaris eine Stadt bauen, die seinen Namen tragen soll, Pi-Ramses, an den Ufern des *Großen Schwarzen*. Die Armee ist allmächtig geworden. Allein die Infanterie zählt vier Divisionen, jede fünftausend Mann stark!«
Die Seeleute, die Aarons Sprache halbwegs verstanden, betrachteten ihn immer spöttischer, und Moses wurde verlegen. Aaron bemerkte das offenkundig, denn er warf ihm einen ironischen Blick zu. »Du hältst mich für dumm, Moses?«
»Keineswegs«, wehrte Moses ab, ein wenig erstaunt vom Scharfblick seines Halbbruders.
»Es war nicht einfach, dich zu finden«, erklärte Aaron. »Ei-

nes Abends bist du von einer Baustelle im Norden von Auaris fort, und ich dachte, du bist sicher nicht der Küstenstraße gefolgt, weil sie von der ägyptischen Armee überwacht wird. Also mußtest du nach Süden geritten sein. Ich dachte, daß du wahrscheinlich am *Großen Schwarzen* ein Schiff genommen hast und an einer der Stationen an der Küste ausgestiegen bist.«

Moses hörte ihm zu, ohne eine Miene zu verziehen. »Was ist passiert, nachdem ich fortgegangen bin?« fragte er.

»Man hat dich tagelang gesucht. Man hat sich gefragt, wo du hingegangen seist, und hat die Posten an der Küstenstraße verständigt. Sie sollten dich festhalten und nach Memphis zurückbringen.«

»Warum?« fragte Moses mit plötzlich scharfem Blick.

»Weil die Baustelle nach deinem Fortgang nicht mehr zu leiten war. Die Arbeiter haben niemandem mehr gehorcht.«

»So sehr haben mich die Apiru geschätzt?« fragte Moses.

Aaron sah ihn vorwurfsvoll an. »Als du fort warst, wollten unsere Brüder den Ägyptern nicht mehr gehorchen.«

Die Seeleute begannen sich ein wenig zu sehr für ihr Gespräch zu interessieren. Moses stand auf und erklärte, er werde seinen Bruder zu seinem Zelt bringen. Die Matrosen nickten. Moses nahm Aaron mit auf die Kruppe seines Pferdes und galoppierte zu seinem Zelt. Als sie abstiegen, mahnte er: »Sag so wenig wie möglich.«

»Verbirgst du etwas?« fragte Aaron.

»Ich verberge nichts. Hier bin ich ein anderer.«

Er brachte seinen Bruder im Zelt der Hirten unter, die bis zum Ende der Woche fort waren. »Aaron«, erklärte er, »ich bin mit Zippora verheiratet, der Tochter des Patriarchen Jitro, der der einzige Vater ist, den ich je gekannt habe. Ich habe einen Sohn. Wenn du diese Reise unternommen hast, um mir etwas Ernstes zu sagen, dann sage es mir, niemandem sonst. Heute abend ißt du mit uns. Du bist gekommen, um mich zu besuchen, sonst nichts.«

Aaron schwieg einen Augenblick, dann erwiderte er ernst: »Ich bin wegen einer wichtigen Sache gekommen.«
Moses nickte, dann ging er, um Zippora und Jitro mitzuteilen, daß sein Halbbruder aus Ägypten gekommen war.
Aaron wurde wohlwollend, aber ein wenig erstaunt aufgenommen. Jitro, liebenswürdig und vornehm, nannte sich glücklich, den Bruder seines Schwiegersohns kennenzulernen. Doch seine auf den ersten Blick harmlosen Fragen verrieten seine Ahnung, daß es nicht nur brüderliche Zuneigung war, die Aaron veranlaßt hatte, eine so abenteuerliche Reise zu wagen. Laich und Iddo stellten höfliche Fragen über Ägypten und wunderten sich, daß Aaron seinem Bruder nicht ins Exil gefolgt war.
Diskretion oder Beobachtungsgabe veranlaßten Jitro, sich bald nach dem Essen zurückzuziehen; Laich ging zu seiner Frau, und Iddo verschwand irgendwohin. Moses und Aaron waren allein.

6

Verrückt genug, um zu gelingen

Eine mondlose, sternenklare Nacht. Kühler Wind. Im Lager erloschen die letzten Feuer, die Schakale begannen mit ihren Stimmübungen. Die beiden Männer befanden sich an einem Hügelabhang, weit entfernt von den Zelten.
»Warum bist du fortgegangen?« fragte Aaron.
»Weil ich einen Mann umgebracht habe, einen ägyptischen Vorarbeiter, und ein paar Erdarbeiter der Apiru wußten es. Sie haben es mir gesagt.«
Aaron schwieg einen Augenblick.
»Issar, Lumi, Arphaxad, Enoch – oder sonst irgend jemand hätte sie zum Schweigen gebracht. Das weißt du.«
»Du warst auf dem laufenden?« fragte Moses.
»Das Gerücht ist umgegangen. Wir haben es erstickt. Du hattest einen der Unseren verteidigt. Wir hätten nie zugelassen, daß zwei andere dich in Gefahr bringen. Nicht einmal in deiner Abwesenheit.«
»Wir?«
»Die Sippenoberhäupter.«[1]
Zum ersten Mal sprach Aaron voller Autorität.
»Aber du hast uns nicht vertraut. Du hast dich nicht als einen der Unseren betrachtet. Hättest du dich uns anvertraut, wärst du sicher gewesen, daß die beiden Erdarbei-

ter den Mund gehalten hätten, und du wärst noch in Ägypten.«
Moses schwieg.
»Betrachtest du dich immer noch nicht als einen der Unseren?« fragte Aaron mit Nachdruck.
»Bis vor einiger Zeit nicht«, antwortete Moses.
»Bis vor einiger Zeit?«
»Bis zu dem Tag, an dem ich die Stimme gehört habe...«
Aaron wartete auf das, was folgen würde. Doch nichts kam mehr.
»Wessen Stimme?« fragte er.
»Die Stimme.«
»Wessen?«
»Des Allmächtigen.«
»Erkläre.«
»Er hat mir gesagt: *Ich bin der, der ist.* Verstehst du das?«
Moses hob die Arme, den Blick traumverloren.
»Du hast diese Stimme gehört?« fragte Aaron.
»Ich habe sie gehört.«
»Wo?«
»In der Wüste. Sie kam aus einem brennenden Busch, der nicht verbrannte. Sie ließ die Welt, die Erde, die Berge erbeben. Sie hat gesagt: *Ich bin der Gott deiner Vorfahren.*«
»Und was hat sie noch gesagt?«
»Sie hat mir... sie hat mir befohlen... nein, vielmehr, ich habe gehört: *Man muß die Deinen aus Ägypten befreien... Ich befehle dir, sie in meinem Namen zu befreien...* Verstehst du das?« rief Moses.
»Das hat diese Stimme gesagt?« fragte Aaron, der baß erstaunt schien.
»Ich habe gesagt, daß ich zu schwach bin, daß ich sie nicht dazu bringen würde, Ägypten zu verlassen. *Aaron wird dir helfen,* hat die Stimme geantwortet.«
»*Aaron wird dir helfen!*« wiederholte der andere und umklammerte das Handgelenk Mose.

Moses nickte. Nun hob Aaron die Arme und ächzte.
»Erst da habe ich begriffen... habe ich zugegeben, daß ihr die Meinen seid«, sagte Moses langsam. »Aber niemand wird mir glauben, Aaron. Stell sie dir vor, wenn ich ihnen das sagen würde, daß der Gott meiner Vorfahren mir erschienen ist und mir befohlen hat, sie zu befreien...«
»Sie werden dir glauben«, antwortete Aaron nachdenklich. »Es ist das Zeichen, auf das sie gewartet haben.«
»Nein, sie werden mir nicht glauben. Und dir auch nicht, Aaron. Sie werden dich einen Lügner und mich einen Spinner heißen. Es geht ihnen gut, dort, wo sie sind. Warum sollten sie Ägypten verlassen? Der Boden ist fruchtbar, Milch und Honig fließen, die Obstbäume tragen Früchte, und das Wild...«
»Das glaubst du wirklich?« unterbrach ihn Aaron. »Du täuschst dich.«
»Sie werden nicht fortgehen, Aaron«, widersprach Moses und schloß die Augen. »Und wie willst du dreißig- oder vierzigtausend Leute aus dem Land führen? Hast du darüber nachgedacht?«
»Willst du sagen, daß du dem Befehl des Herrn nicht gehorchen wirst?« rief Aaron. »Du hast den Herrn gehört und glaubst nicht an seine Worte?«
»Ich weiß, daß ich den Herrn gehört habe, aber ich glaube nicht, daß sie auf mich hören werden«, erwiderte Moses müde.
»Hör mir zu, das Leben dort ist schlimmer geworden als zu deiner Zeit. Ramses ist wie ein Wahnsinniger. Es sieht so aus, als wolle er ganz Ägypten mit Monumenten, Tempeln, Garnisonen und Städten bedecken... May, sein großer Architekt, hat kaum die Pläne skizziert, da will Ramses die Gebäude schon errichtet sehen. Wir arbeiten ohne Unterbrechung, das Klatschen der Peitsche verfolgt uns bis in den Schlaf. Wir können nicht mehr! Sie werden dir glauben, sie warten nur darauf zu glauben. Und dein Name allein ist ein

Symbol der Hoffnung. Nicht einen Vorarbeiter wirst du nun töten, sondern alle Vorarbeiter!«
»Ich kehre nicht dorthin zurück. Ich spreche ihre Sprache nicht gut genug«, erwiderte Moses.
»Laß mich ihnen sagen, daß du die Stimme des Herrn gehört hast. Daß es *sein* Befehl ist, den du ihnen übermittelst...«
Moses seufzte. »Sag es ihnen.«
»Issar, Lumi, Arphaxad, Enoch und viele andere warten nur auf ein Zeichen von dir.«
»Woher wissen sie, daß ich noch am Leben bin?«
»Es gibt Kaufleute. Als sie von einem jungen Mann aus Ägypten berichtet haben, schön wie ein Prinz und ›König der Dämonen‹ genannt, habe ich begriffen, daß du das warst, wir alle haben es begriffen.«
Sie gingen am Rand des Hügels entlang. Der Wind blähte ihre Mäntel.
»Wenn du es ihnen sagst...«, begann Moses. »Hör zu, ich habe nachgedacht. Wenn du es ihnen sagst, mußt du dich zuerst an die Sippenoberhäupter wenden, verstehst du? Sie sind es, die für alle entscheiden werden.«
»Richtig«, gab Aaron zu.
»Ihre Oberhäupter sollen ihnen sagen, sie mögen sich bereithalten.«
»Bereit wofür?«
»Es wird... Es wird ein außergewöhnliches Ereignis eintreten, das ihnen die Flucht ermöglicht.«
»Was für ein Ereignis?«
»Ich weiß es nicht.«
»Du verlangst, daß wir auf unbestimmte Zeit auf ein Ereignis warten, das uns die Flucht ermöglichen soll, und du weißt nicht einmal, auf welches Ereignis?«
»Nein. Ich weiß nur, daß es eintreten wird.«
Aaron seufzte verärgert. »Ich verstehe nicht, Ptahmose.«
Er nannte ihn immer noch Ptahmose.

»Ich heiße jetzt Moses.«
»Moses? Aber das bedeutet nichts. Einerseits scheinst du über die Unternehmung nachgedacht zu haben, da du verlangst, die Sippenoberhäupter sollen ihre Leute um sich versammeln, andererseits verschiebst du diese Unternehmung auf ein Ereignis, von dem du nicht einmal weißt, was es sein soll, geschweige denn, wann es eintreten wird.«
»Es wird ein Ereignis stattfinden, oder mehrere Ereignisse«, wiederholte Moses. »Ich weiß es, weil die Stimme es mir gesagt hat. Sie hat mir gesagt: *Aaron wird dir helfen*, und du bist gekommen. Sie hat mir gesagt: *Es werden Ereignisse eintreten, die dir zu Hilfe kommen*, und sie werden kommen. Das ist alles.«
»Das hat dir die Stimme gesagt?«
»Ja.«
»Außergewöhnlich ist«, sagte Aaron nach einer Weile, »daß ich dich eines Nachts im Traum gesehen habe. Du hast mich gerufen. Und so bin ich gekommen. Das ist der wahre Grund meiner Reise.«
»Siehst du.«
»Ich wäre auf jeden Fall gekommen«, meinte Aaron, »damit du uns hilfst.«
»Gibt es denn außer mir niemanden in Auaris?«[2]
»Vielleicht gibt es Männer, die das Kommando über unser Volk übernehmen würden«, erwiderte Aaron. »Aber dir ist es gelungen, daß die Entschlossensten ihre Hoffnung auf dich setzen.«
»Warum?«
»Das weiß ich nicht. Man meint, daß die Hand des Herrn auf dir ruht.«
Moses seufzte. Schließlich schien es wahr zu sein; der Herr hatte seine Hand auf ihn gelegt. Sie schien ihm drückend. Er hüllte sich fester in seinen Mantel.
»Aber wie willst du es denn anstellen, all diese Menschen aus dem Land zu bringen?« fragte Moses. »Der einzige

Trumpf, den wir haben, ist die komplette Verrücktheit dieses Plans.«
»Was willst du damit sagen?« fragte Aaron fassungslos.
»Ich sage, daß dieser ganze Plan der Flucht aus Ägypten völlig verrückt ist, Aaron, und daß darin unsere einzige Chance auf Erfolg liegt.«
»Ich verstehe nicht...«, murmelte Aaron.
»Es ist klar, daß Ramses sich dem Auszug eines Volkes widersetzen wird, das den größten Teil seiner Arbeitskräfte stellt. Sobald sich die ersten Trupps von Apiru Richtung Osten in Bewegung setzen, wird er ihnen die Armee auf die Fersen hetzen. Wenn die Flucht scheitert, weil die Armee uns den Weg versperrt, wird die Lage der Apiru schlimmer denn je sein. Das haben Issar, Arphaxad und die anderen meines Erachtens nicht bedacht.«
Aaron schwieg.
»Deshalb bin ich nicht auf ihre Hoffnungen eingegangen«, fuhr Moses fort. »Diese ganze Unternehmung auf den Befehl einer Stimme hin in Gang zu setzen, die ein Apiru in der Wüste gehört hat, und dreißig- oder vierzigtausend Apiru davon zu überzeugen, das sei die Stimme ihres Herrn, und zwar durch die Vermittlung eines Halbbruders dieses Apiru, ist heller Irrsinn. Ramses die Stirn zu bieten und sich auf einen endlosen Marsch zu begeben, ohne überhaupt zu wissen, wohin man gehen wird, grenzt an Besessenheit!«
Aaron bedeckte das Gesicht mit den Händen. »Du bist ja vollkommen mutlos, Moses! Und vollkommen entmutigend! Du willst sagen, daß es uns nie gelingen wird. Und das nennst du einen Trumpf?«
»In gewisser Weise ist das wirklich ein Trumpf.«
»Du machst mich verrückt«, jammerte Aaron.
»Ich will damit sagen«, erklärte Moses geduldig, »daß Ramses, wenn das ein vernünftiger Plan wäre, mit ebenso vernünftigen Mitteln dagegen kämpfen würde. Und da er der

Stärkere ist, würde er gewinnen. Doch da es sich um einen irrsinnigen Plan handelt, wird Ramses überrumpelt werden. Vor allem, wenn die angekündigten Ereignisse eintreten.«
»Was könnten das für Ereignisse sein?« fragte Aaron.
»Ich weiß es nicht. Sicherlich eine Erscheinung des Himmels. Etwas Gewaltiges, das sogar stärker ist als Ramses selbst. Die Stimme hat sie angekündigt.«
»Wie werden wir davon verständigt?«
»Ich schicke dir einen Boten.«
Moses wurde klar, wie vorteilhaft es war, Freunde unter den Kaufleuten und Seemännern zu haben. Sicher würde er einen midianitischen Seemann finden, dem er eine Botschaft für Aaron mitgeben könnte.
»Kannst du lesen?«
»Nein«, gestand Aaron kläglich. Und es stimmte, wozu hätte er ägyptisch lesen sollen? »Aber es gibt einige von uns, die es können.«
»Schick mir nach deiner Rückkehr eine Botschaft, in der steht, wie die Stammesoberhäupter reagiert haben.«
»Bist du sicher, daß du nicht kommen willst?«[3]
»Ich spreche eure Sprache nicht gut genug. Und vor allem, wenn ich mich in Auaris oder anderswo sehen ließe, liefe ich Gefahr, festgenommen zu werden, und das würde alles aufs Spiel setzen«, antwortete Moses. »Du mußt mit dem ersten Schiff zurückfahren; später wird das Meer wirklich gefährlich.«
»Du hast mich nicht nach Miriam gefragt«, meinte Aaron.
»Wie geht es ihr?«
»Es geht ihr gut. Sie spricht andauernd von dir.«
»Gib ihr meinen Segen«, trug Moses ihm auf.
Sie wollten sich schon für die Nacht trennen, als Moses sich anders besann. »Und jene Apiru, die in Kanaan geblieben sind?« fragte er. »Steht ihr mit ihnen in Verbindung?«
»Mit jenen, die in Kanaan geblieben sind?«, wiederholte Aaron überrascht. »Nein. Wie sollten wir Nachricht von ih-

nen haben? Von Zeit zu Zeit hören wir von ihnen reden. Sie wechseln andauernd das Territorium.«
»Hast du dich gefragt, wie sie uns aufnehmen werden? Es sind fast vierhundert Jahre her, daß... wir aus Kanaan fortgegangen sind...«
»Ich denke, sie werden sich uns anschließen«, meinte Aaron verwirrt.
Das war wirklich eine beträchtliche Zahl an unbekannten Größen, dachte Moses.
»Auf jeden Fall – können wir uns dem Willen des Herrn widersetzen?«

7

Briefe

Jahreszeit um Jahreszeit verging, und Gerschom wurde größer. Zippora gab sich der Illusion hin, daß die Zeiten weiterhin so aufeinanderfolgen würden, bis zur letzten, wenn man die Augen schloß. Sie war erneut schwanger. Das Lager hallte vom Geschrei der Kinder wider – Gerschom, die Kinder von Laich und Iddo, die Enkel von Jitros Schwager.
»Es kann nie genug Kinder geben«, sagte sie gerne. Sie wußte gut, daß sie eine geheimnisvolle Rivalin hatte, doch sie sprach nie darüber, weder zu ihrer Mutter noch zu ihrem Vater. Es war die Bestimmung, die Moses auferlegt war. Manchmal hielt der Gedanke sie nachts wach, doch Zippora bemühte sich, vernünftig zu bleiben. Sie hatte ihren Mann ausgesucht, weil er außergewöhnlich war; das hatte sie erkannt, bevor sie seinen Namen erfuhr. Und was war ein außergewöhnlicher Mann, wenn nicht der ewige Geliebte einer Bestimmung?
Stitho war zum Kinderhüter geworden, ohne daß er je aufhörte, Mose Hüter zu sein. Er bastelte ihnen Reifen aus Binsen, die er in Wasser eingeweicht und gebunden hatte, und trieb die Reifen mit einem Stock vor ihnen her. Es war ein erstaunliches Schauspiel, den ehemaligen Dieb verfolgt von einer lachenden und schreienden Kinderschar zu sehen.

Jitro kümmerte sich wie immer um die Rechtsprechung, heilte und brachte Opfer dar. Abends, wenn die Männer alle zusammen aßen, befragte er Moses, manchmal direkt, manchmal nur mit Blicken. Moses hatte ihm von der Vision in der Wüste und von der Stimme erzählt.

»Ich kenne diesen Busch«, hatte Jitro gesagt. »Er ist keine wunderbare Erscheinung. Aber die Stimme kenne ich nicht, und ich habe mich nicht getäuscht, als ich dir sagte, daß die Götter dich ausgezeichnet haben.«

Warum er von »den Göttern« spreche und nicht von »dem Gott«, fragte Moses.

»Jede Nation hat ihren Gott und manchmal auch mehrere«, hatte Jitro geantwortet.

»Mein Volk wird nur einen Gott haben«, erklärte Moses. »Sollen meinetwegen die Ägypter all diese Götter haben.«

»Warum haßt du die Ägypter so sehr?« fragte Jitro. »Seit ich dich kenne, wirst du immer aufbrausender, wenn du von ihnen sprichst...«

»Wie sollte ich diese Unterdrücker nicht hassen?« rief Moses.

»Du kannst Unterdrücker hassen, ohne ihre Götter zu hassen.«

»Götter mit Tierköpfen!«

»Die Tierköpfe sind nur Symbole, Moses«, entgegnete Jitro. »Du hast mir von dem alten Priester erzählt, der dich gelehrt hat. Verabscheust du seine Götter auch?«

»Das ist es genau!« rief Moses. »Er war Priester eines Kults, der nur einen einzigen Gott anerkennen wollte, und diesen Kult hat man roh abgeschafft. Die Ägypter haben ihre alte Religion wieder eingesetzt, und wenn sie mehrere Götter verehren wollen, so deshalb, weil ihre Frömmigkeit oberflächlich ist.«

»Hast du dich zum Richter über die Herzen der Menschen gemacht?« fragte Jitro leise.

Moses schüttelte den Kopf. »Ich habe mich zum Richter

über die Unterdrücker gemacht. Nein, Jitro, mein Volk wird nur einen einzigen Gott haben, und dieser hat keinen Tierkopf.«
»Mein Volk«, sagte er nun. Jitro griff das auf.
»Bist du nun der Rivale von Ramses?«
»Ramses ist vergänglich, Jitro, und seine Tempel werden einstürzen, doch der einzige Herr wird bleiben.«
»Du verabscheust Ramses«, sagte Jitro.
Moses blickte auf und sah Jitros hellen Blick, in dem Flammen tanzten.
Der Patriarch erriet, daß Moses auf Zeichen wartete, aber er wußte nicht, auf welche.
Das erste Zeichen kam vier Monate nach Aarons Besuch, wovon aber nur Moses erfuhr, aus den Händen eines Seemanns, der das *Große Schwarze* überquert hatte. Er überbrachte ihm einen zusammengerollten Papyrus in einem Bambusrohr aus Punt.

»Für Ptahmose, meinen auserwählten Bruder, aus der Hand meines Bruders Arphaxad, im Stadtviertel der Diener des Apis, im Norden von Auaris.
Nach meiner Rückkehr nach Ägypten haben wir eine Versammlung der Alten und der Oberhäupter von acht der siebenunddreißig Familien unserer Stämme in den sechs Verwaltungsbezirken Unterägyptens in Auaris und der neuen Stadt Pi-Ramses abgehalten.[1]
Die Oberhäupter der neunundzwanzig anderen Familien konnten wir nicht zusammenrufen, die einen, weil sie nicht der Meinung waren, wir hätten ihnen etwas Wichtiges mitzuteilen, die anderen, weil sie abwesend waren. Fünf Sippenoberhäupter sind wegen der Bauarbeiten in Pi-Ramses unabkömmlich, die anderen haben die Trupps begleitet, die für die Errichtung des Grabmals von Sethos nach Theben geschickt worden sind.[2] *Den bei unserem Treffen anwe-*

senden Oberhäuptern habe ich die göttliche Offenbarung mitgeteilt, zu der du auserwählt worden bist. Sie waren sehr angerührt und haben sofort erklärt, sie würden dem Herrn ein Dankopfer dafür darbringen, daß er sie nicht vergessen habe; dieses Opfer wurde sogleich nach der Versammlung zelebriert. Ich habe ihnen auch mitgeteilt, daß man alle Sippenoberhäupter benachrichtigen solle, damit sie wiederum unsere Brüder dazu aufrufen, sich bereit zu halten für den Weg in die Freiheit.
Dein Befehl wurde als weiteres Zeichen deiner großen Weisheit aufgenommen, und wird von allen Stammesoberhäuptern, die bei unserer Versammlung anwesend waren, eifrig umgesetzt.
Ich werde dir Mitteilung senden von unserer nächsten Versammlung, die, wie wir hoffen, mit allen Oberhäuptern stattfinden wird. Wir wünschen dir Wohlergehen und Frieden im Gehorsam des Herrn.«

Moses runzelte die Stirn: Nur acht Familien von siebenunddreißig! Daß ein oder zwei dem Ruf nicht folgten, gut, aber neunundzwanzig... Sicherlich alle beschäftigt mit Ausflüchten und Nörgelei! Er erriet, was sie dachten; für sie war er ein Schwärmer, und sie würden sich nicht im Glauben an seine Visionen, die ihnen im übrigen nur von seinem Halbbruder berichtet wurden, auf irgendein ungewisses Abenteuer einlassen. Wenn er selbst in Ägypten wäre, dann würde er ihnen schon Beine machen!
Aber er war nicht dort. Und Aaron war kein Mann, der Autorität ausstrahlte. Er war ein Mann der Kompromisse. Den Nachmittag und den nächsten Tag verbrachte Moses damit, Papyrus, Tinte und ein Schreibgerät zu finden. Im Land Midian wurde kaum geschrieben, und Moses beschloß, sich selbst eine Binse zu suchen und sie zuzuspitzen. So verfaßte er die Antwort, und sie war geharnischt:

»*Von Ptahmose an seinen Bruder Aaron, zu Händen seines Bruders Arphaxad, im Stadtviertel der Diener des Apis, im Norden von Auaris.*
Daß alle, die den Zorn des Herrn fürchten, begreifen: Es ist nicht die Zeit für Ausflüchte.
Der Herr befiehlt allen Oberhäuptern der siebenunddreißig Familien Seines Volkes im Exil durch meine Stimme, daß sie alle der Ihren, Männer, Frauen, Kinder und Alte, ermahnen sollen, sich zu vereinen und sich auf den Aufbruch aus der Sklaverei vorzubereiten. Sie sollen gefaßt sein, den Zeichen zu gehorchen, die durch Seinen Willen geschehen werden.
Die Kleinmütigen werden von Seinem Volk ausgeschlossen und setzen sich dem Zorn seiner Gerechtigkeit aus. Sie werden ewig in der Sklaverei der Ägypter verbleiben.«

Moses schob den Papyrus in das Bambusrohr, in dem Aarons Brief gebracht worden war, und ging zum Hafen, um es einem der Kaufleute anzuvertrauen, die zum *Großen Schwarzen* aufbrachen. Er ermahnte ihn, darauf aufzupassen, daß die Botschaft nicht in die Hände ägyptischer Spione fiel und dem Adressaten persönlich ausgehändigt wurde. Der Kaufmann gab zu bedenken, daß der Brief nicht vor drei Wochen ankomme, und eine Antwort werde bestimmt drei weitere Wochen dauern.
An diesem Abend ging Moses schlechtgelaunt zu Bett. Mitten in der Nacht wurde er wach. Wo sollten all diese Menschen hin – vorausgesetzt, dieser wahnwitzige Versuch sollte gelingen? Er mußte Kanaan erkunden.
Am nächsten Morgen erklärte er Zippora und seinem Schwiegervater, daß er einige Tage unterwegs sein würde. Er nahm seine Schleuder, ein paar Vorräte und eine Wasserflasche. Stitho saß hinter ihm auf. Eine Stunde später ritten sie das östliche Ufer des Flusses Araba entlang.

»Du wirst überall viel Wasser finden«, hatte Jitro ihm gesagt.
Und so war es; nach einem Tagesritt sah er, daß an den Grenzen des Landes Edom zwei Nebenflüsse in den Fluß Araba mündeten.[3] Das Land war dicht bewaldet; kaum verließ man die gerodeten Wege in den Tälern, verirrte man sich schon zwischen den Bäumen – Eichen, Eschen und auf den Anhöhen Zedern. Wild gab es zuhauf, und zweimal wieherte sein Pferd vor Angst, weil es einen Wolf auf dem Weg bemerkte.[4] Das erste Mal nahm der Wolf beim Anblick des Pferdes Reißaus; beim zweiten Mal schien das Tier entschlossen, einen Angriff zu versuchen. Stitho war vor Angst verstummt. Mit seiner Schleuder schoß Moses als Abschreckung einen Stein auf das Tier, das am Hinterleib getroffen wurde und laut jaulend im Unterholz verschwand.
Da Wölfe und Schakale bei Einbruch der Nacht kühner wurden, waren Moses und Stitho froh, als sie kurz nach der Dämmerung in einem Dorf ankamen. Das erste Haus stand auf einer Lichtung am Berghang, umzäunt von spitzen Pfählen. Ein paar Kühe und Ziegen weideten hinter dem Zaun, der hoch genug war, um Wölfe und Schakale abzuhalten. Ohne vom Pferd zu steigen, beugte Moses sich über die Umfriedung und sah einen noch jungen Mann mit wirrem Haarschopf und Bart, angetan mit einem dicken, pelzgefütterten Mantel.
»Bietest du uns Unterschlupf für die Nacht?« fragte Moses.
Der Mann betrachtete ihn einen Augenblick. »Bist du Ägypter?« fragte er.
Moses erkannte, daß Ägypter in dieser Gegend nicht willkommen waren.
»Nein«, antwortete er, und das war ja schließlich zur Wahrheit geworden.
»Dann bist du ein Apiru?«
»Ich komme aus Midian«, erwiderte Moses.
»Woher, aus Midian?«

»Aus Ezjon-Geber.«
»Du redest wie ein Apiru. Wir wollen hier weder Ägypter noch Apiru.«
»Vielleicht willst du überhaupt keine Menschen haben«, konterte Moses, der seinen Zorn unterdrückte. Mit einem wütenden Blick auf den Mann entfernte er sich.
Die Nacht brach herein, und Moses und Stitho wurden unruhig. Das war ganz und gar nicht das Land, das Moses sich vorgestellt hatte, sondern ein rauher, verschlossener Landstrich. Er überlegte einen Augenblick, zusammen mit seinem Begleiter auf einem Baum Schutz zu suchen, aber das hätte bedeutet, das Pferd Wölfen und Schakalen, vielleicht sogar Bären und Löwen zu überlassen. Daher ritten sie weiter in der wachsenden Dunkelheit, bis sie auf eine Ebene am Fuß eines Hochplateaus kamen. Sie hatten nichts, um ein Feuer zu machen. Schließlich fanden sie eine von Büschen geschützte Vertiefung am Fuß der Hochebene und ließen sich nieder, nachdem sie ein junges Wildschwein verjagt hatten, das dort schlief. Sie aßen ein wenig Brot und Käse, und Moses fragte sich, ob Jitro diesen Landstrich kannte – und wenn ja, warum er ihn nicht vorgewarnt hatte. Dann fiel er bis zum Morgengrauen in einen leichten Schlaf.
Drei Tage lang ritten sie so, bis Punon und Salmona, und stießen bei allen Edomitern auf dieselbe Feindseligkeit gegen Fremde. Die beiden Städte verschanzten sich hinter hohen Mauern, auf denen Bogenschützen patrouillierten. Moses und Stitho wurden erst eingelassen, nachdem sie erklärt hatten, sie seien nur gekommen, um einige Lebensmittel zu kaufen. Die Ebenen um diese befestigten Orte waren grün, und man sah viele Herden, doch der größte Teil des Landes war dicht bewaldet und unwirtlich, im Wechsel mit steinigen Flächen, die kaum freundlicher waren.
Erst in Tamar, an der Grenze zum Land Moab, wurden die beiden Männer von den Einwohnern freundlicher aufgenom-

men, und auch die Landschaft wurde gefälliger, wenn auch immer noch nicht blühend. Es war immer dieselbe Frage, die man ihnen stellte: »Seid ihr Ägypter?« Erst wenn Moses erwiderte, sie kämen aus Midian, öffneten sich die Menschen ein wenig. Die Ägypter mußten in der Gegend eine abscheuliche Erinnerung hinterlassen haben. Ein erstes vertrauensvolles Gespräch konnte Moses in Arad führen, und das wohl sicherlich, weil eine Witwe ein Auge auf ihn geworfen hatte. Sie setzte ihm und seinem Begleiter das erste richtige Essen seit ihrem Aufbruch vor: einen safrangewürzten Hasen mit Karotten und Salat, dazu einen leicht harzigen, süßen Rotwein aus Syrien.

Männer verschiedenen Alters machten der Witwe den Hof, was Moses insgeheim belustigte. Manche waren eher das Wild, während andere mehr die Rolle der Jäger spielten, denn die Witwe hatte Besitz geerbt. All diese Männer betrachteten die beiden Reiter mit gerunzelter Stirn, die sich erst glättete, als Moses mitteilte, daß sie am nächsten Morgen weiterziehen würden.

»Warum sind die Edomiter so wenig gastfreundlich?« fragte er, als die Stimmung im Dunst des Weins gelöster wurde.

Die anderen Gäste brachen in Gelächter aus. »Wird man denn Diebe um ein Almosen bitten?« rief einer der Männer schließlich. Und da Moses nicht zu verstehen schien, erklärte er: »Die Edomiter haben ihre Gebiete den Beduinen gestohlen, und sie sind ständig von den Apiru bedroht. Außerdem hatten sie mehrmals mit den Ägyptern zu tun, die Hunderte von ihnen als Sklaven mitgenommen haben. Daher sind sie nicht besonders gastfreundlich.«

»Und wo gehst du morgen hin?« fragte die Witwe, die auf den Edelstein am Finger Mose schielte.

»Nach Beerscheba.«

»Was willst du bei den Apiru? Wenn du Kaufmann bist, kannst du ihnen nichts verkaufen und auch nichts bei ihnen kaufen.«

Die Menschen dieser Gegenden schätzten einander wirklich nicht, sagte sich Moses. Er behauptete, sein Schwiegervater, ein Kaufmann, wolle Handelsbeziehungen zu den Kaufleuten an der Küste von Kanaan am Mittelmeer knüpfen. Das klang plausibel, und man stellte ihm vor seinem Aufbruch am nächsten Morgen keine Fragen mehr.
Bei seinem Weiterritt in Richtung Nordosten fand er ein ganz anderes Land vor. Fruchtbare Ebenen, manchmal mit Weizen oder Gerste bepflanzt, deren Halme im Wind wogten, Obstgärten, große Viehherden, Bauernhöfe und Dörfer. Ein wahrhaft freundliches Land. Beerscheba, die erste Stadt, in der sie haltmachten, war zwar nicht so groß wie die ägyptischen Städte – der Länge nach kaum mehr als vierhundert Ellen –, doch nach den feindseligen Festungen der Edomiter war sie eine Erholung.
Als Moses und Stitho fragten, wo sie sich ausruhen und sich waschen könnten, antwortete man ihnen gleichgültig, im Westen unter den Stadtmauern seien Quartiere. Ein Mann empfing sie, anscheinend wohlhabend, nach dem großen Goldamulett, das ihm an einer Lederschnur um den Hals hing, zu schließen.
»Woher kommt ihr?« fragte er. Er sprach mit einem weniger rauhen Akzent und einem höflicheren Ton als die Edomiter.
»Wir sind Midianiter.«
»Was bringt euch von so weit her?«
»Wir reiten zur Küste, um zu sehen, ob es Kaufleute gibt, die mit meinem Schwiegervater, meinen Schwagern und mir ins Geschäft kommen wollen. Und wer bist du?«
»Ich bin Apiru«, antwortete der Mann.
»Ist das hier eine Stadt der Apiru?«
»Nein«, antwortete der Mann, offenkundig überrascht. »Wir leben hier zusammen mit den Kanaanitern. Es gibt genügend Wasser und Weiden, so daß wir einander nicht in die Haare geraten. Vor allem mangelt es uns an Arbeitskräften. Wir bräuchten Männer, um die Wälder zu roden; es gibt zu

viele Bäume hier. Wenn nicht die Ägypter und die Hethiter wären, würde es uns viel besser gehen.«

Da Moses ihn erstaunt anblickte, fuhr er fort: »Ich war noch ein Kind, als sie im Norden gekämpft haben, in Kadesch. Ach! Die ägyptischen Armeen, die durch unsere Länder gezogen sind. Schlimmer als die Heuschrecken! Hin und zurück! Sie haben nicht nur alles geplündert, sondern auch noch unsere starken Männer als Gefangene mitgenommen!«

Moses begriff nun, warum die Ägypter in Edom und in Kanaan nicht willkommen waren. Die befestigten Orte konnten dem Ansturm der Divisionen von Ramses offensichtlich nicht lange widerstehen. Moses versuchte, den Gott zu erkennen, den das Amulett seines Gastgebers darstellte.

»Das ist Baal-Hadad, der Herr des Donners«, erklärte dieser.[5] »Wer ist dein Gott?«

»Das Licht«, antwortete Moses, um jeglichem Konflikt auszuweichen. Doch der Mann betrachtete den Stein am Finger Mose und versuchte vielleicht, eine Verbindung zwischen dem Stern, der in der Sonne leuchtete, und dem Licht herzustellen.

Gestärkt und erholt und von ihrem Gastgeber sogar zum Abendessen eingeladen, machten sich Moses und Stitho am nächsten Tag wieder auf den Weg. Die Umrisse der Berge waren sanft, die Täler ebenso grün wie jene, die sie tags zuvor gesehen hatten, und dort, wo das Land nicht bestellt war, leuchtete es von Blumen.

»Das ist ein gesegnetes Land«, sagte Stitho. »Ich würde gerne hier leben.«

»Wir werden hierherkommen«, sagte Moses.

Zum Glück lebten sie noch nicht hier, dachten sie ein paar Tage später, als sie sich schon auf dem Rückweg befanden. Sie hatten kaum Obot, einen Ort an der Westküste Edoms erreicht, als sie Scharen von Flüchtlingen sahen. Auf Kamelen und Eseln, aber vor allem zu Fuß, Männer, Frauen, Kinder, Alte; sie flohen mit Bündeln auf dem Rücken, zerrten

ihr Vieh mit sich, Rinder, Ziegen, Schafe, ein unbeschreibliches Durcheinander von Menschen und Tieren. Moses und Stitho stiegen ab, um die Leute zu fragen, wovor sie flohen.
»Vor den Ägyptern!« antwortete man ihnen. »Die Plage der Erde! Sie sind wiedergekommen! Wahrscheinlich wollen sie wieder einmal gegen die Hethiter kämpfen! Unheil! Oh, Unheil!«[6]
Moses erstarrte das Blut in den Adern. Die Ägypter! Wenn sie ihn in einem fremden Land gefangennahmen, war es um ihn geschehen. Er stieg zusammen mit Stitho wieder auf sein Pferd, und sie trabten und galoppierten abwechselnd den Fluß Araba entlang, bis sie einige Entfernung zwischen sich und die Eindringlinge gebracht hatten.
Zwei Tage später waren sie wieder bei den Ihren. Jitro, Zippora und alle anderen Familienmitglieder empfingen sie überschwenglich. Aber ihre Freude war von kurzer Dauer.

8

Wahre Vorzeichen

Moses hatte gelernt, an vielen Zeichen zu erkennen, wie die Jahreszeiten sein würden: an der Menge und der Größe der Fische im östlichen *Großen Grünen*, an den Schwankungen der Temperatur, an der Zahl der Vögel am Himmel.
Wenn die Fische im Meer weniger wurden und im Fluß Araba starben, wenn man im östlichen *Großen Grünen* Haie sah, wußte man, daß das Wasser zu warm war. Das verursachte plötzliche und heftige Gewitter, sogar verheerende Stürme. Zudem war das ein Vorzeichen für das Einfallen von Insekten, die wiederum Invasionen von Fröschen und Ratten ankündigten. Wenn die Temperaturen zwischen Tag und Nacht sehr stark schwankten, bedeutete das heftige Winde für die kommenden Tage.
Die Seeleute hatten es ihm versichert: Waren die Sommer in der Vergangenheit zu heiß gewesen, hatte man aus den Ländern Kusch oder Punt Wolken von Heuschrecken aufsteigen sehen, die sich in Richtung Ägypten bewegten. Manchmal wurden diese Wolken vom Wind abgetrieben und stürzten aufs Wasser nieder, das sie an der Oberfläche rot färbten, weil die Insekten mit ihren scharlachrot gefärbten Flügeln schlugen. Das ließ die Fische nach oben stei-

gen, und man konnte sie fangen, bevor sie ihre Beute verdaut hatten.
Doch auch das Wasser der Seen färbte sich rot, man wußte nicht, welches unheimliche Phänomen dahintersteckte, und es wurde noch dazu ungenießbar.[1]
Wenn die Vögel am Himmel selten wurden, hieß das, daß die Ratten viele Eier und Jungvögel gefressen hatten, weil die Weizen- und Gerstenfelder unter der Hitze schlecht gediehen waren.
Es kündigte sich ein heißer Sommer an.
Bei seiner Rückkehr ins Land Midian hatte Moses eine Nachricht von Aaron vorgefunden:

»*Für Ptahmose, meinen auserwählten Bruder, durch die Hand meines Bruders Arphaxad, im Stadtviertel der Diener des Gottes Apis, im Norden von Auaris.*
Du hast dich verärgert gezeigt, weil neunundzwanzig Sippenoberhäupter versäumt haben, zu unserer letzten Versammlung zu kommen. Auch ich selbst war darüber verärgert und erregt, um so mehr, als man mir nicht die wahren Gründe für dieses Nichterscheinen gesagt hat, und verschiedene Gerüchte mich beunruhigt haben.
Diese Gerüchte sind deutlicher geworden, und ich habe die folgenden Tatsachen erfahren. Der Nomarch Setepentoth, den du kennst, hat vor einigen Monaten den Plan gefaßt, Unterägypten vom Reich abzuspalten und sich selbst zum Fürsten dieser unabhängigen Provinz zu machen. Dazu brauchte er eine Armee, und da ihm die paar hundert Soldaten, die sich seinem Aufstand anschließen wollten, nicht genügten, hatte er unsere Brüder informiert, indem er sich an die Sippenoberhäupter wandte, und zwar gerade an die, die nicht zu unserer Versammlung gekommen sind.«

Moses verfärbte sich purpurn, seine Hände zitterten. Er sah sie alle vor sich, die kleinen Provinzpotentaten, schön im warmen Nest ihrer Korruption und begierig darauf, das Joch der Königsmacht abzuschütteln, dieses Joch, das er sie damals hatte spüren lassen. Er verstand nun besser, warum er sich ihren Haß zugezogen hatte, und er verstand nun auch die Rolle Hape-nakhts, dieses Doppelagenten, der Memphis über aufrührerische Umtriebe informierte und den Aufständischen die Pläne aus Memphis verriet. Er setzte seine Lektüre fort.

»Er wollte sie mit Gold, Silber und Kupfer, das er in großen Mengen verteilte, als Komplizen kaufen. Die Sippenoberhäupter, die eine Gelegenheit zur Vergeltung sahen, die aus ihnen endlich freie Menschen in einem neuen Land machen würde, ohne das verhaßte Joch der Vertreter von Ramses, haben diese Gaben angenommen und sich Setepentoths Plan angeschlossen. Schließlich hat diese Großzügigkeit nur die Leiden und mageren Löhne, die man seit Jahrhunderten erduldet hatte, ausgeglichen.
Doch Setepentoths Komplott ist gescheitert. Hapenakht bekam Wind davon, und seine Spione haben sofort den König in Memphis alarmiert. Eine Abordnung aus Memphis hat den Nomarchen festgenommen, und man ist der Meinung, daß er nun schon hingerichtet worden ist.[2]
Diese Umkehrung der Situation hat die Oberhäupter, die geglaubt hatten, an der Befreiung Unterägyptens teilnehmen zu können, entmutigt und alarmiert. Nicht nur sahen sie, wie ihr Traum sich in Rauch auflöste, nun leben sie auch noch in der Furcht vor neuen Mißhandlungen durch die königliche Macht. Bisher wissen wir nicht, welche Informationen Hapenakht über die Komplizenschaft der Sippenoberhäup-

ter hatte. Doch in aller Augen ist offenkundig, daß es dringend geboten ist, von hier fortzugehen.
Gemäß deinen Befehlen, die dir vom Willen des Allmächtigen eingegeben worden sind, sind schließlich dreiunddreißig Sippenoberhäupter zu unserer letzten Versammlung gekommen. Sie haben sich alle dem erhabenen Willen gebeugt und dem Herrn Dank gesagt, daß er sie nach den Jahren des Leidens nicht vergessen hat. Sie haben die Ihren von deinen Befehlen verständigt und ihnen nahegelegt, sich zu jeder Stunde zu einem Aufbruch ins Land ihrer Vorfahren, nach Kanaan, bereitzuhalten. In ihrem Namen bitte ich dich, uns so bald wie möglich wissen zu lassen, wann der Augenblick für unseren Aufbruch gekommen ist.«

Kein Wort über den Grund, warum sich vier Sippen den anderen immer noch nicht angeschlossen hatten.
Moses setzte sich und versuchte den innerlichen Aufruhr, den diese Mitteilungen in ihm entfacht hatten, zu beruhigen. Die Apiru wollten die Waffen gegen Ramses erheben! Welch ein waghalsiger und sogar irrwitziger Plan! Was hätte er selbst getan, wenn er dort gewesen wäre? Er konnte es nicht leugnen, auch er hätte zu den Waffen gegriffen. Das besänftigte seinen Zorn gegen die Oberhäupter, die sich von dem Unternehmen hatten verlocken lassen, anstatt seinen Befehlen zu gehorchen. Er verstand sie: Die Aussicht, endlich frei zu leben – auf dem Boden, den sie bestellt, in den Städten, die sie mit ihren Händen gebaut hatten! Doch der elende Hape-nakht hatte wieder sein schmutziges Geschäft betrieben, und von dem hochmütigen Aufstand Setepentoths blieb nur ein Trümmerhaufen.
Der letzte Satz dieses Briefes warf ein dringendes Problem auf: Wann sollte der Auszug aus Ägypten stattfinden? Der ideale Zeitpunkt wäre sofort, bevor das Unterfangen unter

dem Zorn von Ramses und der Wut der Elemente zu einer Katastrophe wurde. Und vor allem, bevor das Schilfmeer, der einzig mögliche Weg außer der Küstenstraße, undurchquerbar wurde, wie Moses es selbst vor einiger Zeit erlebt hatte. Doch es war unmöglich: Die ägyptische Armee würde den Auszug verhindern, auch wenn Blutvergießen nötig war. Und wieder kam Moses auf das schon mehrmals in alle Richtungen erwogene Problem: Nach einem Scheitern wäre die Lage der Apiru schlimmer als zuvor.

Man mußte also die Einwilligung Ramses' erhalten, und der Pharao gehorchte niemandem außer sich selbst. Das einzige, was ihn davon abhalten könnte, den Auszug der Hebräer zu verhindern, wäre ein Zeichen des Himmels. Doch würde dieses Zeichen kommen? Und wann?

Moses verbrachte eine schlaflose Nacht, bemühte sich aber, seine Angst vor Zippora zu verbergen. Das Schlimmste war, daß die Zeit drängte. Jede Stunde, die verging, konnte die Aussichten auf Erfolg steigern oder verringern. Er betete zum Herrn, der in der Wüste zu ihm gesprochen hatte, daß er ihn aus seiner Zwangslage retten solle. Kurz vor Morgengrauen schlief er ein und hatte einen prophetischen Traum: Er mußte dem Pharao schreiben. Im Traum nahm dieser Pharao eine gewaltige Gestalt an, doch Moses bot diesem Riesen die Stirn.

Als Moses erwachte, machte er sich daher auf die Suche nach dem schönsten Papyrus, den er hatte, spitzte seine Binse und schrieb:

»An Usermaatrê Setepenrê[3]*, absoluter Herrscher Ober- und Unterägyptens, in seinem Palast in Memphis, von seinem früheren Diener Ptahmose, Sohn der Nezmet-Tefnut.*
Absoluter Herrscher des Niltals, der Höhen und Tiefebenen, mein Onkel, seit lang zurückliegenden Zeiten ist das Volk der Apiru gefangen in deinem Land.

Dieses Volk hat mich zu seinem Oberhaupt gewählt und fleht dich durch meinen Mund an, es in das Land Kanaan zurückkehren zu lassen, aus dem es kommt, wie der einzige Gott seiner Vorfahren es befohlen hat.
Dieser Gott hat beschlossen, daß alle Kerkermeister Seines Volkes Seinem Zorn unterworfen sein sollen, wenn sie Seinem Willen nicht nachkommen wollen.
Ich bitte dich, Usermaatrê Setepenrê, dem Volk deines Landes, das mir am Herzen liegt, den Zorn des Herrn der Herren zu ersparen.
Erteile deine erlauchte Antwort, Usermaatrê Setepenrê, meinem Bruder Aaron im Stadtviertel der Diener des Apis, im Norden von Auaris.«

Nichts war ungewisser als die Möglichkeit einer Antwort von Ramses auf diese Botschaft. Moses wartete düster gestimmt. Doch eines Morgens am Hafen berichteten ihm Seeleute, die das Rote Meer durchquert hatten, von einer außergewöhnlichen Erscheinung: Das Wasser des Nils war blutrot geworden. Bestürzt hoben sie die Arme gen Himmel. Auch war dieses Wasser ungenießbar, berichteten sie, selbst wenn man es filterte; das Vieh, das davon trank, wurde krank. Zudem schwammen Tausende toter Fische mit dem Bauch nach oben auf dem Nil.
Moses schlug das Herz. Das war das Zeichen, das die Stimme in der Wüste angekündigt hatte! »Gelobt sei der Einzige Herr!« rief er und sprang auf. Die Seeleute waren darüber sehr erstaunt.
Vier Tage später brachten ihm andere Seeleute, die vom *Großen Schwarzen* kamen, eine Nachricht von Aaron. Auch die Apiru hatten den roten Nil gesehen und angesichts dieses Zeichens des Himmels vor Freude zu weinen begonnen.
Doch kein Wort von einer Botschaft von Ramses.
Moses überlegte, den Weg dieser Nachrichten zu verkürzen,

indem er sich etwa nach Alaat begab, zu Hussams Söhnen. Doch dort machten die Schiffe nur halt, wenn sie beschädigt waren. Und es war nicht ratsam, auf die andere Seite des Schilfmeeres zu fahren, denn dort wimmelte es wahrscheinlich vor Spionen, und das wäre für Moses zu riskant. Dorthin würde er erst in letzter Minute fahren, wenn er sich seines Erfolgs sicher war. In Ezjon-Geber konnte er wenigstens auf die Hilfe der Seeleute vertrauen und sichere und relativ rasche Informationen bekommen.

Eine Woche später bekam er Nachricht vom zweiten Vorzeichen. In Oberägypten herrschte eine Froschplage. Die Tiere quakten so laut, daß man nachts nicht mehr schlafen konnte. Doch Mose Freude war mäßig. Frösche würden Ramses sicher nicht zum Einlenken zwingen, so gut kannte er ihn. Nur eine Erscheinung von Osiris persönlich könnte ihn erschüttern, und auch das nur aus dem Grund, weil der König befürchtete, man könne ihm Ungläubigkeit vorwerfen. Auch die Apiru fanden wohl, daß die göttliche Rache gegen eine Persönlichkeit wie Ramses etwas schwach ausgefallen war, da Moses keinerlei Echo erhielt.

Das dritte Vorzeichen folgte rasch. Ägypten wurde plötzlich von erschreckenden Moskitoschwärmen aus Nubien heimgesucht, die die meisten Menschen dazu zwangen, sich in ihre Häuser einzuschließen, wenn sie draußen nichts Dringendes zu erledigen hatten, oder sich trotz der Hitze von Kopf bis Fuß in Mäntel einzuhüllen. Die Arbeit auf den Feldern, berichtete man Moses, litt überall sehr darunter, nur in Unterägypten waren keine Moskitoschwärme eingefallen. Es gab Moses zu denken, daß ausgerechnet Unterägypten, wo die Apiru lebten, verschont blieb. Zudem erinnerte er sich aus seiner Zeit in Ägypten, daß in den Wochen nach dem Einfall der Moskitoschwärme stets viele Menschen an einem gefährlichen Fieber gelitten hatten, so daß sie sich manchmal kaum noch aufrecht halten konnten. Und ihm fiel auch ein, daß viele kleine Kinder daran starben.[4]

Eine kurze Nachricht, offenkundig hastig von Arphaxad hingekritzelt, teilte Moses mit, daß die Priesterschaft von Memphis und Auaris über seine Botschaft an den König informiert war und sich über die Reihe von Katastrophen zu beunruhigen begann. Die Drohungen, die Moses übermittelt hatte und die sein geheimnisvoller Gott offensichtlich wahr machte, versetzten sie in Aufregung, und sie übten Druck auf die Minister des Königs aus, sie sollten beim Monarchen intervenieren, daß er den Auszug der Apiru gestattete.
Moses hatte sich am Hafen niedergelassen, um so bald wie möglich von den Ereignissen in Ägypten zu erfahren.
»Weshalb machst du dir Sorgen?« hatte Jitro Moses gefragt. »Ich habe dir gesagt, die Hand der Götter ruht auf dir. Es gibt keinen Grund, warum sie dich im Stich lassen sollte.«
»Dennoch muß ich stark sein«, antwortete Moses. »Immerhin ist diese Ehre einem Menschen erwiesen worden, und ich habe nicht die Allwissenheit, die es mir ermöglichen würde, Gleichmut zu bewahren.«
Jitro hatte genickt. »Du wirst in den kommenden Monaten all deine Kräfte brauchen, Moses. Schone sie.«
Moses zwang sich wirklich, ein wenig längere und ruhigere Nächte zu verbringen.
Das vierte Vorzeichen trat genau drei Wochen nach dem ersten ein. Ein noch nie dagewesener Hagelsturm verwüstete das Land. Die Seeleute berichteten, die Leute auf den Feldern seien verletzt worden und die Pferde hätten unter diesen Geschossen vom Himmel zu toben begonnen und in Städten und Kasernen Schaden angerichtet. Die Männer begannen sich zu fragen, was Moses mit Ägypten zu tun hatte, und warum er sich so für das interessierte, was dort geschah. Moses erinnerte sich an den Hagel, den er einmal in Auaris erlebt hatte, und zweifelte wieder einmal daran, daß Ramses' Starrsinn dadurch erschüttert werden könnte, wie heftig das Unwetter auch gewesen sein mochte. Abgesehen von der Aussicht auf eine wirklich große Plage hatte Moses

bei seinem Unterfangen nur einen wahren Verbündeten, und das war die Panik der ägyptischen Priester. Er selbst konnte nur warten und beten. In seiner zunehmenden Fieberhaftigkeit gelang es ihm aber nicht mehr, zu der transzendentalen Konzentration zu gelangen, die er früher geübt hatte. Es war nicht mehr die Zeit für Kontemplation, sondern Zeit zum Handeln.

Seemänner und Kaufleute hatten sich angewöhnt, sobald sie angelangt waren, Moses Bericht zu erstatten, noch bevor man begann, die Waren auszuladen.

Er paßte die Männer sofort ab: »Welche Neuigkeiten gibt es aus Ägypten?«

Einige Tage später erfuhr Moses so von einer fünften Plage, die das Land heimgesucht hatte. Einer der größten Heuschreckenschwärme, die man seit Menschengedenken gesehen hatte, war in Oberägypten eingefallen und hatte bis Memphis die Ernten verwüstet. Das Volk strömte in die Tempel, und besondere religiöse Feiern folgten ohne Unterlaß aufeinander. Eine Hungersnot bedrohte das Land, und diesmal, dachte Moses, würde Ramses sich vielleicht beugen. Vorausgesetzt, daß man ihn nicht über die geplante Teilnahme der Apiru an Setepentoths Aufstand informiert hatte.[5]

Moses zählte zwölf Tage, die längste Zeit, die eine Nachricht aus Auaris bisher bis zu ihm gebraucht hatte. Nichts kam. Er verlor die Hoffnung, und Jitro hatte große Mühe, ihn zu trösten.

»Dein Gott hat all diese Zeichen nicht umsonst aufeinanderfolgen lassen«, sagte er. »Er wird sich nicht geschlagen geben, denn er ist stärker als Ramses und alle Könige der Welt. Hab Vertrauen. Nur deine Geduld wird auf die Probe gestellt. Was ist die Geduld eines einzigen Mannes angesichts des Schicksals eines ganzen Volkes?«

Es war sicherlich die Zuneigung seines Schwiegervaters, die es Moses möglich machte, die lange Wartezeit durchzustehen. Als die Kaufleute und Seemänner, die vom *Großen Schwarzen* kamen, ihm das sechste Vorzeichen beschrieben, verlor er die Geduld. Ein Sandsturm aus Westen hatte drei Tage lang über Ägypten geweht und den hellen Mittag zur Nacht gemacht, so daß die Menschen den Mund voller Sand hatten und alles von einem gelben Leichentuch bedeckt war. Die Menschen waren schier am Ersticken.

»Und nun?« rief Moses erbost, von einem Haß gegen Ramses ergriffen, den er so intensiv noch nicht gekannt hatte. »Jetzt aber!«

Alle fragten sich, was nur in Moses gefahren war, denn sie wußten nicht, worum es bei dem außergewöhnlichen Kräftemessen zwischen einem allmächtigen König und einem allmächtigen Gott ging.

Das Schlimmste war, sagte sich Moses, daß all dies das Vertrauen seiner Leute in Ägypten zu ihm aushöhlte. War das wirklich der Gott ihrer Vorväter, der ihm seinen Auftrag erteilt hatte, oder war es ein anderer Gott, der sich einen Spaß mit ihnen erlaubte, indem er ihnen Hoffnung vorgaukelte? Zur Bestürzung seiner Familie verlor er den Mut. Es kam sogar vor, daß er zwei oder drei Tage nacheinander nicht zum Hafen ging.

Eines Morgens, als er nach einer unruhigen Nacht noch schlief, kam Jitro selbst, um ihn zu wecken.

»Moses! Moses! Eine Botschaft für dich«, erklärte er und gab ihm das Bambusrohr, das Moses nun so gut kannte.

Immer noch verstört, aus einem bewegten Traum gerissen, den er zu vergessen versuchte, ergriff er das Rohr, löste die Lederschnur, die den Deckel hielt, und holte den Papyrus heraus.

»Für Ptahmose, meinen auserwählten Bruder, durch die Hand meines Bruders Arphaxad, im Stadtviertel der Diener der Apis, im Norden von Auaris.
Die siebte Plage hat den Starrsinn unserer Kerkermei-

ster gebrochen, uns aber das Herz zerrissen. Eine große Zahl kleiner Kinder ist in den letzten Wochen an einem mefitischen Fieber gestorben, wie es nach Mückenplagen auftritt. Diese Geißel hat in Memphis haltgemacht und Auaris nicht erreicht.
Die von der Bevölkerung bestürmten Priester haben eine Abordnung an den König geschickt, um ihn zu bitten, deinen Beschwörungen nachzugeben. Der König und die Priester haben uns feierlich ihre Verwünschungen gesandt und verjagen uns aus Ägypten. Von nun an sind wir frei zu gehen. Wir haben unserem Herrn ein großes Dankopfer dargebracht. Die Männer haben aufgehört zu arbeiten, und wir erwarten dringend deine Anordnungen.«

Moses sah so benommen aus, daß Jitro befürchtete, sein Schwiegersohn sei erkrankt. Er rief seine Tochter, und beide halfen Moses aufzustehen. Eine ganze Weile hielt er unzusammenhängende Reden, wie es ihnen schien. Sie gaben ihm heiße Koriandermilch zu trinken, und erst gegen Mittag war Moses wieder ganz bei sich.
Dann brach er in Tränen aus und bat Jitro, auf dem Altar, der anderen Göttern gedient hatte, ein Opfer darzubringen. Stitho war bestürzt, seinen Herrn in einer solchen Verfassung zu sehen. Moses konnte nicht aufhören zu weinen und zitterte.
»Was steht in dem Brief?« fragte Jitro.
Als Moses ihm den Inhalt erzählt hatte, meinte sein Schwiegervater, die Antwort sei dringender als das Opfer.
»Du hast recht«, gab Moses zu. Er verfaßte eine Antwort, in der er den siebenunddreißig Sippenoberhäuptern befahl, sich zum Schilfmeer aufzumachen. Dort würde er zu ihnen stoßen, um sie zu führen. Er rechnete, daß die Botschaft etwa sieben Tage brauchen würde, um zum Ziel zu gelangen. Und daß die Apiru mindestens fünf Tage brauchten, bis

sie sich auf den Weg machten und am ägyptischen Ufer des Schilfmeeres ankamen, denn sie waren zahlreich. Zwölf Tage also. Vorausgesetzt er konnte rasch aufbrechen, am nächsten oder übernächsten Tag, wäre er zur selben Zeit und mit etwas Glück vielleicht sogar etwas früher als sie dort.

Am Abend opferte er zwei weiße Tauben auf Jitros Altar.

»Herr«, erklärte er mit vor Ergriffenheit bebender Stimme, »der Diener, den Du gewählt hast, und das Volk, das nun das Deine ist, sagen Dir Dank, daß Du die Fesseln der Knechtschaft zerbrochen hast. Herr, Du bist der Einzige Gott, der vom Himmel herabsteigt, um den Menschen zu Hilfe zu kommen! Herr, Deine Hand hat sich vom Himmel herabgestreckt, und Deine Stimme hat auf der Erde widergehallt!«

Jitro hörte schweigend zu.

»Warum gerade ihr?« fragte er später, als der Rauch noch in die tiefblaue Luft aufstieg.

»Weil wir Ihn gehört haben, weil wir auf Ihn gehört haben. Er hat kein anderes Volk befreit.«

Am nächsten Morgen beschloß Iddo, sich Stitho anzuschließen und Moses zum Hafen zu begleiten, so sehr fürchtete er um die Gesundheit seines Schwagers. In dieser gequälten, abgemagerten Gestalt mit den starren Augen erkannten sie kaum den schönen jungen Mann wieder, der Moses noch vor einigen Wochen gewesen war. Sie suchten nach einem Schiff, das auslaufen wollte. Das Meer sei seit ein paar Tagen aufgewühlt, antwortete ihnen ein Kapitän, doch ein Segelschiff würde bald abfahren und den Passagier aufnehmen.

9

Jenseits aller Worte

Moses war noch nie auf dem Meer gewesen. Das ständige Schaukeln des Schiffes in alle Richtungen erschien ihm wie ein Symbol seines Lebens.
Man wurde hin- und hergeworfen, aber man kam immer irgendwohin. Sonne und Wind verhalfen ihm schließlich zu einem Schlaf, der so tief war wie der seiner Kinderzeit. Er brauchte ihn, da er seit Wochen nicht mehr ruhig geschlafen hatte.
Das Meer war oft in Aufruhr, und man mußte sich an der halbhohen Reling des Schiffes festklammern, um nicht von den Wellen, die von einer Seite zur anderen schwappten und auf die Mannschaft niederklatschten, von Bord gespült zu werden, doch Moses empfand keine Furcht. Mittlerweile war er davon überzeugt, daß die Worte, die man ihm so oft wiederholt hatte, stimmten: Die Hand des Herrn ruhte auf ihm. Eifrig half er den Seeleuten, das Wasser aus dem Boot zu schöpfen, wenn es sich in zu großer Menge im Schiffsraum sammelte und sie zum Kentern zu bringen drohte und das Stampfen und Rollen noch verstärkte. Er war unterwegs zu seinem Volk wie ein Liebhaber zur begehrten Frau. Früher hatte er es nicht gesehen, aber nun, da der Herr es ihm anvertraut hatte, sah er nur noch dieses Volk. Gesandt vom

Herrn, war er durch die göttliche Hand zum Schöpfer dieses Volkes geworden.

Das Schiff fuhr an den Küsten entlang, an denen Moses in früheren Tagen auf dem Pferd geritten war. Hier und da erkannte er die Gipfel von Bergen, in deren Schatten er Schutz gesucht hatte, wo er zweimal Dieben das Handwerk gelegt hatte... Seine Gedanken schweiften zu Hussams Söhnen, dann zu den letzten Stunden, die er mit Zippora, Gerschom und Jitro verbracht hatte.

»Das ist kein Unterfangen für eine Frau, schon gar nicht für eine Schwangere«, hatte ihm Jitro vor seiner Abfahrt gesagt. »Hier hat Zippora größeren Schutz und kann ihr Kind austragen. Ich bringe sie zu dir, wenn dein Volk das *Große Grüne* überquert hat.«

Umarmungen, Tränen, Inbrunst. Das Feuer in seinen Adern. Die Erinnerung an das Schilfmeer und seine Tücken riß ihn aus seiner Träumerei.

»Wie ist die Strömung?« fragte er den ersten Matrosen.

»Stark, aber bisher erträglich«, antwortete dieser. »Mit ein wenig Glück können wir das Schilfmeer bis zum *Großen Schwarzen* passieren.«

Doch mehrmals am Tag hielt der erste Matrose unter dem aufmerksamen Blick seines Passagiers eine Stange ins Wasser, um die Kraft der Strömung zu messen. Je weiter sie kamen, desto mehr schärften sich Sinne und Geist Mose; er wurde wieder der lebhafte und wachsame junge Mann, den er selbst in Erinnerung hatte.[1] Er begann sogar zu lachen, als eine Weile lang ein Delphin neben dem Schiff herschwamm und sprang und tauchte wie ein übermütiges Kind.

»Delphine sind an der Oberfläche, bisher ist alles in Ordnung«, sagte der erste Matrose. »Wenn die Strömungen zu stark sind, sieht man keine mehr.«

Man sah aber auch Haie.

Moses schlug das Herz bis zum Hals, als der erste Matrose schließlich verkündete, daß man nun das Schilfmeer sehen

könne. Er lief zum Bug, sein Lendenschurz flatterte im Wind, und er blickte suchend über das weiße und blaue Wasser.
Ein paar hundert Ellen weiter erkannte er schließlich die Umrisse von Menschen. Ja, es waren Menschen, die hier am Ufer des Schilfmeers standen, teilweise verdeckt von den hellgrünen Federstrichen der Binsen, doch darüber waren Oberkörper und Gesichter deutlich zu erkennen, die schönsten Blüten, die das Schilf je hervorgebracht hatte. Sie waren da!
»Laßt mich am ägyptischen Ufer an Land!« rief er dem ersten Matrosen zu.
»Ich weiß«, erwiderte dieser und gab dem Seemann am Bug Anweisung, das Großruder nach links zu drehen.[2]
Moses hatte seinen Mantel angezogen, sich sein Bündel über die Schulter geworfen und stand am Bug, erfüllt von der verrücktesten Trunkenheit, die es gab. Ein paar der Leute liefen ans Ufer, und Moses glaubte von weitem Aaron zu erkennen. Neben ihm stand eine Frau.
Schließlich drehte das Schiff nach links, wobei Moses fast über Bord geworfen wurde, dann war das Wasser ruhiger, und sie ruderten auf das Ufer zu, denn man hatte das Segel aufgeien müssen, um nicht Schiffbruch zu erleiden. Vier Ellen relativ tiefes Wasser trennten den hohen Bootsrand noch vom Festland. Der erste Matrose nahm das Brett, das als Landungssteg diente, und kaum lag es auf, als Moses auch schon darauf sprang und mit zwei Sätzen auf ägyptischem Boden stand.
Er fiel Aaron um den Hals, dann seiner Schwester Miriam, und bald wurde er von der aufgeregten Menge davongetragen.
»Bleibt in Reih und Glied!« rief Aaron. Mehrere Männer liefen nach hinten, um zu verhindern, daß sich die Formation der von nun an freien Sklaven völlig auflöste. »Bleibt in Reih und Glied!« hörte man bis nach weit hinten wiederholen.

»Auf Wiedersehen, Moses!« riefen die Seeleute, verblüfft von diesem Spektakel, das noch außergewöhnlicher war als die Vorzeichen, die sie beschrieben hatten.
Das Brett wurde eingeholt. Auch Moses rief einen Abschiedsgruß, doch er sah in die andere Richtung, auf das Volk, das ihn erwartete.
»Nehmt mich auf die Schulter«, bat er zwei Männer, einer davon Arphaxad.
Er zog sich nach oben und sah einen Menschenstrom, der sich erstreckte, so weit das Auge reichte, und die Arme gen Himmel erhoben hatte. Auch Moses hob die Arme. Vierhundert Jahre Knechtschaft nahmen hier ein Ende! Der Wind fegte das Leiden davon wie den Staub. Eine neue Welt brach unter diesem Himmel mit den dahintreibenden Wolken an, die Engeln glichen, die ihrem Herrn möglichst schnell die frohe Botschaft verkünden wollten. Der Herr hatte Sein Versprechen gehalten.
»Ruhm dem Herrn unserem Gott!« rief Moses.
»Ruhm dem Herrn unserem Gott!« wiederholte das Volk.
Der Schrei setzte sich ins Unendliche fort, vom Wind über das Rauschen der Wellen und des Schilfs getragen. Dieser Schrei bestand nicht mehr aus menschlichen Stimmen, sondern war der Klang eines neuen Elements.

Anmerkungen

I.

Eine ägyptische Jugend

Kapitel 1:

1 Der Name der Tochter des Pharaos, die der Legende nach das Weidenkörbchen entdeckt hat, in dem Moses am Ufer des Nils trieb, und die nach der hier geschilderten Hypothese die wahre Mutter Mose war, wird nicht genannt. Nach einer rabbinischen Tradition, gestützt auf das Buch *Chronik* (1Chron. IV,18), soll sie Bath-Ya oder Bitja geheißen haben. In Hebräisch bedeutet dieser Name »Tochter des Herrn«, ist also für eine ägyptische Prinzessin unwahrscheinlich. Noch weniger plausibel wird diese These, wenn man dieselbe Stelle der *Chronik* weiter betrachtet, wo erklärt wird, besagte Bitja sei Gattin des Mered, eines Nachkommen Kalebs, gewesen, eine Gestalt, die man chronologisch nicht einordnen kann. Der ägyptische Name Nezmet-Tefnut ist daher der Phantasie entsprungen.
Kaleb, oder jedenfalls einer der Kalebs des Alten Testaments, ist das »überlieferte Eponym eines sehr bedeutenden Clans des Stammes Juda« (André-Marie Gérard, *Dictionnaire de la Bible*, Paris 1989). Daraus ergäbe sich, daß besagte »Tochter des Pharaos« einen Hebräer geheiratet habe, eine Ehe, für die man in der ägyptischen Geschichte keinerlei Beispiel kennt und die daher mehr als zweifelhaft erscheint. Das Dilemma des Alten Testaments, das aus dieser Frau einerseits die Adoptivmutter Mose machen und sie andererseits mit der hebräischen Überlieferung

verbinden möchte, könnte eher dazu führen, auf eigenartige Weise eine ägyptisch-hebräische Herkunft Mose zu suggerieren.

2 Die ägyptische Elle entspricht etwa vierzig Zentimetern.

3 Nach einhelliger Meinung der Orientalisten entspricht *Apiru* oder *Hapiru* dem Wort *Hebräer*, auf hebräisch *ibri*. Über ein Jahrhundert ist es her, daß »die Orientalisten das Wort *ibri* mit den Begriffen *Apiru* in den ägyptischen Texten und *habiru*, der Entsprechung in Keilschrift, verglichen haben« (Joseph Mélèze Modrzejewski, *Les Juifs d'Egypte de Ramses II à Hadrien*, Paris 1991). Das Wort bedeutet »mit Sand bedeckt« und bezieht sich auf ein halbnomadisches Volk, das sich in der damaligen Zeit von Ägypten bis Mesopotamien verteilte. Der Begriff *ibri* im Sinne von *hebräisch* kommt in der Bibel etwa dreißigmal vor.

4 Sethos I., Vater von Ramses II., berühmtester Pharao der 19. Dynastie und einer der berühmtesten des alten Ägypten, herrschte von 1313 bis 1292 vor unserer Zeit. Das vierte Jahr seiner Herrschaft entspricht also dem Jahr 1310.
Zwei Anhaltspunkte regten zur Wahl dieses Zeitabschnitts an. Der erste besagt, daß der Exodus der Israeliten unter Führung von Moses stattfand, als in Ägypten »ein neuer König an die Macht [kam], der von Joseph nichts mehr wußte« (Ex 1,8). Der Name des Königs, den Josef gekannt hatte, wird nicht genannt, aber man weiß, daß derjenige, den er nicht gekannt hatte, der Pharao war, unter dem der Bau der »Städte Pitom und Ramses als Vorratslager« (Ex 1,11) unternommen wurde. Es handelt sich offensichtlich um Städte, deren Bau unter Sethos begonnen und unter der Herrschaft seines Sohnes Ramses II. vollendet wurde. Die zweite dieser beiden Städte wurde tatsächlich zur neuen Hauptstadt von Ramses und nannte sich Pi-Ramses. Im Buch *Exodus* wird das nicht erwähnt, möglicherweise, weil die neue Stadt noch nicht den Status der Königsstadt erreicht hatte.
Der zweite Anhaltspunkt ist die Stelle im Buch *Exodus*, die be-